양종기 박사의 **경제이야기_5**

한국경제와 한국주식 투자

양 종 기 저

한국적인 특수 상황에서 어떻게 한국주식에 투자할 것인가? 한국은 남북의 대치아래 냉전의 잔재가 깊숙이 박혀 있으며 여전히 이념대립이 상존한 가운데 부정부패가 전국적으로 만연된 사회이다. 소수 재벌이 한국경제를 좌지우지하는 사회구조다. 구체적으로 말하면 10대 재벌계열 대기업들이 주식시장을 압도적으로 움직이는 시장구조다. 한국 수출은 10대 재벌 계열 대기업이 주도하고 있다. 한국 사회 분위기는 한쪽으로 치우쳐진 편향적인 생각과 사고들이 지배하고 있고 매우 강경하고 극단적인 태도를 고집하는 사회다. 한국은 경제외적 쇼크에 크게 휘둘리기 쉬운 경제시스템이다.

도서출판 원

한국경제와 한국주식 투자

머 | 리 | 말 |

한국적인 특수 상황에서 어떻게 한국주식에 투자할 것인가? 한국은 남북의 대치아래 냉전의 잔재가 깊숙이 박혀 있으며 여전히 이념대립이 상존한 가운데 부정부패가 전국적으로 확산된 사회이다. 소수 재벌이 한국경제를 좌지우지하는 사회구조다. 구체적으로 말하면 10대 재벌계열 대기업들이 주식시장을 압도적으로 움직이는 시장구조다. 한국 수출은 10대 재벌 계열 대기업이 주도하고 있다. 한국 사회 분위기는 한쪽으로 기울어진 편향적인 생각과 사고들이 지배하고 있고 매우 강경하고 경직적인 태도를 고집하는 사회다. 한국은 경제외적 쇼크에 크게 휘둘리기 쉬운 경제사회이다.

이와 같은 특징적인 모습을 띤 한국 경제사회에서 저축자=투자자들은 재산을 늘리기 위해 현금, 예금, 주식, 채권, 부동산 등의 투자 대상을 찾아다닌다. 특히 주식투자는 그 어느 금융상품보다 매우 민감하게 움직인다는 사실이다. 주식투자는 아는 것 없이 덤비면 매우 위험하다. 특히 개인투자자는 위험을 무릅쓰고 하는 주식투자라도 결코 시장을 이길 수 없다는 것부터 깨달아야 한다. 또한 주식

투자할 때, 이 세상에 새로운 것이 없다는 말부터 귀담아 들어야 한다. 주식시장은 주기적으로 거품과 붕괴가 반복된 역사를 되풀이한다. 증시 흐름은 시대와 나라마다 달랐어도 광폭이 형성된 과정이나 그 결말은 매우 흡사한 모습을 띠었다. 지나간 과거의 교훈을 잊지 않는 것도 중요하다. 그렇다고 뛰어난 기억력으로 과거를 간직하는 것은 이로울 것이 없다. 더 중요한 것은 단순한 사실과 정보가 아니라 앞날을 내다보는 안목이 긴요하다. 너무 세세한 것들까지 지나칠 정도로 기억에 간직하면 오히려 걸림돌이 된다.

투자자들은 투자할 때, 전부 포괄하는 사고 능력이 요구된다. 여기서 사고를 한다는 것은 세세한 차이점을 잊는 것이며, 일반화하고 개념화하는 것이다. 대세를 읽는 것이 중요하다. 다양하게 변화하는 주식 하나하나를 전부 포괄해 대세를 인식하는 것이 중요하다. 요즘 같은 인터넷 시대에는 누구나 원하기만 하면 손에 들고 있는 스마트 폰을 몇 번 두드리기만 하면 언제 어디서든 무슨 정보든 전부 다 검색 가능한 세상이다. 그러나 이미 확인된 사실과 과거의 일들을 세세하게 기억하는 것은 좋지 않다. 상황은 늘 변해가는 데 지나간 정보에만 집착하면 미래를 내다보는 통찰력을 잃을 수 있다.

투자의 세계에서는 기업이 과거에 보여주었던 실적들과 현재의 사업구조를 하나하나씩 세분하고 쪼개서 현미경으로 들여다보듯 분석하는 것도 필요하지만, 기업의 전망을 보여주는 잠재력을 아주

분명하고 간략하게 인식하는 것이 투자성패를 가늠하는 열쇠다. 지금 내가 투자한 기업이 앞으로 어떻게 될지, 그 이유는 무엇인지 명확하게 그려낼 수 있어야 한다. 누구나 유추하고 종합하는 능력을 갖고 있다. 통찰력은 바로 여기서 나오는 것이다.

본서에 담긴 내용은 이런 안목을 키워주는 다양한 자양분과 통찰력을 배양하는 데 지원해 줄 것이다. 필자의 능력부족으로 독자들에게 얼마나 도움을 줄지 모르지만, 전체 내용을 읽다 보면 안목을 키워주는 틈새 빛줄기 역할을 해 줄 것으로 기대한다. 시장 및 경제상황을 한 번 곰곰이 생각해 보도록 전체 동향을 조망하는 시각을 넓혀주는 읽을거리가 됐으면 좋겠다.

그렇다면 주가는 어떤 요인에 의해 변동하는 것일까. 주가는 매우 다양한 요인에 의해 움직인다. 주가등락은 국내경제적 및 정치사회적 요인과 해외경제적 및 경제외적 요인 그리고 산업 및 기업관련요인 등 매우 다양한 요인에 영향을 받는다. 따라서 주식투자자는 많은 시간과 정보수집에 힘을 쏟아야 하고 투자자 자신의 투자전략을 갖추는 것이 바람직하다. 그렇기 때문에 돈은 버는 것도 투자전략이 필요하다는 것을 강조하고 싶다.

일산 풍동 사저에서

2014년

차 | 례 |

1. 무한한 자유보다 제약된 자유가 행복을 가져다준다.

대부분의 한국 사람들은 넉넉하지 못한 생활형편 때문에 부의 축적에 허덕여 왔다. 그래서 많은 한국 사람들은 돈 벌기에 혈안이 되고 있다. 살기 위해 어쩔 수 없는 현실이니까. 그러나 돈만이 모든 것을 해결해 주는 것이 아니라는 것을 이제 한국 사람들도 깨닫고 있는 것 같다. 그만큼 소득수준이 올라와 있고 굶주리는 배고픔을 넘겼기 때문으로 풀이된다. 지금은 기본적인 욕구를 충족할 수 있는 많은 사람들은 인생을 즐기려고 애쓰는 풍조가 역역한 것을 볼 수 있다.

투자행위도 돈 벌고 싶은 동기에서 출발하지만 의미 있는 인생과 여유를 갖기 위한 포석으로 생각한다면 무한한 자유보다 제약된 자유가 행복을 가져다준다는 사고를 참고해 보았으면 싶다.

미국의 부자들은 세상을 뜨는 날까지 은퇴할 생각이 없다고 답했다. 부자들이 일을 그만두지 않는 이유는 첫째, 부자들 대다수는 스스로 회사를 세워 운영하는 이들로서 자기 사업에 애착을 갖고 있어 쉽게 일을 그만두지 못한다. 사업가들은 기업체를 다른 사람에게 팔거나 전적으로 신뢰할 만한 사람을 후계자로 세우기 전까지 은퇴할 생각을 하지 못한다는 것이다. 둘째, 사업가들은 대부분 자기 일을 매우 사랑하기 때문에 일 없는 인생을 상상하지 못한다. 자기 사업으로 부를 일군 사람들은 대부분 일을 즐기고 일을 떼어놓고 생각할 수 없는 인생을 살아간다. 저소득자들도 일은 그저 직업일 뿐이라고 생각하는 경향이지만 대부분 평범한 사람들도 돈과 관계없이 일을 계속하겠다는 생각을 갖고 있다.

2008년 글로벌 금융위기로 인한 고실업이 일에 대한 평범한 사람들의 사고방식을 바꿔 놓았다. 오늘날 근로자들은 큰 부자가 된다 해도 직업을 갖고 있다는 것 자체를 새삼스럽게 감사하고 높이 평가한다. 사람들은 돈이나 시간이나 무엇이든 더 많이 갖기를 바라지만 돈이나 시간의 제약이야말로 인생의 틀을 잡아주고 다음에 해야 할 일을 판단하는데 도움을 주는 선물로 생각한다. 갑자기 많은 돈이 생겨 일을 그만둬 시간까지 많아진 사람들은 대부분 제약이 없는 것처럼 보이는 많은 돈과 시간을 어떻게 써야할지 몰라 당황하고 방황한다. 더 많은 돈, 더 많은 시간, 더 많은 자유는 좋은 것처럼 느껴지지만 실제로는 돈과 시간, 자유에 어느 정도 제약이 있을 때가 더 행복하다는 것이다.

그 이유는 첫째, 무엇이든 더 많이 가진다고 인생이 쉬워지는 것은 아니다. 오히려 선택의 폭이 넓어져 선택의 어려움이 커진다. 둘째, 제약이 있음으로 우리는 삶을 계획적으로, 체계적으로 살게 되고 우리가 가진 제한된 자원을 최대한 효율적으로 사용할 수 있게 된다. 셋째, 더 많은 것을 추구하며 살려면 원하던 더 많은 것을 얻게 됐을 때 어떻게 할 것인지 계획을 세워야 한다. 하지만 계획을 세운다는 것 자체가 자신이 가진 돈과 시간, 자유에 제약을 씌우는 행위다[머니투데이, 2013.8.23. 권성희 부장/CNBC 사이트 기사 ; 왜 부자들은 은퇴하려 하지 않을까].

2. 투자자는 최소한 기본지식을 습득하는 것이 바람직하다.

투자자들은 자산관리 전에 꼭 알아야 할 기본지식을 가져야 한다. 자산관리에 성공하려면 평소에도 부지런히 공부해야 한다. 자산관리는 경제적인 고통 없이 살 것인가, 말 것인가를 판가름하는 인생설계이다. 주식투자에 섣불리 덤벼들어서는 안 된다. 이유는 자산관리 과정이 꽤 복잡하고, 그 과정을 헤쳐 나가기 위해 배워야 할 것들이 많기 때문이다. 자신의 자산현황, 수입 · 지출현황도 알아야 하고, 재무적인 문제점과 재무목표도 파악해야 한다. 재무목표에 따른 위험설계, 세금설계, 노후설계 등에 대한 프로세스도 익혀야 한다. 그 뿐만 아니다. 재무목표를 달성하기위해 활용할 수 있는 상품들을 선택하려면 시중에 나와 있는 많은 금융상품들에 대한 지식도 습득해야 한다.

투자자들은 이런 얘기를 들으면 머리 아프게 꼭 그렇게까지 해서 돈을 벌어야 하나라고 생각하는 사람도 있을지 모른다. 물론 4 ~ 5%

물가상승률에 10%이상의 금융 수익률을 구가하던 호시절에는 특별하게 자산관리를 할 필요도, 골치 아프게 공부할 필요도 없었을지도 모른다. 그러나 시대가 달라졌다.

지금부터 앞으로 상당기간 동안 은행금리가 낮은 수준에 있을 것으로 보여 저축을 통해 자산을 크게 늘리는 일은 이미 물 건너갔다. 이제는 체계적으로 자산을 관리하고, 어느 정도 위험부담이 있는 상품에 적극적으로 투자해야만 어느 정도 자산을 불릴 수 있다. 사정이 이렇게 달라졌는데 각종 투자 상품에 대해 전혀 모른다고 생각하면 돈 벌 생각을 접어야 한다. 각종 금융상품에 대한 이해도가 높을수록 돈을 모으기 유리한 상품을 선택할 수 있는 폭이 넓어진다.

지금 우리는 자산관리에 대한 전반적인 지식 없이는 투자 자체가 불가능한 시대에 살고 있다. 보통 투자자들이 전문가의 힘을 빌린다 하더라도 본인 스스로도 자산관리에 대한 공부에 적극 나서야 한다. 전문가의 도움을 받으면 분명 자산관리의 성공률은 높아지지만 자산관리를 하는데 있어 늘 리스크도 도사리고 있다는 것을 잊지 말아야 한다. 손실의 책임은 전적으로 본인이 져야 하므로 자산관리에 대한 공부는 생존을 위한 필수 작업이다. 금융상품, 직접투자, 간접투자, 위험설계, 세금설계, 노후설계 등에 대한 내용을 숙지해도 자산관리는 절반 정도 잘 닦는다고 보아도 좋다.

3. 한국 증시 30년의 변화 모습은 눈부신 양상이다.

한국 증시 30년의 변화는 우리 경제의 눈부신 성장을 대변한다. 코스피 지수는 출범 4년여 만인 1987년, 89년에 500선과 1000선을 잇달아 돌파하며 숨가쁜 질주를 지속했다. 시련도 찾아왔다. 국제통화기금(IMF) 사태를 맞아 주가는 1998년 200대까지 곤두박질쳤다. 체력을 회복한 코스피는 이듬해 3월 1000선을 뚫었고 2007년엔 2000고지에 올랐다. 코스피는 이런 성장 덕택에 그간 시장의 몸집을 350배나 불렸다. 하루 거래대금도 723배 넘게 늘었다. 투자 수익에서도 최고를 자랑한다. 배당금을 포함한 수익률은 2800%에 이른다. 채권 수익률의 거의 두 배다[세계일보, 2013.1.6./한국거래소].

1983년 출범 첫날인 1월4일 122.52로 장을 마친 코스피지수는 작년 말 1997.05로 치솟았다. 30년 동안 16.3배 성장한 것이다. 이 기간에 국내총생산 규모는 14배가량 성장했다. 경제 몸집을 약간 웃도는 수준의 상승률을 보인 셈이다. 이 기간 코스피는 놀랄 만한 성장을 거듭했다. 출범 당시 334개였던 상장사는 2012년 말 784개로 2.3배 늘었다. 시가총액의 성장은 더 놀랍다. 3조3000억 원에 불과하던 코스피 시가총액은 30년 만에 1154조3000억 원으로 350배 늘었다. 출범 첫해 하루 67억 원을 밑돌던 일평균 거래대금도 723배인 4조8232억 원까지 증가했다. 외형성장과 함께 주식투자인구도 크게 늘었다. 첫해에는 68만2000명으로 전체인구의 1.7%만 주식투자를 했지만 작년 주식투자인구는 528만4000명으로 전체인구의 10.6%에 달했다. 국민 열 사람 중 한 사람이 주식에 투자하는 '주식대중화 시대'가 열린 것이다.

증시는 우리 경제와 부침을 함께했다. 숨가쁜 속도로 상승하던 코스피는 IMF 사태 이듬해인 **1998년 6월16일에 280**까지 추락했다. 미국 9·11 테러 이튿날인 **2001년 9월12일에는 12.02% 폭락**했다. **2000년 4월**17일 미국 연방준비제도(Fed)의 금리인상 우려로 세계 증시가 동반하락 했을 때도 하루 사이 **11.63%**나 내려앉았다. 미국발 금융위기의 중심에서 한·미 통화스와프 협정이 체결된 **2008년 10월30일**에는 하루 만에 **11.95%** 치솟기도 했다.

주식시장의 모습도 많이 변했다. 출범 첫해 코스피 상위 10종목의 시가총액이 전체에서 차지하는 비중은 27%였지만 작년 말 41%로 급상승했다. 증시 양극화가 심해진 것이다. 10대 종목에서도 차이가 커졌다. **작년 말 대장주 삼성전자의 시가총액은 나머지 2~10**

위 종목의 시가총액을 모두 합친 액수보다 많다. 코스피를 대표하는 얼굴도 변했다. 출범 당시부터 지금까지 시가총액 상위 10위권을 지킨 기업은 **삼성전자**와 **현대자동차** 두 곳뿐이다. 두 기업은 30년 동안 글로벌 기업으로 성장해 나란히 **시가총액 1, 2위**에 올랐다. 반면 금융주는 출범 초 시가총액 상위 10개 종목 중에선 5개를 휩쓸었지만 지금은 삼성생명과 신한금융지주 2개뿐이다.

증시는 투자 수익에서도 다른 투자 수단을 압도했다. 배당 수익을 포함한 코스피의 30년 누적수익률은 2793.2%에 이른다. 100만원을 주식에 투자한 뒤 30년을 묵혀뒀다면 2893만원의 누적수익을 올렸다는 얘기다. 이에 반해 채권, 예금, 부동산 등은 주식 투자에 비해 누적수익률이 크게 낮았다. 채권은 1609.7%였고 예금은 777.3%에 그쳤다. 주식과 함께 대표적 재테크 수단으로 각광받았던 부동산은 서울 강남 아파트의 경우 419.9%에 불과했다. 업종별로도 차이가 컸다. 업종지수에서 **삼성전자**가 포함된 **전기전자** 업종의 상승률은 8534.8%로 가장 높았다. 이어 철강금속(4813.3%), 화학(3435.9%), 음식료품(3366.2%) 등 순이었다. 상승률이 가장 낮은 업종은 건설업으로 1983년 초 145.48이었던 업종지수가 작년 말 155.13으로 6.6% 오르는 데 그쳤다. 섬유의복, 종이목재 등 사양산업도 비교적 상승률이 낮았고 금융위기 때마다 구조조정 대상이 된 금융업도 2배 상승에 그쳤다[세계일보, 2013.1.6./한국거래소].

한국 자본시장은 각종 금융투자 상품의 거래규모가 한해 2경원으로 급성장했다. 외환위기를 맞은 1998년 4500조 원대에서 12년이 지난 지금 5배 증가했다. 그러나 자본시장의 급성장에 따른 어두운 그림자도 크다. 2010회계연도(2010년 4월~2011년 3월) 증권사를 통한 금융투자 상품 위탁매매 거래대금이 2경2378조원이었다. 증권사들이 거둬들인 수수료만 5조3618억 원이었다. 이중 파생상품인 선물은 거래액이 1경2964조원으로 전체 거래액의 57.9%를 차지했다. 주식이 3875조원, 채권이 4130조원, 옵션이 772조원, 주식워런트증권(ELW)과 파생결합증권(ELS · DLS) 434조원, 펀드 94조원 순이었다.

금융투자 상품 전체 거래액은 지난해 연간 국내총생산(GDP) 1172조834억 원의 19.1배에 달한다. **코스피와 코스닥을 합친 주식시장 전체에 상장된 1813개 회사의 시가총액(1303조40억 원)의 17.2배 수준이다. 자본시장 규모가 커지면서 기업들이 쉽게 자금을 조달할 수 있고, 투자자들도 수익을 얻을 기회가 많아졌다.** 이에 따라 일반 투자자들이 주식과 펀드 투자 열풍이 불붙고 있다.

주식투자 인구는 2010년 478만7000명으로 전체 인구의 9.79%, 경제 활동인구의 19.51%에 달했다. 이에 힘입어 지난해 증시 시가총액은 GDP를 추월하기도 했다. 그러나 급속히 성장하는 자본시장 속에서 여러 후유증도 만만치 않게 나타나고 있다. 김대중 정부 시절에는 '벤처 붐'이 일어 코스닥 기업에 대한 '묻지마 투자'가 횡행했다가 거품 붕괴로 벤처 기업이 망하면서 패가망신한 투자자들이 속출했다. 중국을 중심으로 한 국내외 주식을 기반으로 고수익을 올려주는 펀드 상품 열풍은 2007년 이후 불어 닥쳤다. 그러나 2008년 말 글로벌 금융위기 이후 모든 펀드들이 대규모 마이너스 수익률로 돌아서면서 불완전 판매 논란까지 벌어졌고 투자 분위기는 급속히 냉각되었다. 은행 등 금융회사에 대한 투자자들의 불신은 넓게 확산되었다[세계일보, 2011.7.17.].

4. 불확실성 높은 세계에서는 분산투자가 최고다.

지난 30년간 이어져온 채권 강세장이 마감되고 주식이 시장을 주도하는 국면이 2015년까지 이어질 것이다. 미국 경제가 정상화하는 선행지표로 보는 주택 값이 오름세를 지속하는 한편 테일 리스크(꼬리위험)도 사라졌다. 채권 금리가 오름세로 돌아서는 변곡점에서 주가는 장기적인 상승세에 접어드는 상황이 연출되고 있다. 이처럼 전반적으로 주식이 채권보다 더 높은 수익률을 올릴 것으로 보면서도 앞으로 미국·유럽·일본 시장이 증시 주도권을 쥘 것이다. 미국 증시가 단기간에 가파르게 오르면서 사상 최고치를 찍은 반면 유럽·일본 증시는 아직 추가 상승 여력이 남아 있다.

상대적으로 힘을 쓰지 못하고 있는 국내 증시는 구미시장과 다르게 달려가고 있다. 최근 엔저 후폭풍으로 조정을 받은 한국 증시가 싼 시장(inexpensive market)이지만 저가 매력 때문에 한국 증시 모멘텀이 커질 것 같지는 않다. 수출 의존적인 한국 경제 구조상 추가

상승 모멘텀을 받으려면 미국·중국 경제 회복이라는 촉매가 필요하지만 아직 확실한 회복이 약하다[매일경제, 2013.6.13. 뉴욕=박봉권 특파원].

앞으로 10년은 저성장 시기가 될 것 같다. 따라서 미래의 투자전략은 저성장 기조에 맞춘 투자 전략이다. 복지 시스템과 정부지출, 재정적자, 과도한 국가 부채를 감안할 때 미국과 유럽 등 서구 사회는 향후 10년간 저성장을 걸을 것이다. 가계의 평균 생활수준도 하락할 것이다. **앞으로 10년은 부진한 경제 성장을 기록했던 과거 10년과 매우 비슷할 것이다. 앞으로 10년은 저성장과 불안한 경제 상태를 반복할 것이다.**

앞으로 미국의 경제가 회복되더라도 저성장기조를 벗어나기 어려울 것이다. 이러한 **저성장 국면에 맞는 황금주식투자비율은 포트폴리오를 분산 투자하는 것이다. 투자 자산 중 25~30%는 주식에, 20~30%는 금 보유에, 약간의 현금과 부동산에 최대 30%(특히 아시아 부동산)분산 투자하는 것이다.** 실물 금에 투자할 때는 안전한 금고에 넣어 미국 이외의 여러 지역에 보관하는 것이 바람직하다.

불확실성이 커지는 만큼 여러 종류의 자산에 분산 투자하는 한편 자산을 서로 다른 정부의 관할권 아래 분산해 두는 것도 중요하다. 화폐가치 하락에 따르는 위험을 줄이기 위해 자산의 일부를 주식에 투자한다[마크 파버, 중앙일보, 2011.8.25.].

5. 국내외를 대규모 외국자금이 들락거린다.

중국계 자금이 2013년 한해만 20조원 넘게 투자했다. 채권과 부동산이 꾸준히 증가하는 가운데 주식은 올해 다른 외국인들이 일제히 '팔자'에 나설 때도 중국은 2조원 가까이 순매수했다. **차이나머니의 급증은 투자다각화 효과도 있지만, 급격한 자금유출 가능성과 중국 자금의 영향력 확대가 문제를 일으킬 수 있다**[서울 = 연합뉴스, 권혁창 기자, 2013.8.5].

현재 국내 증권시장에 유입된 차이나머니 잔액은 2013년 6월 말 현재 총 19조8천600억 원에 이른다. 이는 4년 6개월 전인 2008년 말(4천711억 원)과 비교해 무려 42배 증가한 것이다. 여기에 국내 부동산에 투자한 중국 자금은 지난 3월 말 현재 1조3천243억 원에 달한다. 아직 최종 집계가 남아있는 2분기에도 유입액은 증가하고 있다. **부동산을 포함한 전체 차이나머니는 최소 21조2천억여 원에 달할 것으로 추산된다. 중국 정부, 기관, 민간 투자액을 모든 합한 금액이다.**

이는 2012년 말 18조2천540억 원에서 6개월 새 3조원(16%) 가량 증가한 것으로, 2012년 우리나라 명목 국내총생산(GDP · 1천272조5천억 원)의 1.7%에 해당한다. 가장 큰 비중을 차지하는 것은 채권이다. 중국의 한국 채권 보유 잔액은 6월 말 현재 12조5천60억 원으로 작년 말(10조7천920억 원)과 비교해 15.9% 늘어났다. 중국의 채권 보유 비중은 전체 외국인 투자자의 12.4%에 달한다. **중국은 이미 미국(21조4천860억 원), 룩셈부르크(17조7천630억 원)에 이어 국내 채권 3위 보유국이다.**

주식은 아직 비중이 높지는 않지만, 차이나머니의 투자 대상이 점차 채권에서 주식으로 옮겨가고 있다. 중국 자금의 국내 상장주식 보유 잔액은 6월 말 현재 7조3천540억 원으로 작년 말(6조2천330억 원) 대비 18.0% 증가했다. 잔액 증가율은 홍콩(42.2%)에 이어 2위였으며, **전체 외국인 주식보유액 중에서 차지하는 비중은 1.9%였다. 그러나 작년 홍콩 금융시장 전체 거래액 중 중국 본토에서 유입된 개인자금이 17%에 달하는 만큼, 홍콩의 주식투자액 중 상당 부분은 중국 자금으로 추정된다.** 올 상반기 미국이 6조5천660억 원, 영국이 4조9천630억 원을 순매도할 때 중국은 1조8천610억 원을 순매수했다.

국내 증시가 외국인 이탈로 디커플링(탈동조화)이 심화됐을 때 중국 자금은 국내 증시 위축을 완화하는 역할을 했다. 2008년부터 급증하기 시작한 중국자금의 국내 유입은 지난해부터 채권에서 주식 위주로 선회하고 있다. 이는 과거 패턴뿐 아니라 최근 전체 외국인 자금의 흐름과도 대조적인 현상이다. **한국 부동산에 유입된 차이나머니도 꾸준히 늘고 있다. 중국은 작년 한 해 동안 108만295㎡(공시지가 금액 3천558억6천600만원)의 국내 토지를 매입한 데 이어 올해 1분기에만 40만7천553㎡의 토지를 사들였다.** 지난 3월 말 현재 중국이 보유한 국내 토지는 570만1천370㎡로, 토지에 유입된 중국 자금 잔액은 1조3천243억 원에 달했다. 현재 최종 집계가 진행 중이지만 중국의 국내 토지 매입은 2분기에도 계속 증가 추세다.

차이나머니가 초기에는 국가기관 중심으로 들어왔으나 최근 민간자본이 늘어나고 있다. 조만간 개인투자자가 해외 증권시장에 직접 투자할 수 있는 제도가 도입되면 중국 자본의 국내 유입은 더욱 늘어날 것으로 본다. **중국자금 유입 증가는 외국인 투자 자금 다각화라는 긍정적인 효과도 있지만 급격한 자금유출 가능성과 중국의 영향력 그리고 그에 따른 국민경제적인 부작용이 상당히 클 것으로** 보인다.

이처럼 **외국자금이 국내유입이 큰 폭으로 늘어나고 있지만 한국은행이 자본유출입을 방어하는 데는 한계가 있다.** 한국은 국내총생산(GDP) 대비 외국인 증권투자 잔액이 50.4%로 외부 금융충격에 가장 크게 노출된 나라이다. 과거 두 차례 금융위기 당시 은행을 통한 자금유출입 변동이 금융시장에 가장 크게 영향을 미쳤다. 선물환 포지션 한도 규제 등 정책을 통해 금융시장 안정을 도모하였다. 그러나 **외국인 채권자금 유입이 늘어나고 채권시장의 중요성이 확대되는 상황에서 새로 도입한 거시 건전성 정책도 한계가 있다**[서울 = 연합뉴스, 방현덕 기자, 2013.7.30].

6. 대형 쇼크는 아시아 금융시장을 더 크게 뒤 흔든다.

미국의 '버냉키 쇼크' 여파가 가시기도 전에 중국발 충격파가 코스피 1,800선을 무너뜨렸다. **중국 증시가 은행들의 유동성 위기 우려로 급락하자 한국 증시도 마감을 앞두고 곤두박질 쳤다.** 중국 증시는 5% 넘게 폭락했고 상하이종합지수는 2,000선을 내줬다. 일본, 대만 등 아시아 증시도 동반 하락했다. **국내 채권 금리는 연중 최고치를 또 경신했고 원 · 달러 환율은 1년여 만에 최고치를 기록했다.** 코스피는 전 거래일보다 23.82포인트(1.31%) 하락한 1,799.01로 장을 마감했다. 이는 종가 기준으로 작년 7월 26일(1,782.47) 이후 11개월 만에 가장 낮은 것이다[서울 = 연합뉴스, 박상돈 김지연 기자, 2013.6.24.].

코스닥지수도 코스피와 마찬가지로 장 막판 큰 충격으로 전 거래일보다 12.24포인트(2.35%) 하락해 508.65로 마감했다. 이는 지난 2월 13일(507.99%) 이후 4개월여 만에 가장 낮다. 미국 양적완화 축소의 여진과 중국발 충격파가 겹치며 채권 금리는 상승해 또다시 연중 최고치를 갈아치웠다. 이날 국고채 3년물 금리는 전 거래일보다 0.08%포인트 상승한 연 12%를 나타냈다. 이는 연중 최고치이자 작년 7월 11일(3.21%) 이후 가장 높은 것이다. 원 · 달러 환율은 중국발 시장 충격에 장 막판 크게 올라 1년여 만에 최고치를 기록했다. 서울 외환시장에서 달러화는 전 거래일보다 6.7원 상승한 달러당 1,161.4원에 거래를 마감했다.

중국 인민은행이 빚은 유동성 불안은 미국 양적완화 축소로 공포에 빠졌던 아시아 증시를 더욱 흔들었다. 상하이종합지수는 지난 주말보다 5.29% 폭락한 1,963.23으로 거래를 마쳤다. 이 지수가 2,000에서 후퇴한 것은 지난해 12월 5일 이후 처음이다.

지난 주말 반등에 성공한 일본 증시도 이날 하락 마감했다. 닛케이 평균주가는 1.26% 내린 13,062.78, 토픽스지수는 0.89% 하락한 1,089.64로 각각 거래를 마쳤다. 엔화는 오후 4시 16분 현재 달러당 98.41엔으로, 전 거래일 종가 97.90엔은 물론이고 지난 주초 94~95엔대에 머물렀던 것보다 크게 상승했다.

홍콩 항셍지수도 같은 시각 2.2% 하락한 19,813.60로 9개월 만의 최저치를 찍고 있다. 대만 가권지수는 지난 주말보다 0.45% 하락한 7,758.03으로 마감했다. 호주 S&P/ASX200지수는 1.47% 떨어진

4,669.14로, 뉴질랜드 NZX-50 지수는 0.02% 상승한 4,364.04로 각각 장을 마쳤다. 동남아 증시도 대부분 하락세를 이어갔다. 이날 오후 인도네시아 자카르타 종합지수는 1.32% 빠진 4,455.76, 필리핀 PSEi 지수는 3.57% 급락한 5,961.40을 각각 보이고 있다. 인도 센섹스는 0.88% 떨어져 18.608.77에 걸려 있다. 달러화가 연일 강세를 보여 아시아 통화가 약세를 이어간 것도 증시에는 악재가 됐다.

4월 말 달러당 53루피 대까지 내려갔던 인도 루피화는 59.7850루피로 치솟은 상태다. 태국 바트화는 1달러당 31.13바트로 올랐다. 싱가포르달러는 달러당 1.2802싱가포르달러로, 1.22싱가포르달러대였던 지난 5월의 저점보다 크게 상승했다. 호주달러는 1호주달러당 0.9178달러로 하락세를 이어가며 33개월 내 최저 수준에서 벗어나지 못하고 있다. 이처럼 **중국의 유동성 불안, 미국의 양적완화축소 등 대형 쇼크는 국내외 증시를 뒤흔든다. 특히 한국 증시는 더 크게 흔들거린다.**

7. 한국인은 주식보다 부동산 선호가 매우 강하다.

한국의 가계자산에서 주택 건물 등 부동산 자산의 비율은 77%에 달한다. 이는 미국 36%, 캐나다 50%, 일본 62%에 비해 보면 기형적으로 높다(2006년 기준). 부동산 투자의 경우도 전 세계적인 추세는 주택보다 오히려 수익성 부동산에 집중하는 경향이다. 오피스, 호텔, 백화점, 임대주택 등 현금을 창출하는 모든 수익성 부동산 투자가 활발하다. 외국계 펀드들은 5조원에 달하는 국내 오피스(65개)를 사들이며 끊임없이 운영수익을 창출한다. 이는 국내 투자자에게 돌아가야 할 기회를 놓치고 있는 것이다. 국내 가계자산의 부동산 편중 현상은 국가적 재앙이다[조선경제, 2007.5.3].

한국인은 예나 지금이나 여전히 부동산 투자 선호가 강하다. **부동산 값이 뛰면서 땅과 집에 대한 투자 선호도가 30년 전에 비해 배로 늘어났다**[국토연구원 조사, 매일경제, 2007.4.18]. **부동산 중에서 투자 목적 농지와 임야에 대한 선호도가 가장 크게 증가했다.** 한국 대기업의 임원 절반은 노후 대비로 부동산을 곱을 정도로 부동산 선호사상은 깊다. 이는 경제 불안정과 밀접한 연관이 있다[월간중앙 설문, 중앙경제,

2006.5.18]. **자산 상위 10%가 우리나라 자산의 절반을 소유할 정도로 자산 불균형이 심각한 상황에서 가구당 총자산 중 부동산 비율이 76.8%에 달해 한국인은 집 한 채가 전부라는 속설을 입증한다**[중앙일보, 2007.3.8]. 가구당 평균 총자산은 2억8112만원이고 부채는 3948만원(자산의 14%)으로 총자산에서 총부채를 뺀 순자산은 가구당 2억 4164만 원이다. 총자산 중 부동산 비율이 76.4%로 미국(36%), 캐나다(50%), 일본(61.7%) 등에 비해 매우 높다.

2007년 중반 종합부동산세. 양도소득세 중과, 은행 대출 규제 등 각종 가격억제 정책이 쏟아졌다. 규제 양산은 부동산 불패 신화가 무너지게 했다. 부동산 투자로 큰돈을 버는 것은 끝났다는 분위기가 압도하기 시작했다. 자본시장의 발전으로 포트폴리오가 선진국형으로 변하는 모습을 보이는 것도 부동산 투자를 줄이는 효과를 가져왔다. 국가별 개인 자산 포트폴리오는 다음과 같다[2006년 6월 말 현재, 대한상공회의소, FRB, 일본은행, 매일경제, 2007.7.25].

	한국	미국	일본
부동산 등 실물자산	89.8%	60.0%	64.3%
기타 금융자산	0.8%	3.0%	3.6%
주식 채권의 직간접 투자	0.9%	4.2%	13.6%
보험 연금	2.1%	10.9%	12.5%
예금 적금 현금	6.4%	21.9%	6.0%

한국 주식시장은 2000년 이후 장기 투자하는 패턴으로 변화하는 양상을 보였다. 문제는 이러한 장기 투자하는 성향에도 불구하고 장기적으로 투자할 수 있는 기업이 없다는 점이다. **2000년 이후 기업의 매출추이는 주가 변동과 거의 같이 움직이는 모습을 보였다. 이는 투자자들이 이익보다 매출에 더 민감하게 반응하는 증거이다. 단기적으로는 주가와 환율이 동시에 움직이는 모습을 보였다. 그러나 가치투자 방식은 매출과 환율 변수도 중요한 지표이지만 주가수익비율(PER)과 주가매출비율(PSR)을 보고 투자하는 것을 추구한다.**

한국의 경우, 개인 금융자산은 2002~2006년 기간 동안 연평균 7.0%씩 늘었다. 이 기간 동안 예금형 금융자산은 연평균 4.1% 증가하는데 그친 반면 주식은 13.8%, 수익증권은 16.1% 증가해 기간 중 금융자산 증가 속도에 비해 약 2배, 예금형 자산에 비해 3~4배에 이른다[한국은행 자금순환 동향 통계 분석]. 시중자금이 펀드로 몰리면서 펀드 잔액이 사상 최고치를 갈아 치우고 있다. 국내 전체 펀드 규모가 260조8720억 원(2007년7월3일)을 기록해 사상 최고치인 바이코리아 열풍 때 262조5660억 원(1999년7월22일)에 육박하고 있다. 1999년 상황과 2007년 상황은 많이 달라졌다. 당시는 10% 초반 수익률을 보장하는 채권형 펀드 판매가 주를 이루었고 단타형 펀드인 스폿펀드가 한때 유행했다. 펀드 잔액은 이후 대우채 사태와 거품 붕괴를 겪으면서 2003년 말 145조원 수준까지 떨어졌다.

최근에는 적립식펀드 중심으로 다양한 펀드들이 출시되는 가운데 증시는 과거와는 완전히 다른 모습으로 사상 최고치 기록을 세우고 있다. 증시 시가총액은 1000조원 시대를 열었다[2007.7.5]. 개인 금융 자산 중 예금비중은 2002년 54.3%에서 2006년 47.2%로 크게 낮아 졌다. 수익증권 비중은 2002년 4.8%에서 적립식펀드 열풍으로 2006 년에는 7.3%로 주식비중은 14.6%에서 19.4%로 높아졌다. 또한 보험 연금자산은 2006년 전체 금융자산 중 22.7%, 채권은 2.6%를 차지하였다. **2000년대 들어서 경제주체의 투자 선호도가 예금자산에서 투자형 자산으로 바뀌었다. 이러한 추세 변화는 인구고령화로 인한 연금형 자산증가, 장기 저금리 체제 지속, 2007년 주식시장의 호황과 한국 할인 현상의 점진적 해소, 선진국의 경기 호황과 주식 시장의 랠리 등이 뒤받쳐 주면 계속 될 것으로 전망한다**[매일경제, 2007.5.31, 기은경제연구소].

8. 한국 증시는 대기업의 영향력이 크다

한국 증시는 15개 상장기업이 좌지우지한다. **2004년의 경우 15개 상장기업의 시가총액이 221조원으로 전체 374조원의 59.1%를 점유했다. 이들 기업의 외국인 평균 지분율은 50.27%를 차지하였다.** 전체 유가증권시장의 외국인 지분 규모가 174조원인 것을 고려하면 대부분 외국인투자자들은 15개 종목으로 투자한 것이다. 15개 기업의 실적도 국내 상장사의 절반을 차지하였다. 15개 기업의 순이익은 전체 순이익의 60.8%를 차지하였다[매일경제, 2005.5.6]. **시가총액 상위 15개사의 시가총액 중 비중(전체 유가증권시장 상장회사 전체 시가총액 대비 해당기업 규모) 및 외국인 지분율은 각각 다음과 같다**[2005년 5월5일 기준]; 삼성전자 18.25%, 54.06%, 한국전력 4.82%, 31.23%, POSCO 4.31%, 66.28%, LG필립스LCD 4.11%, 50.55%, 국민은행 3.86%, 77.97%, SK텔레콤 3.75%, 48.93%, 현대자동차 3.09%, 47.74%, KT 2.94%, 49.00%, LG전자 2.47%, 37.62%, S-Oil 2.22%, 48.33%, SK 1.91%, 58.36%, KT&G 1.67%, 61.77%, 신세계 1.60%, 46.37%.[증권선물거래소, 매일경제, 2005.5.6.]

최근 한 주당 100만원이 넘는 황제주[1]는 삼성전자, 영풍, 오리온, 롯데칠성, 롯데제과, 태광산업 등이다. 이들이 황제주가 된 **첫 번째 배경은 적은 유통물량에 있다. 롯데제과**는 오너와 계열사 지분이 35.69%를 차지하고 외국인 지분까지 합치면 70%가 넘는다. 영풍은 대주주와 특수 관계인이 전체의 78.44%를 보유하고 있어 사실상 유통주식 수가 전체의 21.6%에 불과하다. 유통주식 수가 적다 보니 거래도 한산하다. 올 들어 롯데제과와 **영풍, 태광산업**의 평균 거래량은 2000주를 넘지 않았다.

또 다른 배경은 안정적인 재무구조를 들 수 있다. 지난 3월 말 현재 롯데제과 43.45%, 아모레퍼시픽 32.68% 등 평균 이하의 부채율과 1000%가 넘는 자본금 순이익률이 황제주들의 공통점이다. 높은 자본금 순이익률은 이익이 증가하는 동안 자본 규모가 변하지 않았기 때문에 가능한 수치다. 증자나 분할 등 자본 변동이 없다보니 주식 수도 오랫동안 정체된 경우가 많다. **롯데제과**와 **롯데칠성**은 지난 1990년, 영풍은 1992년 주식 배당 이후 주식 수가 늘지 않았다. **태광산업**은 1994년이 마지막 변동이었고 밀어내기 파문으로 황제주에서 탈락한 남양유업은 무려 26년 동안 주식 수의 변동이 없었다.

세 번째 배경으로 안정성과 성장성도 빼놓을 수 없다. 삼성전자는

---

1) 황제주란 주식시장에서 거래되는 종목 가운데 한 주당 100만원이 넘는 종목이다.

스마트폰과 D램, 평면TV 등 여러 분야에서 전 세계 점유율 1위를 기록하며 분기 영업이익이 10조원에 육박하고 있다. **롯데제과**와 **롯데칠성**은 각각 국내 제과, 음료 업계 1위의 안정적인 지위를 누리고 있다. **오리온**과 **아모레퍼시픽**은 중국시장에서의 빠른 성장이 반영돼 황제주가 됐다. 중국 경기 침체 우려로 주가가 100만원 아래로 내려왔지만 지속적인 성장을 예상하는 이들이 많다. **오리온**은 2013년 하반기 연결이익 증가율이 30% 이상 나올 것으로 예상한다. 100만원이하에서는 매수시점이다.

네 번째 요인으로 자회사의 지분가치가 부각돼 황제주가 된 경우도 있다. 영풍은 지분 26.91%를 가지고 있는 **고려아연**의 성장 가치가 여전하고 스마트폰 특수로 **영풍전자**와 **인터플렉스**, **코리아서키트** 등 정보기술(IT) 관련 자회사들이 급성장한 것이 주가급등의 촉매가 됐다.

황제주들은 그동안 시장보다 빠르게 상승해 왔다. 지난 10년 동안 코스피가 800에서 1900포인트까지 2배 남짓 오르는 사이 삼성전자와 롯데제과는 3배, 태광산업은 7배, **영풍은 무려 25배 이상 주가를 불려왔다.** 황제주는 유동성이 부족하지만 2013년 7월 말 현재 주가수익배율로 보면 아직 저렴한 종목이 많아 중장기적인 관점에서 저점 매수하면 충분히 큰 수익을 거둘 수 있을 것으로 기대한다 [아시아경제, 2013.7.26, 이영혁 기자].

황제주는 절반이 음식료주가 차지하고 있다. 2013년 5월 21일 현재 국내 증시의 황제주는 **롯데칠성, 롯데제과, 오리온, 영풍, 태광산업, 삼성전자, SG충남방적우 등 총 7개 종목이다.** 이 중 롯데제과, 롯데칠성, 오리온은 음식료 업종으로 분류된다. 최근 남양유업도 황제주 자리를 내주었지만 음식료 업종이다.

황제주들은 자본금이 적다는 것은 기업의 자금력이 좋다는 주식으로 해석한다. 때문에 증자로 자금을 조달할 필요가 없다. 이외에도 이들의 주가가 높은 이유는 이들 회사가 개인투자자보다는 기관 등 큰 손의 투자를 선호하기 때문이다. 일반적으로 주가가 비싸져 거래량이 줄어들면 기업들은 액면분할 등으로 주가를 낮춰 많은 투자자들이 활발하게 거래할 수 있도록 유도한다. 1000원짜리 주식을 100원으로 분할하면 주식수가 10배 늘어 유동성 확보에 유리해지는 원리다. 하지만 황제주 음식료 주들은 굳이 액면 분할을 하지 않는다. **기관투자자들은 투자 단위가 큰 만큼 주가의 절대 값이 크더라도 가치가 있다면 투자를 망설이지 않기 때문이다.** 실제 주식거래에서는 주가수익비율(PER)에 의해 투자가 이뤄지기 때문에 사실 황제주라는 것이 큰 의미가 없다. 그러나 주가가 높은 이유는 액면가 분할이 이뤄지지 않았고 해당 종목들의 경우 기관투자자들을 유치하는 게 목적이기 때문에 필요성을 느끼지 못한 것으로 본다[이투데이, 2013.5.21].

삼성전자는 한국 증시의 대장주이다. 삼성전자의 2013년 1분기 실적은 기대 이상이었다. 그러나 주가는 지나치게 싸다. 삼성전자는 지난 1분기 매출액과 영업이익을 각각 52조8000억 원과 8조7000억 원을 기록했다. 이달 초 발표한 잠정수치와 비슷한 규모다. 그러나 깜짝 실적에도 삼성전자 주가는 좀처럼 탄력을 받지 못하고 있다. 실적이 발표된 지난 26일에도 주가는 0.54% 하락한 148만6000원을 기록했다. 152만7000원이었던 지난달 말과 비교해도 현재 주가는 2.7% 내린 상태다. 주가가 좀처럼 오르지 못하고 있는 이유는 무엇일까? 스마트폰 시장의 성장이 점차 둔화되면서, 삼성전자의 실적 성장세도 지금만 못할 것이라는 걱정이 크다. 여기에 신제품 출시에 따른 마케팅 비용 부담도 커질 것이라는 점과 3분기 애플 신제품 출시 우려도 더해지고 있다.

다가오는 2분기에 최대 실적을 다시 갈아치울 가능성이 크지만, 그 이후가 문제라는 것이다. 마케팅 비용 증가로 2분기 영업이익률은 전 분기 대비 1.5%포인트 하락한 21%를 기록할 것으로 전망한다. 스마트폰 시장의 경쟁 심화로 마케팅 비용 증가가 불가피한 상황이기 때문이다. 2012년과 2013년 EPS증가율은 각각 86.9%와 48.9%로 매우 높았다. 그러나 **내년과 내후년은 각각 9.5%와 8.3%로 급격히 둔화될 것으로 본다. 그러나 실적 둔화를 고려해도 현재 주가는 저평가됐다.** 3분기에 애플 신제품이 출시될 예정이지만, 추세를 선도한다는 측면에서 애플은 이미 영향력을 상실했다. 부정적인 영향은 제한적인 수준에 그칠 것이다. 아직은 실적이든, 주가든 고점을 논하기 이른 시점이다. 스마트폰 시장 성장률이 둔화한다 해도 **삼성전자는 탄탄한 실적을 유지할 것이다. 지속적인 점유율 확대로 규모의 경제가 가능하기 때문이다. 시장의 과도한 우려로 주가는 저평가 상태다**[이데일리 김경민 기자, 2013.4.29.].

한국 증시는 삼성전자에 과도하게 쏠려 있다. 세계 주요국 증시 시가총액 1위 종목 가운데 전체 시총에서 차지하는 비중이 가장 높은 것은 삼성전자뿐이다. 세계 주요 15개국 증시별 전체 시가총액에서 1위 종목이 차지하는 비중을 살펴보면 삼성전자가 2013년 5월 21일 기준 17.6%로 가장 높았다. 스위스 제약회사 로슈 홀딩스가 16.1%로 뒤를 이었고, 러시아 국영 에너지기업 가스프롬은 13.2%였다. 한편 세계 시가총액 1위인 애플이 뉴욕 증시에서 차지하는 비중은 2.1%에 불과했다. 삼성전차의 시총은 현대차 등 시총 2~5위 종목을 합친 것의 두 배에 이른다[블룸버그통신, 헤럴드경제=신수정 기자, 2013.5.24.].

한국 주식시장에서 삼성전자의 시가총액 비중이 매우 높기 때문에 삼성전자 주가가 무너질 경우, 한국 증시도 붕괴될 수 있다. 한국 주식시장에서 삼성전자의 시가총액 비중이 20%로 너무 높아 삼성전자 주가가 흔들리면 한국 증시도 동반 붕괴할 수 있다는 점이다. 유가증권시장에서 IT업종의 시가총액 비중은 28.5%(2013년 4월 12일 종가 기준)에 이른다. 전체 시장의 월평균 시가총액은 1천116조3천950억 원이었고 IT업종 시가총액은 317조6천350억 원으로 집계됐다. IT업종의 시가총액 비중이 30%에 육박한 것은 지난 2005년 5월30일 이후 처음이다. 이 같은 IT업종의 시가총액 비중 지각변동을 이끈 것은 IT업종 '대장주' 삼성전자 덕분이다. 삼성전자의 시가총액 비중은 현재 20%이다. 시가총액이 223조4천530억 원으로 IT업종 내 시가총액 비중은 70.3%나 된다.

IT업종이 시기총액 비중을 늘리는 동안 금융업, 화학업, 운수장비업 비중은 일제히 줄어들었다. 금융업종 시총 비중은 2007년만 해도 20~21%로 IT업종과 비슷했지만 최근 13%로 쪼그라들었다. 운수장비업종 시총은 비중도 12.5% 수준이다. 같은 기간 화학업종 시총은 8.9%로 감소했다. 엔화 약세의 직격탄을 맞은 현대차의 시총 비중은 3.9%로 감소했다. IT업종의 시총 점령은 당분간 계속될 것이다. 코스피는 2007년 하반기부터 박스권을 벗어나지 못하고 있지만, IT업종 주가는 탄탄한 실적을 바탕으로 상승세를 이어가고 있기 때문이다.

그러나 삼성전자 주가가 흔들리면 전체 주식시장이 무너질 수 있다. 지금 코스피가 1,900대를 유지하는 것은 IT업종의 선전 덕분이며 IT 업황이 나빠지면 주가 1,800선이 뚫릴 가능성도 있다[서울=연합뉴스, 박초롱 기자, 2013.4.14.].

한국증시에서 삼성전자는 증시에 미치는 영향력이 막강하다. 삼성전자에 대한 외국인 매도공세가 연일 계속되면서 증권가에서는 갖가지 소문과 추측이 나돌았다. 특정 펀드가 매도 '폭탄'을 돌렸다는 의구심도 그 중 하나다. 폭탄을 던진 것으로 지목된 곳은 세계 최대 자산운용사인 블랙 록이다. 신흥시장에 투자하는 펀드에서 자금 이탈이 이어지자 현금인출기나 다름없는 한국, 그 중에서도 삼성전자 주식을 발 빠르게 유동화 했다는 주장이다.

실제 한국에 투자하는 글로벌 펀드 중 규모가 가장 큰 블랙 록의 아이셰어(iShares) 신흥시장 펀드(EEM)는 주간 단위로 지난 2주간 급격한 자금 이탈이 있었다. 빠져나간 자금규모는 5월 마지막 주 7억9800만 달러(약 8800억 원)에 이어 이달 첫째 주 21억8600만 달러(약 2조4000억 원)가 유출됐다. 이 펀드의 한국 투자비중은 14.8%다. 블랙 록이 미국의 양적완화 종료 우려로 한국을 포함한 신흥시장 투자자산을 정리 중이고, 신흥시장 투자파트의 펀드매니저들이 물갈이된 사실도 전해지고 있다. 블랙 록이 삼성전자 주식을 대거 청산했거나 최소한 기존 시각을 바꿨을 개연성이 꽤 큰 얘기들이 나돌았다.

하지만 삼성전자의 주가 하락을 특정 펀드의 공세로 몰아가기엔 무리라는 반론도 상당하다. 아이셰어 EEM 등 한국에 투자하고 있는 블랙 록 펀드 상당수가 단순히 지수를 추종하는 패시브 형이라

주가가 빠지려면 삼성전자뿐 아니라 현대차 포스코 등도 함께 급락했어야 한다는 논리다. 글로벌 상장지수펀드(ETF) 운용사 뱅가드가 올 상반기 10조원에 육박하는 한국 주식을 파는 중에 블랙 록 매물까지 겹쳐 충격이 컸을 뿐이란 게 이들의 시각이다. 그러나 삼성전자 덩치 정도면 작정하고 주가를 끌어내려도 금세 다른 펀드가 받아내기 때문에 단기간에 회복되지 않는다는 것은 구조적으로 금융시장이나 회사 자체에 문제가 있다는 신호로 해석된다.

10대 그룹이 한국거래소 시장에서 차지하는 시가총액(이하 시총) 비중이 60%에 달한다. 특히 삼성의 시총 증가율이 두드러졌다. 자산총액 상위 10개 기업집단 소속 상장법인의 시총은 2012년 4월 30일 종가 기준으로 737조1770억 원이다. 이는 전년 말(642조5764억 원)에 비해 14.72% 증가한 수치다. 10대 그룹이 거래소 시장에서 차지하는 시총 비중도 전년 말(55.97%)보다 3.24%포인트 상승한 59.21%로 집계됐다. 그룹별로는 삼성이 지난해 말보다 25.29% 증가한 324조7612억 원으로 부동의 1위를 지키고 있다. 뒤이어 현대차(17.51%) 한진(10.42%) 현대중공업(9.86%) SK(9.58%) GS(3.06%) 등의 순이었다. 반면 한화(-8.84%) 롯데(-2.54%) LG(-2.11%) 포스코(-0.75%) 등 4개 그룹의 시총은 올해 들어 감소했다. 개별 기업으로는 삼성중공업이 올 들어 4개월간 49.46% 올라 주가 상승률 1위에 올랐고 그 뒤를 이어 삼성전기(40.93%) 호텔신라(37.40%) 한진해운(37.00%) 삼성전자(31.38%) 삼성테크윈(30.08) SK하이닉스(27.79%)

현대차(26.06%) 기아차(25.04%) 삼성생명(23.61%) 등이다. 주가 상승률이 높은 종목 10위권 안에 들어간 삼성그룹 계열사가 무려 6곳이나 된다. 같은 기간 주가 하락률이 가장 높은 곳은 GS그룹 계열사인 코스모화학(-33.90%)이고 그 뒤로 코스모신소재(-32.94%) SK컴즈(-31.34%) 유비케어(-30.96%) 포스코켐텍(-30.79%) LG하우시스(-25.43%) LG유플러스(-24.19%) 크레듀(-23.59%) SK C&C(-20.09%) LG화학우(-18.88%) 등이 따르고 있다[서울=뉴시스, 변해정 기자, 2012.5.7.]. **10대 그룹 계열 상장사의 시가총액 비중이 59%인 점을 비추어 볼 때 한국 증시 흐름은 이들 대기업들이 사실상 주도하고 있다.**

9. 4대재벌그룹의 주가폭락이 증시 폭락을 선도했었다.

삼성, 현대차, LG, SK 등 4대 그룹주들의 지난 15일(거래일 기준)간 시가 총액 감소율은 평균 22.8%로, 같은 기간 코스피(19.6%)보다 높았다. **특히 유가증권시장 전체 상장 종목 수의 채 10분의 1도 안 되는 4개 그룹 80개 종목에서 사라진 시가총액만 약 128조8000억 원으로, 월초 이후 전체 시장에서 사라진 시총의 절반이 넘는다.** 개별그룹 주별로 보면 LG그룹 주들이 평균 30% 넘게 감소하며 가장 큰 폭으로 줄었다. 시총 비중이 큰 LG화학의 주가가 지난 1일(48만5500원) 대비 37.7% 가량 주저앉은 데다 LG전자와 LG디스플레이 주가가 신저가를 찍은 후 근처에서 맴돌고 있다. 자회사들의 부진에 지주사인 LG의 주가 역시 전일 신저가를 경신하는 모습이다.

현대차 그룹주와 삼성 그룹주도 모두 마찬가지다. 수출기업인 현대차와 삼성전자가 글로벌 경기 둔화 우려에 휘청거리며 각각 31.4%,

20.6% 떨어졌다. 특히 글로벌 비중이 큰 기업과 경기에 민감한 업종이 더 큰 타격을 받았다. 낙폭이 과도했고 시장 심리가 개선되기 전까지는 어쩔 수 없는 시장상황에 휘둘릴 것이다. 수급상으로도 대내외적으로 악재가 겹쳤다.

이들 대기업들이 외국인 투자자의 비중이 컸던 만큼 외국인 매도의 영향을 더 받을 수밖에 없었고 ELS의 기초자산인 경우가 많아 주가 하락에 따라 녹아웃(Knock-Out)되면서 매물이 나왔다. 이는 SK그룹주가 그나마 선방했다. SK텔레콤과 SK이노베이션, SK C&C 등 대부분의 자회사가 내수주로서 경기 방어적인 성격을 가지고 있어 상대적으로 대외 변동성에 강했다. 삼성 그룹주 중에서도 삼성생명과 삼성화재 등의 보험주와 삼성물산은 지수 대비 비교적 선방했다. 이들 대표 그룹주에 주로 투자하는 펀드의 수익률도 부진하기는 마찬가지였다. 지난 19일 기준 4대 그룹에 투자하는 그룹주 펀드의 이번 달 평균 수익률은 -12.3%로 일반 주식 펀드(-11.8%)나 중소형주식(-7.4%)에 비해 부진했다[한국 거래소, 이데일리, 2011.8.23].

이런 원인은 무엇에서 찾을 수 있을까? 한마디로 **4대 그룹주 주가 폭락은 개별 종목의 이슈가 아니라 마켓 리스크 때문이다.** 시장이 정상화 국면에 들어서면 많이 떨어졌던 만큼 더욱 탄력적으로 반등할 수 있을 것이다. **문제는 대형쇼크 때마다 이들 주들이 시장 하락을 선도하고 있다는 점이 한국 주식시장의 가장 큰 문제이다.**

한국 경제는 4대 그룹이 이끌고 있는 구조이고 한국의 수출경제 및 경기를 선도하는 구조 때문은 아닐까? 한국의 여러 산업과 시장을 쥐고 있는 과도한 경제력 집중이 낳은 결과는 아닐까? 언제든지 재현될 수 있는 만성적인 구조적인 왜곡 때문은 아닐까?

10. 한국 할인 현상은 한국경제 및 기업지배구조의 후진성에 기인한다.

한국기업 가치는 선진국 기업에 비해 현저하게 낮게 평가받아 오고 있다. 우리나라 주식시장의 가치도 일본의 3분의 1수준으로 크게 저평가 받는다. 한국의 업종별 평균 주가이익비율(PER)도 모두 업종에서 크게 저평가 받았다. 한국증시의 PER은 11.3배(코스피200, 2007년 3월15일 기준)로 일본 28.48배(TOPIX)에 비해 3분의 1에 불과했다. 개별 업종에서도 한일 간 차이는 매우 크다. 한일 간 업종 PER 차이는 의료정밀 37.01배 / 46.94배, 운수창고 7.03배 / 32.83배, 전기전자 13.96배 / 51.72배, 철강금속 7.05배 / 21.77배, 기계 28.28배 / 37.25배, 철강 7.05배 / 21.77배, 통신 8.50배 / 30.74배, 의약품 21.81배 / 31.32배로 모든 업종에서 크게 저평가되었다[경향신문, 2007.3.20.]. 도요타, 소니, NTT도꼬모 등 아세아 대표기업 50개로 구성된 **다우존스 아시아 타이탄 50 지수의 전체 평균 PER은 2002년 15.8배였는데 삼성전자 7.7배, SKT 10.6배, KT 7.8배, 국민은행 8.8**

배, 현대차 3.7배로 절반에 불과하였다[매일경제, 2003.2.18].

삼성전자 PER은 2004년 2월 11일 기준 13.9배로 경쟁사 미국의 인텔 20.7배, SK텔레콤은 12.35배 경쟁사 미국의 넥스텔 16.2배보다 낮다. 그 밖에 국민은행 11.52배, 삼성SDI 13.62배, 포스코 12.2배, LG화학 11.45배, 삼성화재해상보험 12.59배, 현대차 7.47배, KT 5.95배로 전부 낮은 평가를 받았다[증권거래소, 매일경제 2004.02.13]. 이비에비타(EV/EBIYDA)에서도 삼성전자는 7.31배로 인텔 10.56배, IBM 10.55배, 모토롤라 10.52배에 비해 현저히 낮았다[매일경제, 2004.10.20]. 현대자동차 PER은 2004년 5.3배로 GM 6.1배, 포드 7.5배, 도요타 11.9배, 혼다 10.3배보다 크게 낮았다[매일경제, 2004.5.24]. 에비에이타에서 현대자동차 3.3배, GM 19.6배, 다임러크라이슬러 11.1배, 도요타 7.5배, 혼다 7.6배보다 크게 낮았다.

우리나라 신용등급은 경제규모와 국민소득에 비해 국제신용평가기관으로부터 지나치게 낮게 평가 받는다. 중국 이스라엘 칠레는 물론 헝가리 폴란드 리투아니아 라트비아 등 경제규모가 작고 국민소득이 낮은 나라들보다 두 단계나 낮다[무디스]. 한국의 신용등급은 2002년 3월 이후 5년째 제자리걸음에서 맴돌았다[매일경제, 2007.2.17]. 한국은 카타르 쿠웨이트 등 중동국가보다 낮게 평가 받는다(S&P). 전쟁 위험에 항상 노출되어 있는 이스라엘, 중동국가들보다 낮은 신용등급을 받는 점을 감안하면 한국 자체에 문제가 있는 것이다[매일경제, 2007.2.17].

2007년 7월말 종합주가지수는 1000대 위에서 움직인 시점인 2005년 7월 26일 현재 종합주가지수의 PER은 8.7배로 높아졌지만 1997년 11.7배를 회복하지 못했다. 미국 나스닥 지수 25배이고 일본 닛케이225지수 21배, 홍콩 항셍지수 16배에도 크게 미치지 못한다[중앙일보, 2005.7.29].

한국 할인 현상을 다르게 해석해야 한다는 주장이 있다. 기업별 주가수익비율의 단순 평균 방식을 사용하지 않고 상장회사 전체 시가총액을 순이익으로 나눈 시장주가수익비율(PER)을 사용한 경우, 한국의 PER은 주요 선진국의 PER보다 높다는 점에 주목한다. 평균 시장PER은 1999~2003년 기간 동안 한국 16.9배, 영국 15.5배, 독일 17.3배 프랑스 17.7배로 비슷한 수준이거나 오히려 높다[삼성경제연구소, 매일경제, 2005.3.21]. 2000년을 제외하면 한국 19.2배, 독일 16.5배, 프랑스 17.3배, 홍콩 18.9배로 나타나 한국이 가장 높다. 이 주가수익비율로 보면 한국의 주가지수가 1986~88년 수준보다 낮은 것을 코리아 디스카운트로 해석할 수 없다는 것이다[삼성경제연구소, 매일경제, 2005.3].

그 이유는 주가는 이론적으로 볼 때 주당순이익(EPS)에 비례해서 움직이므로 최근 주가 하락은 과다한 유상증자로 주당순이익(EPS)이 15년 전보다 낮아진 것으로 기인한다. 따라서 한국 주식은 지배구조 등 한국 특유의 고유한 요인을 반영하여 저평가 받는 것으로 해석할 수 없다는 것이다. **한국주식의 저평가 현상은 국내 주식시장의 신뢰성에 기인한 것이다. 한국 증시의 저평가 원인은 신흥시장 전체에 대한 신뢰도에 기인한 것이지 지배구조 등 한국의 고유한 요인으로 볼 수 없다는 반론이다**[매일경제, 삼성경제연구소, 2005.3]. 2005년 2월 현재 한국PER 8.1배는 인도네시아 11.8배보다 낮은데 이러한 저평가 수치를 보고 한국기업이 인도네시아 기업보다 투명성이나 지배구조가 못하다고 판단하는 것은 오류다고 주장한다[매일경제, 2005.3.2]. 또한 일부 업계는 한국 증시의 저평가 요인은 한국기업을 폄하하는 데에서 기인한다는 주장도 있다[매일경제, 2005.3.2].

주가 수익률과 배당률을 합친 주주 총수익률을 다각화와 비다각화 기업의 상대적 주주 총수익률(RTSR)과 주식시장 평균 총주주수익률을 차이를 보면, 사업 다각화는 높은 주주수익과 반드시 연결되지 않았다는 점을 근거로 할 때, **한국 할인현상은 기업지배구조와 문어발식 경영에 있다. 기업지배구조와 문어발식 경영 문제는 동전의 양면과 같다. 문어발식 경영은 사업 다각화와 연계되고 있다. 사업 다각화는 한국 주식시장에서도 주가 상승 요인으로 평가받지 못하고 있다.**[2]

---

2) 주가를 평가하는 지표는 주가수익비율(PER : price per earning ratio)과 자산가치대비주가(PBR : price to book ratio)를 가장 많이 사용한다. 두 지표는 기업 간 상대적인 평가지표로 사용된다. PER은 순이익이 몇 배의 주가로 전환되는가를 평가하는 지표로 "PER = 주가 / 주당순이익" 으로 계산한다. PBR은 주당 장부상 자산가치가 얼마의 주가로 전환되는가를 평가하는 지표이다. PBR이

11개 한국 재벌기업을 포함한 전 세계 100대 기업의 상대적 주주총수익률(RTSR)을 보면 다각화 기업 중 절반 이상이 비다각화 기업에 맞먹는 주주가치를 창출했다. 사업 다각화는 높은 주주수익과 반드시 연결되지 않았다. 주주수익률은 다각화 정도보다 사업 다각화의 관리 방식에 의존한 것으로 본다. 세계 상위 10대 사업 다각화 기업의 상대적 총주주수익률 ; (주)한화 13.6% 도요타 통상 13.4% / 부이그 11.7% / AP몰러머스크 9.2% / 유나이티드 테크놀러지 8.7% / 허치슨 왐포아 5.3% / 필립스 4.8% / 타이코 4.8% / 제너럴일렉트릭 4.1% / 생고뱅 2.5% [매일경제 2006.12.08.].

한 우물만 파는 기업보다는 문어발식 족벌기업으로 형성된 기업집단이 지난 65년 동안 빠른 속도로 확대 성장했다. 한국 기업은 경영 실적, 자본 건전성, 효율성, 부채비율 등의 측면에서는 골고루 양호하고 세계적인 기업보다 우수하며 브랜드에서도 세계적인 가치를 가지고 있음에도 불구하고 한국 기업의 주가는 미국 기업의 주가보

낮으면 투하된 자본이 생산 활동을 통해서 부가적인 자본 가치를 창출하지 못하고 있는 것으로 자본의 효율성이 낮은 것을 의미한다. PER은 가격과 순이익을 연결시켜 평가하는 방식으로 계산하기 쉽고 자료입수도 용이해 그때그때 비교할 수 있는 장점을 가진다. PER은 위험과 성장률을 포함한 기업 특성을 대용변수로 사용할 수 있는 이점이 있다. 그러나 주당순이익이 마이너스(−)일 때 처리가 곤란한 점과 이익의 질적 차이와 산업 간, 국가 간 동일한 적용이 어려운 점이 있다. 또한 침체기와 호황기에 따라 PER적용에 차이가 있다. 그 밖에 이비에비타(EVEBITA)가 있는데 이 수치는 기업가치(EV : 시가총액 + 순부채)와 현금창출능력(EBITA ; 세금 이자 지급 전 이익)을 비교하는 투자지표로서 낮은 이비에비타는 영업을 통한 현금창출력에 비해 주식값이 저평가 됐다는 것을 의미한다.

다 낮게 평가 받고 있다. 한국 할인의 요인은 기업지배구조와 문어발식 경영에 있다[보스턴 컨설팅그룹 BCG / 매일경제 2006.12.08.].

1997년 외환위기 이후 자본시장이 전면 개방되고었던 때에도 국내기업들의 지배구조 후진성이 지적됐다. 한국 할인 현상은 북한 핵위협 등 지정학적 국가위험과 기업차원의 위험 한국할인요인이 우리나라 기업이 수익성과 자산가치가 동일한 경우에 경쟁국가의 기업가치 보다 높은 할인율을 적용 받아 주가가 낮게 평가되고 있다.

우리나라 기업의 PER과 PBR의 평균은 전 기간을 통틀어 볼 때 모두 낮다. **한국 기업들은 선진국 기업에 비해 크게 낮은 자본의 효율성을 보인다. 다시 말해서 투하된 자본이 생산 활동을 통해 부가적인 자본 가치를 만들어 내지 못한다.** 한국 주식은 2004년 상장 기업 가운데 1조원 이상의 순익을 거둔 기업이 13개에 이른다. 이 수치는 미국, 영국에 이어 세 번째로 많은 순위에 든다. 이를 반영하듯 한국 주식시장은 아세아권 주식시장 가운데 가장 투자매력이 높다. 이러한 투자 매력에도 불구하고 한국 주식은 여전히 저평가 받고 있다.[3)]

3) **할인을 적용 받는 기업에 대한 위험에는 재무위험, 영업위험, 기업지배구조위험 등 기업 고유 위험이외에 업종별(산업별) 고유 위험이 있다.** 개별 기업을 둘러싼 시장 전체 위험과 국가 위험이 포함될 수 있다. **기업 간의 상대적인 주가를 평가하는 지표로 가장 많이 사용되는 것이 주가수익비율(PER : price per**

한국기업은 경쟁관계에 있는 외국기업에 비해 낮게 평가 받고 있을 뿐만 아니라 주식시장 전체적으로도 세계 주요 증시에 비해 낮게 평가 받고 있다. 기간별 및 시점별 증권거래소의 주가수익비율(PER)[4]은 1980~2000년 기간 동안 11.8(코스피 지수 평균)배로 미국 PER 17.8(S&P500지수 평균)배에 비해 훨씬 낮다. 주요 상장종목 200개사(코스피 200지수 편입 종목)의 PER는 2000년 말 현재 12.9배로 미국 PER 24.7(S&P500지수 편입종목 평균)배의 절반에 불과하다[중앙일보, 2002.2.6.].

2000년 말 상장기업의 평균 PER은 한국 14.1배, 일본 29.1배, 미국 21.5배, 홍콩 16.7배, 대만 16.1배, 싱가포르 15.8배로 가장 낮다. 한국증시의 평균PER은 미국, 일본, 유럽연합 등 선진국 증시의 평균 PER 15.8배에 비해 절반에 불과하고 신흥시장의 평균PER 10.8배에 견주어도 80% 수준에 불과한 것이다. 2001년 7월 27일 현재 한국의

---

earning ratio)과 **자산가치대비주가(PBR : price to book ratio)이다.** PER은 순이익이 몇 배의 주가로 전환되는가를 평가하는 지표이고, PBR은 주당 장부상 자산가치가 얼마의 주가로 전환되는가를 평가하는 지표이다.

4) 주가수익비율(PER) ; 기업의 순이익을 현재 주가로 나눠서 계산하며 주가의 고저평가 여부를 판단할 때 많이 사용한다. PER이 10배라면 현재 주가가 주당 순이익의 10배라는 의미다.PER계산에서는 순이익에 대한 명확한 정의가 없어서 전년 실적, 올해 실적, 향후 12개월 실적 등을 재량껏 사용하고 있다. 일례로 증권선물거래소에서 발표하는 PER은 전년 실적을 기준으로 발표한다. MSCI 한국 PER은 향후 12개월간 순이익 추정치를 일반적으로 사용한다[매일경제, 2007.7.24]. **그러나 대형쇼크로 인해 주식시장이 연일 폭락하는 상황에서는 주가수익비율(PER) 지표는 별 의미가가 없다.**

PER은 14배로 선진국의 평균 PER 27.6배의 52.5%에 불과하였다[미국의 데이터스트림, 매일경제, 2001.7.6]. 시장 평균 주가수익비율은 영국, 미국 및 아세아 국가들에 비해 낮게 평가 받고 있다[중앙일보, 2005.3.2.].

선진국 및 신흥시장국가를 포함한 세계 전체에서 한국기업의 평균 주가수익비율(PER)과 자산가치 대비주가(PBR)에 한국의 시장 평균PER은 선진국에 비해 현저히 낮게 평가 받고 있을 뿐만 아니라 아세아 경쟁국에 비해서도 크게 낮다[매일경제, 2005.3.2.]. 기업별 차원에서 보면 삼성전자의 PER은 2001년 7월 27일 현재 6.5배로 마이크테크놀로지 19.2배, 인텔 25.1배, 일본의 NEC 127.5배보다 월등히 낮게 평가 받고 있다.

포항제철의 PER은 5.88배로 신일본제철 72.22배, 미국의 알로카 23.40배, 대만의 차이나스틸 12.38배에 비해 현저하게 낮게 평가 받고 있다[매일경제, 2001.7.6]. 2002년 도요타, 소니, NTT도꼬모 등 아세아 대표기업 50개로 구성된 다우존스 아시아 타이탄 50지수의 전체 평균 PER은 15.8배였는데 삼성전자 7.7배, SKT 10.6배, KT 7.8배, 국민은행 8.8배, 현대차 3.7배로 전부 절반 이하로 매우 낮다[매일경제, 2003.2.18].

국내 우량 대표종목의 PER은 2004년2월11일 현재 한국 12.9배, 홍콩 21.2배, 대만 20.8배, 말레이시아 14.0배, 미국 20.8배, 영국

17.8배로서 한국주식이 제일 낮게 평가 받고 있다[매일경제 2004.02.13, 중앙일보 2005.3.2]. 한국 대표기업들의 PER에서도 세계의 주요 글로벌기업에 비해 모두 낮게 평가 받고 있는 것으로 정리할 수 있다. 한국할인 현상은 한국 고유의 지정학적 위험과 시장위험, 한국 기업의 위험 등이 복합적으로 작용한다. 한국할인 현상에 대해 일부 반론이 있지만 시차를 두고 조사한 결과를 종합해도 한국할인 현상은 분명하다[매일경제, 2005.3.2].

최근 10년간 한국경제는 국내총생산(GDP)성장률이 188%로 세계경제의 평균 성장률 151.9%보다 높은 성장세를 기록하였다. 그러나 같은 기간 동안 한국증시는 27.5% 떨어져 세계주가가 평균 300.2% 오른 것과는 전혀 상반된 현상을 나타냈다. 이러한 현상은 한국주식이 저평가 받고 있는 사실과 관련 있다. 미시적인 차원에서 보면 기업지배구조의 낙후, CEO경영능력 미흡, 기업회계의 불투명, 기업수익의 불투명 등을 가장 중요한 요소로 꼽는다. 거시적인 차원에서는 정부정책 불신과 일관성 부족, 구조조정의 지연, 노동시장의 경직성과 노사관계가 불안정, 자본시장의 미성숙과 외국에 비해 주식시장 구조의 상대적인 취약성, 경기변동이 심한 산업에 편중, 국가 리스크와 북핵문제 및 정치 불안, 외국자금에 대한 곱지 않는 시각, 폐쇄적인 금융정책 등을 든다.

특히 기업지배구조는 대주주의 전횡, 공시 등의 불투명성, 복잡한 소유구조, 주주권리의 보호 미흡, 적절한 배당정책의 부족, 부실요소 보유, 이사회 구성 및 운영의 비효율성 등을 들고 있다. 여기에 남북대치로 인한 지정학적 위험, 기업 실적의 불안정, 국내 개인투자자들의 증시 외면 등을 든다[중앙일보, 2005.3.2.].

1997년 외환위기 이후 그동안 지속적인 구조조정과정으로 많은 성과를 냈지만 한국증시의 가장 큰 걸림돌은 여전히 기업지배구조 문제다. 그동안 기업지배구조나 경영투명성이 크게 개선되고 전반적으로 수준이 높아졌지만 아직도 여전히 문제가 되고 있다. 기업들이 그동안 차입금을 많이 갚았고 이익도 적지 않게 내고 있다. 그러면서도 배당에 대해 인색한 편이다. 자사주를 매입하고도 소각을 통해 주주이익을 높여주는 회사는 별로 없다. 또한 정부의 개입이 여전하여 투자의 걸림돌이 되고 있다. **정부규제가 아직도 많다. 정부개입이 이루어지면 외국인 투자를 유인하기 어렵다. 경영투명성에 대한 외국인의 부정적 인식을 극복하는 일도 중요하다. 외국인의 시각을 바꾸기 위해 공공 기업구조조정도 계속되어야 한다.** 어느 시점까지 정부가 주도 하더라도 궤도에 오르면 기업이 자체적으로 구조조정을 진행해야 한다. 전투적인 노사분규도 여전히 한국투자에 가장 방해되는 요소이다.

97년 외환위기 이후 한국기업들이 핵심사업에만 주력하는 등 경영환경이 개선되고 자본시장 개방과 함께 외국인의 주식 소유 제한이 해제되면서 외국인의 주식 지분이 크게 증대되었다. 외국인의 지분 증대는 한국 기업들이 국제기준을 받아들이는데 크게 기여하였다. 이 과정에서 한국주식의 저평가 요인이 상당히 해소되어 가고 있다. 또한 한국의 전문경영인체제가 확립되면서 기업지배구조가 괄목할 정도로 개선되었다. 그러나 경영투명성을 위해 도입된 사외이사들의 활동은 여전히 부진한 상태이다. 경영자의 구미에 맞는 인사로 구성되어 있는 것이 문제로 지적되고 있다[매일경제, 2005.3.21.].

기업부채 축소는 97년 말 금융위기 이후 크게 개선된 결과 경영위험이 낮아지면서 한국시장에 대한 신뢰가 제고되었다. 회계시스템의 개선은 경영투명성 제고에 기여하고 있다. 한국은 신흥시장 내 최고의 시장으로서 외국투자가들에게 가장 매력적인 시장으로 자리 잡고 있다. 그동안 대대적인 기업 및 금융구조조정을 비교적 단기간 내에 성공적으로 이행한 점이 이를 증명한다. **한국기업이 내재가치에 비해서 저평가되는 이른바 코리아디스카운트(Korea Discount)가 해소되는 것은 앞서 지적한 애로 요인이 제거되는 속도에 달려 있다.**

11. 펀드매니저 한 명이 너무 많은 펀드를 운영한다.

최근 펀드매니저 한 명이 운용하는 펀드 수가 증가세를 보이며 운용부담이 점점 커지고 있다. 이는 사모펀드의 급증 때문인 것으로 분석된다. **국내 공모 및 사모펀드의 수는 지난 8월말 기준으로 9647개고 이를 운용하는 펀드매니저는 1139명으로 한 명이 평균 8.5개를 맡고 있다.** 펀드매니저 한 명당 평균 운용 펀드의 수는 2008년 말 10개보다는 줄었지만 2009년 8.3개, 2010년 8.1개보다는 늘어났다. 특히 일부 펀드매니저들은 지나치게 많은 펀드운용을 맡고 있고 펀드의 운용집중 현상은 해가 갈수록 심해지고 있다.

일부 자산운용사의 경우 **펀드매니저 한 명이 펀드를 최대 51개까지 운용하고 10개 이상 펀드를 운용하는 매니저도 21명이나 된다. 펀드매니저 한 명이 운용하는 펀드의 최대 개수는 2008년 말 28개, 2009년 말 38개, 2010년 말 42개, 2011년 8월말 51개 등으로 해마다 늘어나는 추세다.** 또 10개 이상 펀드를 운용하는 매니저의 수도

2008년 말 12명, 2009년 14명, 2010년 17명, 2011년 8월말 21명 등으로 계속 증가하고 있다. 이는 소규모 사모펀드의 수가 급증했기 때문으로 해석된다. 공모펀드는 펀드시장이 호황을 누렸던 2008년 말 4850개를 정점으로 지난 8월말 3613개로 25.5% 감소한 반면 사모펀드는 같은 기간에 4828개에서 6034개로 24.98%나 급증했기 때문이다[아시아투데이, 2011.9.25]. **선진국의 경우 통상적으로 세 명의 펀드매니저가 한 개의 펀드를 운용하는 것과 비교하면 우리나라 펀드매니저의 운용부담이 얼마나 과중한지 알 수 있다.** 이런 부담을 덜기 위해 운용전략상 뚜렷한 차이가 없는 소규모 펀드는 과감히 정리해야 한다. 소규모 유사 펀드들을 과감하게 줄이도록 업계 스스로 노력하겠다고 했지만 어찌된 일인지 자꾸 늘어나는 걸 보면 민간자율경영이 확립되지 못하고 있다.

12. 재벌그룹 계열 금융기관은 손쉽게 시장을 확보한다.

재벌그룹 계열 투신사들이 시장을 과점 지배하는 현상이 더욱 강화되었다. 현대, 삼성, 대우, LG, SK, 한화 등 재벌그룹 계열 투신사들의 시장점유는 52%에 달했다. 이외 기관의 시장점유는 48%였다. 이 같은 현상은 대기업의 거대자본이 건전한 자본시장 발전의 일익을 담당하는 순기능 보다는 역기능을 배제할 수 없다[매일경제, 1999. 3. 26]. 재벌 계열 투신사들이 금융시장 지배 - 산업계 지배로 이어질 수 있다. 이것은 대다수 중소기업 및 자영업자로 양분하는 경제를 형성함으로서 자유로운 경쟁시장 영역을 줄인다. 대기업 투신사들은 계열사 유상증자에 참여해 그룹 주가를 높게 관리할 수 있고 대주주의 주가 관리수단으로 이용될 수 있다. 대기업 소속 대형 펀드는 계열회사가 갖고 있는 주식을 집중적으로 매입하여 계열회사들이 간접 직접으로 이익을 챙기거나 수혜를 볼 수 있다. 기업 인수합병 등 이해관계가 있는 주식거래에서는 일시적으로 주식을 보관하는 장소로 활용될 수 있다. 채권운용에서도 계열사 발행 유가증권을 저가에 매입할 수 있고 자금시장 경색시기에 계열사 기업어음 등 유가증권을 우선적으로 매입해도 규제대책도 없다. 계열 증권회사가 매매에 실패한 증권을 투신사가 사들여 이익을 볼 수 있다. 대기업그룹 투신사들은 다른 그룹의 계열 투신사와 상호교환 및 상호묵계나 약속을 동원해 언제든지 마음만 먹으면 규제망과 법망을 벗어날 수 있고 시장을 주도할 수 있다. 예를 들면 현행 투신업법은 한 펀드에서 동일 종목 편입비율을 10% 이내로 제한하고 전체 펀드에서 한 종목에 20% 이상 투자하지 못하도록 규정하고 있다. 그러나 이러한 제한 규정은 대기업 계열 투신사끼리 상호교환 방식으로 피해 갈 수 있다[매일경제, 1999. 3. 26].

재벌집단 계열 금융사들은 자금 여유가 생긴 그룹사들이 계열 증권사에 자금운용을 맡긴다. 덕분에 해당 증권사들은 독립 오너 증권사들보다 거액 고객 확보를 손쉽게 한다. 삼성테크윈, 삼성전자는 삼성증권, 삼성투신운용이 운용하는 환매조건부채권(RP), 머니마켓펀드(MMF), 사모채권투자 등에 여러 회에 걸쳐 수백~수천억 원씩 투자했다. 또한 삼성생명보험과 삼성화재해상보험에 거액의 퇴직보험을 들었다. 현대상선은 와이즈자산운용(현대증권의 자회사)이 운용하는 사모채권투자펀드에 천억 원을 맡겼다. SK, SK에너지는 SK증권에 수천억 원을 맡겼다. 계열사들이 맡기는 자금은 규모가 커서 사모형태로 운용되고 있으며 운용에 대한 구체적인 내용은 펀드 성격상 전혀 알려진 게 없다. **다만 주로 채권에 투자되고 3~6개월**

만기 형태로 운용되고 있는 것으로 밝혀져 있다. 대그룹 계열 증권사들은 계열사 IPO를 규정상 맡을 수 없지만 다른 증권사 딜과 맞바꾸는 식으로 종종 진행되는 것은 공공연한 사실이다[매일경제, 2007.6.30].

13. 글로벌 펀드 자금이 신흥시장으로 몰려들고 있다.

2013년의 경우, 글로벌 자금이 신흥시장으로 몰려들었다. 신흥 주식시장의 저평가 매력과 통화 가치 상승 때문이다. 신흥국 통화의 가치 상승이 한층 더 가세하는 모습이다. 2000년대 들어 미국, 유럽 등 선진국 시장이 잇따라 충격을 받은 반면 신흥국 시장은 상대적으로 탄탄했다. 주요국의 통화 완화는 신흥 시장에 '환차익'이라는 장점도 제공했다. 신흥국 펀드 자금이 늘면 한국 주식시장에 대한 투자 가능성도 높아진다. 하지만 한국은 원화 가치 상승세가 최근 지나치게 빨라진 탓에 신흥 펀드 자금 유입이 한국 증시 상승으로 즉각 이어지지 못한 경우도 있다.

2001년의 경우, 1월 9일까지 총 2천242억 달러의 자금이 신흥국 펀드에 유입됐다. 1월 3~9일 1주 사이에만 74억 달러가 신흥국 펀드로 들어왔다. 이는 수치 집계 이후 최대 규모다. 반면, 같은 기간 선진시장 펀드에서는 자금이 급격히 빠져나갔다. 2001년 첫 주부터 지난주까지 선진시장 펀드에서는 총 872억 달러가 순유출 됐다. 선진시장 펀드에 비해 신흥국시장 펀드가 큰 관심을 받은 데는 선진시장의 '대표주자'인 미국과 유럽의 경기 부진이 크게 작용했다. 2008년 리먼브러더스 사태, 2010년 유로존 재정위기 등으로 선진국 주식시장의 매력이 떨어지자 신흥국 시장에 대한 투자 수요가 높아진 것이다. **실제로 선진펀드와 신흥펀드의 자금 유출입 추세는 리먼브러더스 사태가 있던 2008년부터 확연하게 엇갈렸다. 2008년 이후 신흥펀드에는 자금이 지속적으로 들어온 반면 선진국 펀드에서는 자금이 전반적으로 빠져나갔다.** 미국과 유로존의 적극적인 통화완화 조치로 신흥시장의 통화 가치가 상승한 것도 원인이다. 통화완화 조치가 효과를 보기 시작한 작년 11~12월 신흥국 펀드에는 매주 20억~70억 달러의 자금이 꾸준히 들어왔지만 선진국 펀드에서는 자금 유출이 잦았다.

2012년의 경우, 주요국의 적극적인 통화 완화 조치로 신흥국 시장 통화가 강해지면서 세계 자본은 환차익도 얻을 수 있고 주가도 저평가된 신흥국 주식시장에 투자를 늘리기 시작했다. 신흥국 펀드에 자금이 늘어나면 투자처에 속한 한국 증시에도 투자가 늘어난다. 신흥국 펀드에는 한국 주식시장에 투자하는 글로벌이머징마켓(GEM) 펀드와 일본 제외(Ex-Japan) 아시아펀드가 포함돼 있다. 한국이 포함된 펀드의 한국시장 투자 비중은 10% 내외지만 이들 펀드의 자금 유입과 주식시장의 외국인 자금 유입 사이 상관관계가 75%

에 달하는 만큼 앞으로 한국 주식시장에 외국인 매수세가 활발해진다. **실제로 신흥국펀드에 대한 자금 유입이 활발했던 작년에 외국인은 한국 시장에서 주식을 적극적으로 사들였다.** 외국인은 작년 한 해 국내 주식시장에서 17조6천억 원어치를 순매수했다. 2011년 9조6천억 원 순매도에서 대폭 전환한 것이다. 이로써 외국인의 한국 주식시장 보유비중은 2011년 말 30.4%에서 작년 말 32.2%로 상승했다. 선진국의 통화 완화 기조가 올해도 이어질 가능성이 큰 만큼 통화 강세를 보이는 신흥국에 대한 투자 의욕은 더욱 높아질 것이다. 하지만 한국은 통화 가치 상승 속도가 다른 신흥국보다 훨씬 빠른 탓에 오히려 매수세가 위축될 가능성도 배제할 수 없다. 한국 투자에 대한 상대적인 매력을 떨어뜨린 요인이 강하게 나타나면 현실화될 수 있다. 신흥국 통화가 모두 비슷한 수준의 강세를 나타낸다면 한국 시장이 더욱 빛을 보겠지만 현재 한국은 원화 가치 상승세가 과도하게 빠르다. 한국은행이 기준금리를 동결하면서 앞으로 원화 가치 강세 기조는 더욱 심해질 수 있다. 이는 수출주에 대한 우려를 키워 신흥국 내에서 한국 시장이 소외될 가능성이 있다[서울=연합뉴스 강종훈 한혜원 기자, 2013.1.17.].

14. 미국 등 외국의 정책은 한국 증시에 즉각 영향을 미친다.

미국은 그동안 풀어 놓았던 달러화를 거둬들이는 금융정책 상의 작전 변화를 예고하였다. 이처럼 예견된 변수에 세계 각국이 대응에 부심하였다. **특히 신흥국 금융시장은 취약한 내부 경제 탓으로 외풍에 시달린다**. '버냉키 거품'에 충분히 대비할 수 없는 산적한 국내문제 때문이다. 한국 경제 사정은 다른 신흥국에 비해 나은 편이지만, 경제 체력 과신은 금물이다. 어차피 한국경제는 초강국 미국의 힘에 약할 수밖에 없는 실정인데다 많은 내부문제에 허덕이고 있기 때문이다. **외풍에는 미국의 출구전략 외에도 중동의 정정불안, 남북 관계 경색 가능성, 국내정치의 불안과 소모적 논쟁, 초대형 부정부패의 사회적 불안 요소, 정부 정책실기와 정책실패 등 하반기 우리 경제의 향방을 가를 변수들이 산적한 것도 우리의 체력을 과신할 수 없다**[아시아경제 박연미 기자, 2013.8.22]].

남북 관계는 이른바 '코리아 디스카운트'를 부추길 수 있는 변수다. 세계 신용평가사들은 한국 시장을 평가할 때 '지정학적 리스크'를 주요 항목으로 꼽아 살핀다. 국내 정국은 국정원 사건으로 정체 논쟁이 계속되고 초대형 부정부패 사건, 산적한 가계부채의 대두, 정부정책 실패의 반복, 경제입법의 지연, 정책실기와 정책실패 등이 일상의 경제생활에 불안을 던지면서 한국경제의 성장 진로에 애로 요인으로 작용하고 있다.

얼마 전까진 유럽위기가 세계를 뒤덮었고 4년 전엔 미국 발 위기가 강타했다. 또 다시 미국 · 유럽에 이어 신흥국들이 위기에 직면하고 있다는 보도가 쏟아지고 있다. 모양새가 다를 뿐이다. 미국은 금융위기였고, 유럽은 재정위기였다. 신흥국은 과거처럼 외환위기 조짐을 보이고 있다. 외자 이탈과 헤지펀드 공격에 따른 통화가치의 추락이다. 신흥국은 취약한 국내경제 탓으로 강력한 외풍에 손 쓸 여력이 없다[블룸버그통신 / 중앙일보, 강남규, 홍상지 기자, 2013.8.21].

인도 · 브라질 · 남아프리카공화국 등 줄잡아 20개 신흥국의 통화가치가 약세를 보였다. 인도네시아 루피아화 가치는 20일 다시 2%(미 달러 기준) 넘게 떨어졌다. 인도 루피화 가치는 나흘 연속 사상 최저치를 경신했다. 이들 신흥국은 주가도 일제히 곤두박질했다. 인도네시아 주가는 이날 3% 이상 추락했다.

외풍이 워낙 드세다 보니 이날 한국 원화가치도 약세였다. 코스피도 이날 1.55% 떨어져 1900선 아래(1887.85)로 밀렸다. 일본 닛케이는 2.63% 급락한 1만3386.38에 장을 마쳤다. 인도 등 경상수지 적자 신흥국들의 외환위기 가능성이 불거지면서 멀쩡한 나라들도 증시의 변동성이 커졌다.

무엇이 세계경제를 불안하게 흔들고 있는 것일까? 대부분이 달러와 엔화 유로화 등의 기축통화표시 자금흐름의 유출입이 흔들고 있다. 이번에는 달러 캐리(Dollar Carry)의 환류가 가장 큰 요인으로 꼽힌다. 신흥시장으로 흘러들었던 값싼(저금리) 달러 자금이 썰물처럼 빠져나가고 있는 것을 신흥국은 손 쓸 여력이 없기 때문이다. 계기는 미국의 양적완화(QE) 축소 움직임이다. 최근 양적완화 축소 계획이 공개된 이후 미국 내 장기금리가 가파르게 오르고 있다.

선진국~신흥국 간의 실물경제 엇박자도 자금 역류를 부추기고 있다. 미국과 유럽 경제가 미약하지만 회복 흐름을 보이는 반면 신흥국 경제는 부진한 가운데 원자재 가격 하락까지 겹쳐 힘겨운 상황이다. 미 경기회복은 자금 수요를 늘리면서 금리 상승을 부채질하고 있다.

미국 내 금리 상승은 캐리 투자자들에겐 죽음과 같은 말이다. 이자 부담이 눈덩이처럼 불어나면서 캐리 트레이드[5)] 수익이 가파르게 떨어졌기 때문이다. 인도 · 브라질 · 인도네시아 등에 유입된 달러 캐리 자금은 최근 석 달 새 20% 가까운 손실을 봤다. 기관투자가들의 거대한 투자자금이 대이동을 하지 않을 수 없는 국면인 것이다.

캐리 자금은 혼자 움직이는 법이 없다. 달러 캐리의 역류가 시작되면 헤지펀드 · 뮤추얼펀드 · 투자은행 등이 한꺼번에 몰려들어 신흥국가들을 배싱(bashing · 공격)한다. 소위 금융속성 상 늑대무리의 준동이 출현하는 것이다. 늑대들이 먹잇감을 포위해 공격하듯이 헤지펀드 등이 약점을 보인 나라(기업)의 통화나 채권을 공매도(떨어지는 쪽에 베팅)하는 것이다. 금융시장 늑대는 본능적으로 방어력이 약한 먹잇감을 물어뜯는다. 바로 경상수지와 재정 상태가 나쁘고 정부의 경제운용 능력이 떨어지는 신흥국들이다.

글로벌 외환시장엔 요즘 취약국가들 중심으로 위기설이 나돌고 있다. 이른바 '취약한 다섯 나라(Fragile 5)' 리스트다. 이른바 F5로, 인도 · 인도네시아 · 브라질 · 터키 · 남아프리카공화국 등이다. 세계 2위 투자은행인 모건스탠리가 골라낸 나라들이다. F5는 날이 갈수록 해외에서 자금 조달이 어려워 경상수지 적자를 메우기 힘들어

---

5) 캐리 트레이드(Carry Trade) = 금리가 낮은 나라에서 빌린 돈으로 상대적으로 금리 또는 성장률이 높은 나라의 채권이나 주식 등을 사들여 수익을 노리는 머니게임. 빌린 곳이 일본이면 엔 캐리, 미국이면 달러 캐리로 불린다. 일본이 양적완화를 시작한 2001년 이후 엔 캐리 자금이 급증했다. 달러 캐리는 미국이 2차 양적완화를 단행한 2008년 11월 이후 본격화했다.

보인다. 실제 F5의 경상수지 적자는 위험수준이다. 최근 1년 동안 누적 적자 규모가 209억~882억 달러(약 23조~99조원)에 이른다. 이들 나라의 통화가치는 최근 한 달 새 2~7% 정도씩 추락했다.

그렇다고 이들 모두가 외환위기에 빠지지는 않을 것이다. 1997년 아시아 외환 위기나 최근 유럽 재정위기에 비춰 그 공격은 4~6개월 정도 이어질 것이다. 취약국가들의 경제정책 담당자들이 얼마나 효과적으로 (공격에) 대응하는가에 따라 국가별 운명이 갈릴 것이다[블룸버그통신/중앙일보, 강남규, 홍상지 기자, 2013.8.21].

15. 한국 증시는 주가조작이 난무한다.

작전세력의 활동공간인 증권 사이트, 스마트폰, 소셜네트워크 서비스(SNS) 등에서 상장사 10개 가운데 1개에서 주가조작이 일어나고 있다. 2012년 불공정거래 혐의가 적발된 종목은 유가증권시장 57개 종목, 코스닥시장 143개 종목 등 총 200종목에 달한다[한국거래소]. 현재 국내 증시에 상장된 종목이 1천921개인 점을 고려하면 상장사 10곳 가운데 1곳에서 불공정거래가 발생한 셈이다.

특히 기업들의 몸집이 작아 주가를 조작하기 쉬운 코스닥시장에 불공정거래의 72%가 쏠렸다. 혐의 유형별로는 작전세력에 의한 시세조종이 42%로 가장 많았다. 미공개정보이용 35%, 부정거래가 13%로 뒤를 이었다. 지난해에는 총선 · 대선 영향으로 테마주를 대상으로 한 단기 시세조종이 크게 증가했다. 불공정거래 혐의가 적발된 상장사 200곳 가운데 58곳(29%)이 테마주로 엮여 있었다. '폭탄 돌리기'와 마찬가지인 테마주 거래는 다른 사람에게 넘기고 빠져

나오면 된다는 인식이 여전히 기승을 부리고 있다. 통상 주가조작은 여러 명이 모여 조직적으로 이뤄진다. 최근에는 인터넷과 모바일을 이용한 주식거래가 발달하면서 개인이나 소규모 세력만으로도 쉽게 시세조종을 할 수 있게 됐다.

한국 증시가 주가조작에 취약한 것은 개인들의 직접투자 비율이 비교적 높은 데다 처벌 강도도 강력하지 않았기 때문이다. 한국거래소와 서울시가 집계한 자료를 보면 2011년 기준으로 서울시민 7명 가운데 1명이 주식을 보유하고 있다. 서울 주민등록인구 1천25만 명 중 개인투자자인 주주는 139만 명으로 13.6%를 기록했다. 주주명부상 주거지역을 확인할 수 있는 주주 대상이기 때문에 실제 주주는 더 많을 것으로 보인다. 주가조작 범에 대한 처벌이 미약하다는 점도 증시에 작전이 만연한 이유다. 추징금 규모가 크지 않아 적발돼도 '남는 장사'라는 인식이 강했다. 주가조작 적발에서 처벌까지 걸리는 길다 보니 주가조작 혐의자가 그 사이 증거를 없애거나, 처벌할 때쯤이면 파산해 피해보상을 받을 수 없는 사례도 잦았다.

현행 처벌 시스템으로는 주가조작을 밝혀내기까지 한국거래소 심리(1~2개월), 금융감독원 조사(6개월~1년), 증권선물위원회 심의(1개월) 등 보통 1년 이상이 걸린다. 주가조작 세력은 휴대전화 문자·카카오톡 메시지·인터넷 메신저 등을 주로 이용하는데, 금감원이 상대방의 승낙을 얻어 하는 임의조사만 할 수 있어 증거를 확보하기 어려운 문제가 있었다. 보통 1년간 보관되는 통화내역이 검찰로 사건이 송치될 때쯤이면 사라져버리는 것이다. 주가 조작범이 검찰에 기소되더라도 증거 부족으로 인해 상당수가 집행유예 이하의 판결을 받는 '솜방망이 처벌'이 이어진 이유다. 그러나 이번에 금융위와 금감원 일부 직원에게 주가조작 수사권이 부여되는 등 주가조작 범 처벌을 위한 제도 개선 방안이 마련된 만큼 더 강력한 제재가 이뤄질지에 관심이 쏠리고 있다[서울 = 연합뉴스, 박상돈 박성진 박초롱 기자, 2013.4.18.].

한국 증시에서는 검은 머리 외국인(외국인 행세를 하면서 주가 상승을 유도하는 한국인 투자자)이 시세를 조종한다는 소문이 오래 동안 퍼져왔다. 검은 머리 외국인의 시세 조종은 대기업들이 흔히 사용하는 주가조작 수법으로 알려져 있다. 2012년 대선 때도 국내 증시는 투기성 짙은 검은 머리 외국인들 때문에 골머리를 앓았다. 당시 박근혜·문재인·안철수 등 대선 후보와 관련된 각종 정치테마주에 외국인 자금이 대거 밀려들었다. 외국인 순매수 상위 50개 종목 가운데 10여 개 이상이 대선 관련 중·소형주였다. 하지만 외국인들은 그동안 대형 우량주 중심으로 투자해왔다. 정치테마주에 몰린 외국인은 '검은 머리'일 가능성이 크다는 것이 증시 전문가들의 얘기다. 금융당국 또한 시세차익을 노린 검은 머리 외국인일 것으로 보고 조사에 나섰으나 배후를 밝혀내는데 실패했다. 한국거래소 관계자는 매매 주문을 내는 주체를 일일이 파악하지 않는 한 현재의 감시 시스템으론 한국법인 여부를 알 수 있는 방법이 없다고 말한다[한국 일보, 박관규 기자, 2013.5.27.].

한국 증권시장에서는 불공정거래가 심하다. 2012년 혐의로 받는 종목만도 총 282종목을 이른다. 이는 당국에 통보된 숫자로서 유가증권시장, 코스닥시장에 상장된 종목 중 10개 가운데 하나는 불공정거래 혐의가 있었다. 이는 전년(249종목)보다 13% 증가한 수치로 지난해 대선의 영향으로 시장파급력이 큰 정치테마주가 등장했기 때문이다. 시장별로는 유가증권시장 57종목, 코스닥시장 143종목으로 현물시장에서는 전년(183종목)보다 17종목 증가한 200종목이 적발됐다. 이는 전체 상장종목(1940종목)의 10.3% 수준이다. 파생상품시장에서는 전년(66종목)보다 16종목 증가한 82종목이 적발됐다. 코스닥시장의 비중이 높은 것은 기업규모가 작고 거래량이 적어 상대적으로 불공정거래의 대상이 되기 쉬운 종목들이었다. 유형별로는 시세조종, 미공개정보, 부정거래가 대부분이었다. 반면 파생상품시장에서는 부정거래가 대부분을 차지했다. 혐의통보계좌는 총 2503계좌로 전년(3766계좌)보다 줄었고 부당이득금액 역시 전년(2649억 원)보다 감소했다. 최근 동일한 계좌를 이용한 단기 시세조종이 증가함에 따라 혐의 계좌 수는 줄었지만 금액으로만 비교한다면 전년과 비슷한 수준이다. 최근 다수종목을 대상으로 단기간에 이뤄지는 불공정거래나 포털사이트의 게시판 등 소셜네트워크서비스(SNS)를 이용한 허위사실 유포, 허위공시 및 보도 등을 통한 불공정거래가 빈번하게 발생하고 있다. 투자자들은 이상매매를 면밀하게 확인해야 하고 해당기업의 재무구조, 계약상대방 이력, 거래동향, 과거 공시 등을 확인하는 정석투자가 지름길이다[박성우 기자, ChosunBiz.com.2013.1.29. / 금융위원회 당국 / 한국거래소 시장감시위원회 ; 2012년 이상거래 조사 결과].

16. 북한 리스크는 중요한 교란요인이다.

한국 증시는 남북대치 상황이 항상 부담스런 요인으로 작용해 왔다. 최근에는 북한 리스크가 증시를 강타하고 있다. 과거 북한 변수는 대부분 단발성에 그쳤지만, 이번 북핵 리스크는 남북 관계 단절은 물론 전쟁 위기로까지 번져 불확실성이 증폭되었다. 북한이 중거리 미사일을 동해안으로 이동시키며 군사적 위협 수위를 높였고, 미국이 미사일 방어체계를 괌에 투입해 방어태세를 갖추는 등 위기가 고조된 탓이다. 이번 북한 리스크가 시장에 주는 충격의 강도와 지속성이 과거와는 다를 것 같다.

과거 천안함 침몰, 연평도 포격, 김정일 사망 등 북한 이슈는 증시에 충격을 주었지만 회복 속도는 빨랐다. 이런 '학습 효과' 때문에 3차 핵실험 이후에도 북핵 문제는 증시를 뒤흔들만한 재료로 부각되지 못했지만 이번에는 다른 양상이다. 김정은 정권이 정치적 입지를 강화하기 위해 위기를 계속 고조시키고 있고 대화의 조건이 만들어지지 않아 타협에 시간이 걸리기 때문이다. 그동안 북한 문제는 금융시장에 미치는 영향이 한시적이었다.

김정은 정권이 집권 이후 진행되고 있는 지정학적 위험은 김정일 정권과는 크게 차이가 있다. 김정일 정권에서는 북한의 핵개발이 교섭 또는 협상의 대상이었지만 김정은 정권에서는 타협과는 관계없이 핵을 보유하겠다는 의지다. 타협이 쉽지 않아 긴장 구도가 당분간 이어질 것이다. 북한 문제가 예전에는 사건에 불과해 그 이후에는 빠르게 증시가 회복했지만 지금은 사건의 질이 달라 영향이 단기에 그치지는 않을 것 같다.

북한 리스크의 증시 영향력이 더욱 커진 것은 주요국의 경제 지표가 부진하는 등 증시를 떠받칠 재료가 부족한 요인도 작용했다. 미국의 3월 ISM(공급관리자협회) 제조업지수, 민간 고용, 서비스업 관련 지표는 모두 시장의 기대에 미치지 못했고 이에 글로벌 증시도 약세를 보였다. 북핵 문제 이외의 변수가 긍정적이면 증시가 버티겠지만 기대를 모았던 지표들이 실망감을 안기면서 코스피 방어력이 무뎌졌다. 이번 위기가 이전과 다른 심각성을 띠고 있지만 물리적 충돌로 진화할 가능성은 크지 않기 때문에 차분히 대응할 것이다.

지정학적 위험으로 **주식시장이 심각하게 영향을 받는 상황은 국제신용평가사의 국가신용등급 하향조정이 초래될 정도의 실질적 긴**

장이 조성될 경우이며 물리적 충돌 가능성이 낮은 만큼 밸류에이션과 향후 경제 기초여건 개선 여부에 주목할 필요가 있다. 현재 시장의 반응은 단기적인 충격요인이 더 크게 반영된 것으로 보여 추가적인 조정의 폭은 크지 않을 전망이다. 이날 증시에서 방위산업 관련 종목과 개성공단 입주기업들의 주가는 엇갈렸다. 방산주인 스페코(14.94%), 퍼스텍(9.96%), 휴니드(6.59%), 빅텍(14.68%)은 올랐고, 남북경협주인 인디에프(-4.71%), 신원(-4.18%), 좋은사람들(-3.38%), 로만손(-2.57%)은 내렸다[서울 = 연합뉴스, 강종훈 신재우 기자, 2013.4.5.].

17. 주가에 특수리스크가 반영되기 시작했다

2013년 들어서 경제민주화 바람과 함께 한국 증시 분위기가 크게 바뀌어가고 있다. 남양유업(밀어내기 강매), 포스코(라면상무) 등 '갑(甲)의 횡포'를

일삼는 나쁜 기업들이 주식시장에서 외면 받는 현상이 나타난 것이다. 한국 기업들이 이젠 실적만이 아니라 을(乙)을 대하는 태도로도 평가 받는 '신 갑을(甲乙) 시대'가 본격 도래했다. **특히 박근혜 정부 출범 이후 국민연금을 비롯한 연기금까지 투명경영 등 사회적 책임(CSR)을 잣대로 투자하는 경향이 강해지고 있어 평판이 좋은 '착한 기업'의 주가가 더욱 각광 받을 것으로 보인다.** 특히 새 정부 들어 경제민주화가 화두로 떠오르면서 평판이 좋지 않은 기업들의 주가가 폭락하는 기업특수 리스크가 커지고 있는 분위기이다. 최근 남양유업 주가는 평판 리스크로 크게 하락했다. 포스코 계열사(비상장) 임원이 항공사 여성 승무원을 잡지로 때리는 추태를 부린 직후 포스코도 시장의 심판을 받았다. 2013년 1분기 8조원 대 영업이

익을 올린 삼성전자도 연초 발생한 경기 화성사업장 불산 누출 사고로 사회적 비판이 고조됐던 기간 동안 삼성전자 주가는 158만4,000원에서 137만2,000원까지 급락했다. 당시 갤럭시S4 출시를 앞둔 휴대폰 시장의 우려와 함께 불산 누출사고 등 복합적 요인이 주가 하락을 이끈 것이다. **신용평가사들도 과거엔 평판 리스크가 기업 실적이나 재무에 직접적 영향을 미치는 경우가 드물어 애써 무시했지만, 최근 들어선 소비자들의 외면을 받는 사태로 번지는 기업에 대한 평판을 등급 산정의 주요 기준으로 활용하고 있다.**

요즘 신용평가 과정에서는 오너나 임직원의 품위 유지, 기업 이미지, 시장 분위기 등 기업 평판이 필수적인 고려 요소가 됐다. 물론 평판 좋은 기업의 주가가 폭락하는 경우도 있다. 필름형 박막 콘덴서 소재를 만드는 삼영화학은 2011년 시장점유율이 90%에 달할 만큼 잘나갔지만, 오너 가족들이 20% 넘는 지분을 쏟아내면서 주가가 반 토막 났다. 매각금액 대부분은 이종환 삼영화학 회장이 이사장으로 있는 관정재단에 출연됐다. 이 재단은 매년 수백 명의 대학(원)생에게 장학금을 지원하고 있다. 삼영화학은 예외적인 경우이고, 평판이 좋은 기업들의 주가는 결국 오르는 것으로 나타났다. 400개 국내 상장기업의 주가수익률(2008 ~ 2011년)조사에서도 환경·사회·기업 지배구조 부문에서 최고 등급(AA)을 받은 25개 기업의 수익률은 36.83%에 달한 반면 나쁜 기업으로 분류될 수 있는 최하위 등급(E) 37개 기업은 마이너스 8%의 수익률을 기록한 것으로 나타났다[리서치

회사 서스틴베스트]. **착한 기업들이 장기적인 측면에서 경영 안정성을 높이고 투자자들에게도 안전한 투자기회를 보장한다는 매력이 주가수익을 끌어 올린 것으로 해석되는 부분이다**[한국일보, 2013.5.14.].

갑(甲)의 횡포 논란, 검찰 수사 등은 기업의 특수 리스크에 해당된다. 이런 리스크에 휩싸인 기업들은 주가 급락에 크게 시달렸다. **영남제분은 소위 사모님 리스크에 약세를 보였다. 영남제분은 2013년 5월 26일 언론을 통해 오너 일가가 여대생 청부살인을 지시한 것으로 알려지면서 주가 하락을 면치 못했다.** 지난 2002년 여대생 청부살인을 지시한 윤 모 씨가 영남제분의 오너일가라는 것이 알려지면서 영남제분 홈페이지는 접속자 폭주로 서버가 다운됐고 소비자들은 불매 운동에 나설 조짐을 보였다. 국내 밀가루시장의 4%를 점유해 제면, 제과, 제빵업체에 납품하고 있고 동물용 배합사료를 판매하는 기업이다. 의료기기업체 케이아이웍스, 수입차판매업체 에쓰비, 보호용 테이프업체 초이스프로테크, 영농조합법인 청림농장 등을 거느리고 있다. **CJ는 오너의 비자금 조성 의혹과 관련한 검찰 수사 속에 하락세를 이어갔다.** CJ 주가는 검찰이 그룹 압수수색에 착수했던 2013년 5월 21일 이후 이날까지 9.1% 하락했다. 막무가내 식 제품 밀어내기 횡포를 부리며 우리 사회에 '갑을 논쟁'을 촉발시킨 **남양유업의 경우 주가는 검찰이 그룹 본사를 압수수색했던 5월 6일 이후 이날까지 16% 가량 떨어졌다.** 저가 화장품 제조업체로 승승장구하던 **에이블씨엔씨는 허위 광고 혐의, 등기임원이 어닝**

쇼크 발표 직전 주식을 매도한 사실 등으로 이미지에 타격을 입었다. 지난해 고공행진을 하던 주가는 올해 들어 39% 가량 하락했다.

그간 오너리스크, 평판리스크 등이 주가 하락에 단기적으로 영향을 미쳤지만 장기적으로는 기업지배구조 개선할 수 있다는 점에서 오히려 긍정적이다. 최근 소비자 입김이 강해지면서 주가에 큰 영향을 미치고 있다. 남양유업의 경우, 소비자들이 불매운동을 벌이면서 대리점 절반가량이 공급계약 취소로 어려움을 겪었고 영남제분 역시 소비자들의 불매 운동으로 실적에 영향을 미쳤다. 장기적으로 식음료 기업에 악영향을 미치는 경우는 안정성 리스크가 발생한 경우에 국한했지만 상황이 달라진 것이다. 평판 리스크가 단기적으로 주가에 미치는 영향이 미미하다 하더라도 기업 이미지에 좋지 않은 영향을 주는 일들이 반복적으로 발생할 경우 장기적으로 주가를 포함해 기업 전반이 타격을 입는다.

한국기업의 분식회계도 들통나면 해당기업의 주가는 크게 출렁거린 한국 기업의 분식회계는 공공연한 비밀이다. 한국은 이에 대한 법적 처벌은 매우 가벼운 실정이다. **미국의 분식회계 판결은 매우 가혹하다. 미국 엔론은 15억 달러의 분식회계가 발각돼 파산했고 전 최고경영자에게는 징역 24년이 선고되었다.** 한국의 두산그룹 회장은 2838억대 분식회계와 286억 원의 회사 돈 횡령으로 징역 3년에 집행유예 4년이 선고되었다. 전 대우그룹 회장은 20조원 대 분식회계와 9조원 대 사기대출 등의 혐의로 징역 8년6월이 선고되었다. 한국 법과 법원은 분식회계 범인에 대해 매우 관대하다. 외국인 투자자들은 한국 법을 믿을 수 있느냐고 묻고 있어 신뢰를 받지 못하고 있다 [제프리 존스 김앤장 변호사, 매일경제, 2007.3.21].

18. 국내증시의 변동성은 세계 최고수준이다

한국 주식시장의 변동성(일간 등락률의 표본 표준편차로 계산)이 유럽 발 글로벌 금융위기로 악화됐다. 미국 신용등급 하향조정 직후인 8월 6일부터 이달 15일까지 코스피의 하루 평균 변동성은 2.78%에 달했다. 코스피가 이 기간 하루 평균 2.78% 움직였다. 코스피의 변동성은 은행의 신용등급 강등으로 주가가 폭락한 프랑스와 비슷한 수준이다. 프랑스 CAC30지수의 같은 기간 변동성은 2.84%다. 위기의 진원지인 미국의 다우지수의 변동성은 2.32%로, 코스피보다 작았다. **신흥국 증시 중에서도 한국 증시의 변동성이 압도적으로 높다.** 최근 한 달간 아시아 신흥국 주가지수의 하루 평균 장중 변동성은 중국 상하이지수가 1.5%, 인도와 인도네시아가 2%, 말레이시아가 1% 수준이다. 코스피의 2.8%에 비해서는 중국은 절반, 인도나 인도네시아는 3분의 1이다[한국거래소, 매일경제, 2011.9.18].

한국증시의 변동성이 유별나게 큰 것은 외국인 비중이 높기 때문이다. 돈 따 먹기 좋은 한국주식시장이 외국인의 텃밭이 되고 있다.

국내 증시의 외국인 비중은 31%에 달한다. 인도 19%, 인도네시아 17%, 중국 9% 등에 비하면 월등히 높다. **외국인 비중이 높을수록 해당 증시의 변동성도 크다.** 한국증시의 변동성 확대는 외환시장의 불안으로 연결되고 이어서 실물경제의 불안까지 가져온다.

2000년 이후 코스피의 하루 평균 변동성은 1%인데, 최근에는 유럽 사태와 국내증시의 연관도가 커지면서 확대됐다. 일부 유럽 국가의 재정 이슈가 금융기관들의 유동성 부족 사태로 확대되면서 외국인 자금 이탈과 아시아 국가들의 환율상승을 초래하였다. **증시의 변동성이 크면 그만큼 투기나 작전 가능성이 커진다. 이는 시장의 속성으로 또다시 증시의 변동성을 키우는 원인으로 작용한다. 일반적으로 변동성 장세에서는 단기 매매의 유혹이 커진다. 증시의 변동폭이 확대되면 투기세력뿐 아니라 작전세력도 늘어나기 마련이다.**

개인의 주식투자 기피에 대해 주식시장의 높은 변동성에서 찾는다. 한국증시의 변동성은 점점 낮아지고 있지만 선진국에 비해 여전히 높다. 시장 변동성을 월별 주가지수 수익률의 표준편차로 보면 다음과 같다.

국가	1987-2003	1997-2003	2001-2003
미국	17.0%	21.4%	14.8%
OECD	20.8%	24.7%	12.9%
일본	23.2%	18.2%	12.6%
한국	48.1%	64.1%	33.8%

자료 : 신보성 외(2004)

최근 한국 증시는 시장 체질이 바뀌면서 변동성(월 평균 KOSPI 지수 기준)이 2004년 7월 1.29%, 4월 1.05%, 6월 0.75%, 7월 0.6%로 계속 떨어지고 있다. 변동성 감소 추세는 시장 안정성이 점차 높아가고 있는 징후다.

국내 증시에서 외국인투자자 비중이 점점 높아지고 있다. 세계 금융시장의 유동성 완화로 늘어난 자금이 연일 국내 증시로 몰려오면서 우리 증시의 외국인 의존도가 심화되고 있다. 2012년 3월 16일 기준 코스피시장 시가총액 1조1681억 원 가운데 외국인투자자가 차지한 비중은 33.48%인 3910억 원어치다.

올해 증시가 개장한 지난 1월 2일보다 0.57% 높아진 수치다. **2009년 외국인의 코스피시장 주식보유 비율이 27%였던 것에 비하면 국내 증시의 외국인투자자 의존도가 한층 깊어졌다. 이를 반영하듯 최근 증시 흐름을 외국인투자자가 주도하고 있다. 이들의 매수·매도 흐름에 따라서 전체 증시가 좌우되는 것이다.** 올 들어 국내 개인투자자와 외국인투자자의 매수·매도 흐름이 엇갈린 42일 가운데 외국인이 시장을 주도한 날은 37일이나 됐다. 외국인 매수세에 따라 주가가 오르고, 매도세에는 주가가 떨어진 셈이다.

올해 국내 개인투자자들의 경우 매도세가 절대 우위를 보였음에도 국내 증시가 활황을 보인 데에는 이런 특수성이 자리 잡고 있는 것이다. 따라서 국내 증시가 대외변수에 의해 요동칠 수 있다. 외국인들이 상장기업 실적이나 전망 등 시장 내적인 요소와 국제유가나 미국 · 유럽의 경제전망을 비롯한 시장 외적인 요인을 어떻게 보느냐에 따라 국내증시는 언제든지 급박하게 움직일 수 있다. **외국자본의 유출입이 자유롭고, 자본이득세 등이 없어 단기차익 회수가 쉬운 국내 금융제도의 특성도 외부변수에 취약한 경제구조를 만드는 요인이다. 시세차익을 노리는 외국계의 거대한 단기자금의 이동은 국내증시를 뒤흔들 수 있다**[세계일보, 2012.2.19. / 서필웅 기자 / 금융투자협회].

주요 국가의 외국인 주식 비중(단위 ; %)

한국	33.5	대만	34.6	멕시코	45.1
프랑스	40.1	영국	35.7		
인도	13.5	브라질	11.7	미국	13.5
캐나다	19.0	독일	20.1	일본	26.7

주) 한국 2007년 6월 말, 인도 독일 2005년 말, 미국 캐나다 영국 프랑스 2006년 말, 일본 2006년 말, 멕시코 2006년 11월말 기준

자료 ; 각국 거래소, 국제금융센터

한국 증시는 원유, 환율 등 외생변수에 민감하게 반응한다. 타이밍을 놓치는 정책남발과 비일관성, 광범위한 부정부패, 북핵 리스크 등의 구조적인 요인 때문이다. 이러한 요인들이 수시로 주식시장 상황을 돌변시키는 요인이다. 예를 들면 2005년 5월 초순 국제유가와 원화값 상승, 국내경기의 부진과 경기회복 타이밍을 노친 정책

남발 그리고 북핵 리스크의 고조 등은 주식시장을 압박하는 중요한 요소였다. 특히 환율문제와 북핵문제의 움직임에 따라 헤지 펀드는 즉각 움직이게 하는 중요한 원인이었다. 2005년 5월 6일까지 한국 주식시장은 외국인 순매수가 1억3천만 달러에 머문 반면 대만의 경우에는 28억5천만 달러에 달했다는 것이 이를 반증하는 것이다. 상당수 자금이 대만 등 신흥시장으로 이동했다는 증거를 보여주는 것이다[매일경제, 2005.5.10].

한국 증시는 외국인 매매동향에 매우 민감하게 움직인다. 해외 펀드에 순유입이 계속 늘어나면 주가가 큰 폭으로 상승한다. 해외 펀드에 최근 순유입이 발생하면서 7주 연속 순유입 행진을 이어갔던 2004년 12월 22일까지 1주일 동안 한국 관련 펀드에는 모두 14억1천800만 달러가 순유입 됐다. 최근 7주간 한국관련 펀드에 유입된 자금은 모두 78억1천600만 달러로 늘어났다. 이 같은 자금 유입은 2003년 말 부터 지난 3월 초까지 이어진 한국관련 펀드로의 자금 유입과 비슷한 양상으로 보인 것이다. 달러화 약세라는 기본 구도가 변화하지 않는 한 아시아 시장에 대한 국제 투자자들의 관심은 계속 유지되었다[매일경제신문,2004.12.24.].

국내 기관투자가들이 증시 지배력을 상실하고 외국인들이 주도권을 잡으면서 장단점이 고스란히 노출되었다. 긍정적 측면으로는 한국경제와 기업을 평가하는데 긍정적으로 기여하고 외환보유고 증가

에 이롭다. 경제규모를 성장시키고 새로운 일자리에 기여한다. 국내기업에 이사회를 투명하게 운영하도록 요구하고 기업 감시를 수행함으로서 기업 가치를 상승시킨다. 그러나 부정적 영향도 크다. 외국인 투자에 과도한 의존은 외국인이 증시를 좌우하면서 경제 전반에 악영향을 줄 수 있다.

외국 헤지펀드의 자금 이동은 국내증시를 출렁거리게 한다. 외국인들이 단기성 이익실현에 급급하면 높은 배당금 요구에 매달리다 기업은 장기적 설비투자와 연구개발에 장애를 가져올 수 있다. 주가차익을 노리고 이사, 경영진 교체 등에 압력을 가하고 인수합병도 요구할 수 있다. 외국인 비중이 높아지면 상대적으로 국내 기관의 역할이 축소된다. 국내 기관투자가들은 기업경영 감시나 경영권 보호 등 공적 기능이 약해지고 증시 안전판 구실도 취약해진다. **국내증시의 외국인 의존 심화 시 자본유출입이 급격히 변동하는 경우 정책당국의 정책이 먹혀들지 않을 수 있다. 또는 금융정책의 독립성을 상실할 수 있다.** 이것이 경제에 미치는 여파는 심대할 수 있다.

외국인 투자자들은 우량주식 종목에 집중적으로 투자하는 편중 현상을 띠고 있다. 외국인의 우량주식 보유 비중이 높아지다 보니 시중에서 거래될 수 있는 유통주식이 매우 적어진 것이다. 시가총액 상위 10개 종목 전체 상장 주식 수 대비 유통주식 비율은 2001년 9월 22.6%에서 2004년 11월 13.8%로 크게 떨어졌다[매일경제, 2005.6.10].

반면 시가총액 11~30위권 우량 종목들의 주식퇴장 효과는 적은 것으로 나타났다. 이것은 결과적으로 주식거래가 상위 10위 종목과 중하위 종목 간 양극화 현상을 심화시키는 요인이다[매일경제, 2004.11.25].

유통주식수가 갈수록 줄어드는 것은 외국인이 적극적으로 국내주식을 사들이고 최대주주도 지분을 확대해 경영권 안정을 꾀하는데 기인한다[매일경제, 2005.6.10]. 외국인이 단독으로 5% 이상 국내 상장기업의 지분을 확보한 기업은 2002년 말 81개 회사에서 2003년 말 124개로 증가했다. 외국인이 보유한 상장주식 시가총액은 2003년 말 기준으로 전체 시가총액의 40%를 차지하였다. 이는 **외환위기 직후인 97년 시가총액 중 14.6%에 비하면 3배 가까이 늘어난 것이다.** 외국인 투자자는 미국, 싱가포르, 영국, 케이만군도, 독일, 말레이시아, 홍콩, 네덜란드, 일본 등이 차지하였다[금융감독원, 중앙일보, 2004.4.6]. **외국인 지분율 40% 이상인 한국 기업은 42개사에 이르고 외국인 지분율 40% 이상인 일본 기업은 11개사에 불과하다.**

외국인의 우량주식 부유 비중이 높은 점과 소수 우량주식이 증시에 미치는 영향력이 큰 점 그리고 외국인 비중이 높아지면 높아질수록 대규모 물량이 쏟아질 수 있는 점, 삼성전자 등 시가총액 비중이 큰 종목에 외국인 비중이 집중되어 있는 결과 외국인 투자자들의 과도한 영향으로 주가 변동성이 그만큼 확대될 수 있는 점 등이 한국 증시는 쉽게 출렁거리고 주가 변동성을 키운다[매일경제, 2004.11.25.].

한국의 주식투자 수익률이 외국에 비해서도 매우 낮으면서 변동성이 크다는 것과 주식투자매력이 다른 자산에 비해 낮으면서 변화 기복이 크다는 것 그리고 한국주식수익률은 장기적으로 불안정하다는 점, 국내주식시장규모는 선진국에 비해 작으면서 거래 변동성이 크다는 점, 지정학적인 요인, 전투적인 노사관계 등 때문에 선진국 주식시장에 비해 위험 요소가 큰 것으로 정리할 수 있다.

한국의 주가 변동은 등락이 심하다. 종합주가지수는 1990년 이후 두 번 1000을 돌파했다. 그러나 1997년 말 외환위기 이후 280까지 내려갔고 9.11테러 직후에는 480까지 내려가는 등 급격한 등락을 되풀이하였다. **한국의 주가는 장기적인 상승 추세에서 안정적인 변화를 보이기보다는 단기적으로 격심한 변동을 보이는 높은 불안정성을 노출한다. 한국증시 변동성은 31%로 미국(17%)에 비해 약 1.8배 높다**[매일경제, 2005.1.3.].

이와 같이 변화 기복이 큰 변동성 때문에 개인투자자들은 재산형성을 축적하는 기회를 갖기 보다는 큰 손실을 경험한다. 불안한 주식시장에서 개인들은 투자손실만을 경험한다. 결국 개인들은 부정적인 학습효과를 얻고 주식투자를 기피하는 것이다. 또한 주식시장의 불안으로 인해 기관투자가 비중(2001년 기준)도 7%에 불과하다. 이는 미국의 38%에 비해 크게 낮고 OECD국가의 13%의 절반에 가까운 수준이다.

2013년 6월 미국이 유동성 공급을 축소할 것이란 우려에도 한국 증시는 크게 요동쳤다. 주식, 채권, 원화 가격 등 금융시장의 3대 부문이 모두 급락하는 트리플 약세를 보였다. 엎친 데 덮친 격으로 중국의 경기지표까지 나빠지면서 시장은 패닉 현상까지 띠었다[서울=연합뉴스, 안승섭 고유선 기자, 2013.6.20.].

한국 증시규모는 주요 선진국 증시에 비해 매우 작으며 작은 증시가 변동성 확대의 요인이다 : 한국 주식시장은 지속적인 경제발전으로 규모가 급속하게 늘어났다. 특히 1990년대에 들어서 주식시장 규모는 1970/80년대에 비해 비약적으로 확대되었다. 명목GDP 대비 주식시가총액 비율은 1980~89년 중 평균 18.8%에서 1990~98년 중에는 평균 34.6%로 대폭 상승하였다. 그러나 **한국 주식시장의 시가총액이 국내총생산에서 차지하는 비중은 49.3 %로 미국(129.9%)과 아시아 경쟁국가들 보다 월등하게 낮다. 한국은 대만(130.7%)의 3분의 1수준에 불과하며 태국(79.3%)에도 크게 미치지 못하고 있는 것이다**[매일경제신문, 2004.6.7 / 2005.1.3].

지난 90년대 일본은 장기침체로 주식시장이 크게 위축되었고 경제성장도 정체되어 GDP대비 시가 비중이 63.5%로 떨어졌지만 10년의 장기 침체를 감안하면 그동안 한국 주식시장은 크게 침체된 것과 같다. **일본을 제외한 아세아 지역 국가 중에서 한국은 과거 가장 높**

은 경제성장을 달성한 나라로서 OECD국가에 들어 있지만 주식시장은 오랜 동안 저평가 현상을 벗어나지 못하고 결과적으로 GDP 대비 주식시가총액 비율도 낮게 나타나는 특징을 보인 것이다.

한국인들의 장기투자 기피도 증시 변동성을 키운 요인이다 : 우리나라 투자자들은 주식을 사서 1년 이상 들고 가는 비중이 전체 투자자의 1/3에도 미치지 못한다. **우리나라 투자자는 주식을 1년 이상 보유하는 비중이 28.2%에 불과하다. 일본은 80% 이상 투자자들이 1년에서 10년 이상 보유한다.** 일본은 1년 미만은 19%에 불과하다. 우리나라 투자자들의 평균 펀드 보유수는 2개로, 1개를 보유자는 43%로 가장 많다. **미국은 5개 이상 보유자가 47%나 된다. 평균 펀드 보유수는 7개다. 우리나라 투자자들의 장기투자성향이 매우 낮다는 것을 보여준다.** 우리나라 투자자들은 1 ~ 2개 펀드에 집중 투자하는 반면 미국은 여러 펀드에 분산 투자한다.

한 · 미 · 일 3개국의 투자자들은 모두 노후자금 마련을 투자의 제일 중요한 목적이다. 총가계자산 중 금융자산 비중은 한국 21.4%, 미국 67%, 일본 60.5%다. 한국인들은 여전히 전체 자산의 3분의 2 이상을 부동산 등 실물투자비중이 높다. 또 국민소득(GDP)에서 금융자산이 차지하는 비중도, 한국이 189%이지만 미국(336%), 일본(308%)의 절반 수준에 불과하다[이데일리, 2011.8.29].

19. 한국기업의 기술력 및 수익성은 낮다.

오늘날 한국기업들은 지속적인 성장 덕분으로 소수 기업은 세계적인 기업으로 성장하였다. 그러나 전체적으로 볼 때 여전히 한국 기업의 기술력과 수익성은 낮다. 반면 선진국의 글로벌 기업들의 수익성과 기술력은 높다. **선진국 기업들은 전문기업으로 특화돼 있으면서 사업 부문이 다양화하고 환경 변화에 대한 대처 능력이 유연하다. 선진국의 글로벌 기업들은 지리적으로도 매우 광범위하게 다각화하고 분산돼 있다.** 우리나라 기업들은 삼성전자를 빼고는 글로벌 최상위 종목이 없다. 국내 1등 기업들의 수익성은 글로벌 기업들을 쫓아가지 못하고 있다. 해외 글로벌 기업의 자기자본수익률(ROE)이 국내 기업의 2~7배달할 정도로 격차가 크다.

2012년 글로벌 무대에서 상대적으로 수익성이 낮았던 국내 기업은 주가수익률도 저조해 한국 증시의 디커플링(탈동조화)에 일조했다. IT(정보기술), 자동차, 석유, 건설, 은행 등의 국내 기업의 수익성은 15개 업종에서 해외 기업에 뒤졌다. 글로벌 대표기업과의 ROE 격차가 10%포인트 이상 벌어진 업종이 9개나 됐고, 국내 기업이 앞선 업종은 통신(SK텔레콤), 철강(POSCO), 금속자원(고려아연), 생활용품(LG생활건강) 등 4개에 불과했다. 글로벌 대표기업이 수익성은 국내 기업보다 월등히 앞선 업종으로는 제약(7.2배), 식품(4.8배), 소매(4.7배), 카드(3.5배), 의류(2.7배), 자동차(2.4배) 등이다.

IT 업종에서는 국내 기업 중 독보적인 위치에 있는 삼성전자가 시총에서 미국 인텔의 2배에 육박했으나 작년 ROE는 17.9%로 인텔(22.7%)보다 4.8%포인트 낮았다. **자동차**에서 현대차는 작년 ROE가 15.0%로 미국 포드(36.6%)와 큰 격차를 보였으며, **자동차 부품**에서도 현대모비스의 수익성은 18.2%로 독일 콘티넨탈(23.7%) 대비 5.5%포인트 낮았다. **석유**에서는 미국의 엑슨모빌(28.0%)이 SK이노베이션(14.4%)의 2배에 가까운 수익률을 기록했으며, **화학 분야**에서 독일의 BASF(20.0%)는 LG화학(15.0%)보다 5.0%포인트 높았다.

가장 격차가 큰 산업은 제약이었다. 동아제약의 ROE는 9.2%로 영국 GSK(66.0%)의 7분의 1 수준에 그쳤다. 소매 분야에서 이마트(4.9%)는 월마트(23.0%)에, 식품 분야에서 오리온(6.4%)은 미국 펩시코(28.9%)에, 의류 분야에서 LG패션(14.7%)은 미국 갭(40.2%)에, 외식 분야에서 CJ프레시웨이(15.7%)는 맥도날드(36.8%)에 각각 크게 못 미쳤다. 이밖에 **은행 · 보험 · 카드 업종**에서 JP모건(10.7%), 중국인수생명보험

(7.3%), 마스터(43.2%)는 국내 신한지주(7.0%), 삼성생명(5.6%), 삼성카드(12.3%)보다 각각 높은 수익성을 보여줬다. 국내 대표기업 중 글로벌 대표기업에 비해 ROE가 낮은 15개 기업 중 8개는 올 들어 지난 11일 현재 연초 대비 주가수익률이 모두 마이너스를 기록하고 있다. 연초 대비 주가수익률이 낮은 국내 대표기업은 LG화학(-13.3%), LG패션(-8.1%), 현대건설(-6.0%), 현대차(-3.2%) 등의 순이었다[서울=연합뉴스, 2013.3.13.].

20. 한국의 주식수익률은 낮다

한국의 주식투자수익률은 다른 선진국 주식시장에 비해서도 낮다. 과거 한국의 경제성장률은 가장 높은 수준을 유지했으면서도 주식투자 수익률은 일본 다음으로 저조하다[매일경제, 2005.1.3]. 1990~2000년 평균 경제성장률은 한국 6.5%, 미국 3.2%, 독일 2.3%, 영국 2.1%, 프랑스 1.9%, 일본 1.7%였지만 같은 기간 동안 주가지수 변화는 미국 4.0배, 독일 4.1배, 프랑스 3.4배, 영국 2.9배인데 반해 한국은 0.7배로 일본 0.6배와 비슷하다.

특히 1980년대 초부터 2001년 말까지 한국의 채권과 주식 연평균 수익률은 각각 15.4%, 8.0%로 주식수익률이 저조하였다. 2004년도 한 해를 기준으로 본 투자자산별 수익률 순위를 보면 종합주가지수 10.51%, 채권(직접투자) 7.24%, 채권형펀드 5.52%, 1년 만기 정기예금 3.3%, 주식형 펀드(주식비율 70% 이상) 2.33%, 아파트(40평형대 기준) -0.34%, 달러 -12.11%, 코스닥지수 -16.27%를 **나타냈다**[매일경제신문, 2004.12.31].

비록 1년 단위로 볼 때 종합주가지수 기준 주식수익률이 높이 나타나 외국인 기관 투자자에게는 매력적인 자산으로 보일지 모르지만, 중장기 투자자에게는 변화 기복이 크기 때문에 매력 있는 자산으로 취급되기 어려운 것이다.

주식의 매력은 다른 금융자산에 비해 낮다 : 국내주식은 국내의 다른 수익자산 가운데에서도 투자 매력이 크게 떨어지고 있다. 주식과 다른 자산의 수익률을 비교해 보면 1980～99년 기간 동안 평균수익률 순위는 주식(18.6%) – 회사채(15.5%) – 국채(14.5%) – 정기예금(10.5%) – 부동산(8%)의 순위를 나타나고 있다[회사채의 평균수익률, 5년 만기 국민주택채권1종의 월 평균 시장금리, 정기예금이자율, 연평균 전국지가 변동률 기준, 산술평균수익률]. 단순히 수익률만 보면 단연 주식수익률이 가장 높은 것처럼 나타나고 있다. 그러나 위험 단위 당 수익률 순위를 보면 정기예금(3.78%) – 회사채(3.32%) – 국채(3.03%) – 부동산(0.71%) – 주식(0.51%)을 나타나 맨 끝 순위로 밀려난다. 다시 말해서 위험을 고려한 수익률에서 보면 주식수익률이 가장 낮게 나타나고 있다.

이와 같이 **국내주식 수익률은 장기적으로 볼 때 채권에 비해 뒤지고 있다.** 1980～2000년 기간 동안 주식투자 연평균 수익률은 8%이고 채권의 투자수익률 15.4%에 비해 크게 낮게 나타나고 있는 것이다[한국개발연구원, 중앙일보, 2002.2.6]. **특히 국내 부동산 가격 상승**

률이 지역에 따라 큰 상승률 차이를 보이며 들쑥날쑥 올라가는 상황에서는 주식시장이 정상적으로 평가 받기 어려운 여건이며 국내 주식수익률은 호재가 있는 지역에서 가장 높이 뛰는 부동산 수익률을 뛰어 넘기 어려운 상황이다.

1980년부터 2000년까지 국내 2,979개 기업 가운데 AAA등급 기업이 10년 뒤 부도날 확률은 17.6%, BB등급 회사는 5년 뒤 33.2%, 10년 뒤엔 55.7%가 부도난 것으로 조사됐다. 이런 위험 때문에 80년부터 2000년까지 주식투자 연평균 수익률은 8%에 불과하며, 채권의 수익률 15.4%보다 낮은 것으로 나타났다[강동수, 한국개발연구원, 주식의 상대적 수익률과 절대가격에 관한 연구, 중앙일보, 2002.2.6].

부동산 가격추이를 보면 토지가격은 1970년대 후반 연 30%였다. 당시 상승세는 건설경기 붐과 경기과열이 주요 원인이었다. 80년대 전반 10% 수준, 1987~91년 기간 21.5%의 상승세를 나타냈다. 1992~94년 기간에는 연평균 -3.1%의 하락세로 강력한 부동산투기억제 정책 때문이었다[박광민, 박세령, 윤재호 1998]. 90년대 초반과 2002년도에는 부동산가격이 연간 약 28% 이상 상승률을 보였다. **경제개발 이후 1991년까지 우리나라 부동산 가격은 지속적으로 급속히 증가해 왔다. 경제개발연대를 벗어난 1989~1991년에는 지가총액이 GDP의 9배에 달했다. 같은 기간 지가버블이 최고수준에 달했던 일본은 지가총액 대비 GDP의 5배였다**[박종규/조윤제, 2002].

국내 부동산 가치에서는 GDP의 5배에 달했다. 이는 선진국의 3~4배에 비하면 높지 않지만 서울 강남의 소득 대비 주택가격비율은 8~10배에 달했다. 이것은 한창 거품이 끼었던 도쿄보다 월등히 높다. 우리나라 부동산은 대략 10년간의 장기 사이클을 형성하며 주식시장과 상호 긴밀한 대체관계를 갖고 움직였다. 90년대 초 주식시장 냉각기에는 부동산 가수요가 주식수요를 대체하였다. 부동산 가격 안정기에는 주식시장이 재테크 대체시장으로 상승 장세를 이끌었다. 1999년과 2002년 초 상승 장세는 시중 부동자금 유입이 주요 원천이었다[매일경제신문, 2003.10.28].

한국의 주식수익률은 중장기적으로 매우 낮다 : 한국의 주식수익률은 장기적으로 볼 때 매우 낮고 불안정하다. 이는 주식가치가 장기적으로 꾸준히 오르지 못하거나 오르지 못하는 억제 요인에서 발생한 것으로 장기적으로 주식투자 매력이 크게 떨어지고 있다. **한국의 주식시장은 일본의 수익률(-59%)을 제외하면 1989년에서 2000년까지 11년 동안 -35% 수익률을 나타내, 같은 기간 동안 미국(+284%), 홍콩(+453%)에 비하면 매우 낮은 수익률이다. 일본의 수익률은 지난 90년대 장기침체를 고려하면 한국에 비해 현격한 격차로 볼 수 없다.**

또한 미국 S&P500지수는 1984~97년 기간 동안 연평균 17% 수익률을 기록했으며 평균적인 주식형 펀드는 연 7% 정도의 수익률을 보였다. 한국의 주식시장에서는 1990년 초에서 1999년 6월까지 기간 동안 수익률을 올린 종목은 시가총액 상위 30개 종목 중 삼성전자 등 단 5개 종목에 불과하였다. 나머지 종목은 원금도 못 건지는 손실만 초래하였다. 2002년 부동산, 주식가격에 기초한 PER기준으로 수익성을 비교하면 서울 강남 아파트 35~40배, 서울지역 아파트 평균 25배, 삼성전자 8.1배, 현대자동차 6.2배, 거래소시장 평균 11.2배로 나타나 주식수익률이 가장 낮다[매일경제, 2002. 9.6, 삼성증권].

결론적으로 한국 주식은 특히 중장기적인 관점에 볼 때 투자매력이 다른 나라에 비해 크게 뒤떨어지고 있으며 수익률 변동 역시 높은 불안정성을 보여 주고 있다. 2005년에도 경기 회복이 계속 부진한 속에서 시중의 풍부한 유동성이 배회하며 부동산 투기 열풍으로 범람하고 있는 것은 여전히 부동산 수익률이 주식 수익률을 앞지르고 있기 때문이며 특히 장기투자자들에게 가장 매력 있는 확고한 자산으로 인식하고 있는 점이다. 땅값 상승률은 1975년에서 2004년 사이 최고 49%(70년대 후반)에서 최저 -13.6%(1998년 경제위기 직후)의 등락을 보였다[매일경제, 2005.6.10]. 금융 및 부동산시장의 높은 불안정성이 한국할인 현상을 부채질하고 있다.

21. 한국기업의 단기부채비율은 높다

한국의 대표기업들은 세계 주요 기업들에 비해 단기부채비율이 두 배나 높다. 이에 따라 한국대표기업들은 민감한 금융환경에 취약하다. 국내 대표기업의 경우 만기 1년 이내인 유동부채의 비중이 2003년 말 현재 65.8%로 세계 주요 기업의 49.6%에 보다 높았다. 특히 외상매입금, 선수금 등 비차입성 부채를 제외하면 총차입금에서 단기성 차입금이 차지하는 비중은 62%로 세계 주요기업 평균 33.1%의 두 배에 달했다. 이러한 현상은 오늘날 글로벌 기업을 추구하는 추세에서 볼 때 세계적인 경쟁력 배양에서 큰 약점이 될 수 있다. 또한 이것이 주식평가에 부정적으로 반영될 수 있다.

22. 한국기업의 연구개발 투자는 낮다

국내 대표기업의 연구개발(R&D)투자는 세계 주요 기업의 13%에 불과해 미래의 성장성이 세계 주요 기업에 비해 크게 뒤진다. 설비투자 정도를 나타내는 유형자산 증가율도 국내 기업이 2002~2003년 3.2%로 세계 주요 기업의 5.2%에 비해 2% 포인트 낮다[한국은행, 중앙일보,2005.3.17]. 업종별 세계의 선도 기업은 혁신할 수 있는 기업만이 지속적인 성장잠재력을 가지며 특히 기술특허의 보유능력과 부단한 기술혁신능력을 가진 기업만이 주식시장에서 높이 평가 받을 수 있는데 한국기업은 외국의 대표기업에 비해 상대적으로 뒤지고 있는 것이다.

23. 한국기업은 부도위험이 높다

최고 신용등급(AAA등급)의 한국 기업이 10년 뒤에 부도날 확률은 17.6%인데 비해 미국의 최고 등급 기업의 10년 후 부도 확률은 0.26%에 불과하다. 1990년 증권거래소 100대 상장기업(자산규모 기준) 중 2000년까지 생존한 기업은 58개에 불과하였다. 또한 최근 기업의 신용평가에 대해 평가기관이 지나치게 부풀려 평가해 주는 경향이 심하다. 이러한 부풀기식 평가도 신뢰도를 떨어뜨리는 문제점이다. 또한 한국기업은 이자를 갚지 못하는 기업이 많다. 504개 상장기업 가운데 적자를 내거나 영업이익으로 금융비용을 부담할 수 없는 기업이 175개 기업에 이른다[KDI, 중앙일보,2002.2.6.].

24. 한국증시는 정보통신기술요인에 민감하다

아시아 주요국 증권시장 중 한국 증시가 글로벌 쇼크에 가장 민감하게 반응하였다. 한국 증시의 시차척도는 평균 0.270으로 한국, 홍콩, 일본, 싱가포르, 인도네시아, 말레이시아, 중국 아시아 7개 국가 중 가장 낮았다.[6] 아시아 비교 대상국가 중 홍콩이 0.312로 한국 증시에 이어 두 번째로 글로벌 증시충격에 민감했고 일본(0.316), 싱가포르(0.354) 등이 뒤를 이었다. 인도네시아와 말레이시아는 각각 0.565, 0.597의 시차척도를 보였고 중국이 0.820으로 글로벌 증시 충격에 가장 둔감하였다.

민감한 반응을 일으키는 원인은 정보통신기술(ICT) 발전을 꼽았다. ICT가 발전할수록 투자자들이 다른 나라의 정보를 손쉽게 접할 수 있기에 한 나라의 주가변동이 다른 나라 증시에 빨리 전이될 수

---

6) 시차척도란 아시아 주요 7개 주식시장과 미국시장의 주간 수익률을 분석해 만든 수치로 0에 가까울수록 미국시장 변동이 개별 국가 시장에 즉각적으로 영향을 끼친다는 의미다.

있는 것이다. 과연 그럴까? 추정하건데 한국증시의 민감한 반응은 정보통신의 발달에만 기인한 것은 아니라고 본다. 오히려 다른 요인이 더 크게 작용할 것으로 본다[세계일보, 서필웅 기자, 2013.5.26. 박재윤 미국 유타대학교 초빙교수 / 이충열 고려대 교수 / 금융연구원 공동연구 ; 정보 기술의 발전과 주식시장 정보전달 속도].

25. 재벌총수 일가는 비상장 계열사를 통해 거액 배당을 챙긴다.

재벌 총수 일가들이 비상장 계열사에서 거액의 배당잔치를 벌이는 행태가 여전하다. 허창수 GS그룹 회장의 동생인 허정수 GS네오텍 회장은 올해 120억 원의 고액 배당금을 받았다. GS네오텍 지분 100%를 보유한 허정수 회장은 2009년 이후 매년 약 100억 원씩 4년간 390억 원을 챙겨 왔다. 허창수 회장의 5촌인 허서홍씨 등 GS그룹 4세들과 친인척들도 삼양인터내셔날 등 비상장사 4곳에서 58억 원을 배당 받았다.

해운 · 항공화물 운송업체인 범한판토스 대주주인 조원희 회장과 구본호씨가 받은 배당금도 97억 원에 달했다. 구씨는 구본무 LG그룹 회장의 6촌 동생이다. 범한판토스의 매출 상당 부분은 LG그룹에 의존하는 기업이다. SPC그룹 소속 제빵업체인 파리크라상은 허영인 SPC그룹 회장(54억 원) 등 일가족 4명에게 총 82억 원을 배당했다.

역시 허 회장 등이 대주주인 비알코리아도 74억 원을 배당해 총수 일가에 대한 배당규모는 최소 150억 원 이상이 될 것으로 보인다.

부영은 이중근 부영그룹 회장과 아들 이성훈씨 등에게 78억 원을 배당했고, 신선호 센트럴시티 전 회장도 74억3천만 원의 배당 부자가 됐다. 교원구몬은 장평순 교원그룹 회장과 그 특수 관계자들에게 48억5천만 원을 배당했다. 정몽규 현대산업개발 회장은 아이콘트롤스, 아이서비스, 아이앤콘스 등 비상장사 3곳에서 14억 원을 배당받았다. 이 중 아이앤콘스는 작년 95억 원의 당기순손실을 기록했다.

정몽구 현대차그룹 회장의 장녀인 정성이씨가 고문으로 있는 이노션은 정씨에게 29억 원을 배당했고, 정 회장의 사돈인 정도원 삼표그룹 회장은 삼표로 부터 당기순이익(24억원)의 153.4%에 해당하는 37억 원을 배당 받았다. 상장사의 배당성향이 보통 20%를 넘지 않는다는 점에서 파격적 배당이다. 이 회사는 정도원 회장이 지분의 99.8%를 갖고 있다. 삼성그룹 비상장사인 삼성SDS는 이재용 삼성전자 부회장 등에게 37억5천만 원을 배당했다[서울 = 연합뉴스, 황철환 기자, 2013.5.6. / 금융감독원 제출 감사보고서].

총수가 있는 33대 기업집단 소속 비상장사 1천98개 중 작년도 감사보고서를 제출한 기업이 398개사(36.2%)에 불과하다는 점을 감안하면 실제 총수 일가들이 챙긴 배당금 규모는 이보다 훨씬 클 것으로

전망한다. 고액 배당부자는 재벌가에만 있는 게 아니다. 박병구 모빌코리아윤활유 대표는 중간배당과 기말배당 두 차례에 걸쳐 총 98억8천만 원을 챙겼고, 동대문 광장시장 대주주인 송호식 광장 회장도 17억5천만 원의 배당금을 받게 됐다. 배당은 주주의 고유 권리다.

문제는 국내 재벌 총수 일가들의 고액 배당은 일감 몰아주기 등을 통해 상장사에서 발생한 이익을 비상장사로 옮긴 뒤 사유화한 결과일 수 있다는 점이다. 이러한 행태는 결국 상장사 주주들의 피해로 이어진다. 정부와 금융당국이 확실한 기준을 제시할 필요하다고 강조한다. 금융당국이나 관련 기관이 일정 부분 재벌의 포로가 돼 있다 보니 지금껏 각종 규제를 했지만 항상 빠져나갈 구멍을 만들어둬 실효가 없었다. 일감 몰아주기는 물론 금산분리 · 지주회사제 강화, 출자총액제한, 순환출자 금지 등 건전한 시장 질서를 위한 직간접적 규제를 강화할 필요성이 제기되는 이런 이유 때문이다[서울=연합뉴스, 황철환 기자, 2013.5.6. / 금융감독원 제출 감사보고서]

26. 환율과 주가는 상호 긴밀하게 움직인다.

특히 신흥국의 금융시장은 환율과 주가가 상호 긴밀하게 움직인다. 이는 외국인 자본의 대량 유출입과 깊은 관련을 맺고 있다. 2013년 들어 미국 · 일본 · 중국 증시가 5 ~ 6% 올랐지만 코스피만 유독 1.76% 떨어지는 디커플링(비동조화) 현상이 뚜렷하다. 2월 코스피 예상 평균치는 1894 ~ 2040다. 1월 2030선으로 시작해 1961까지 하락했던 코스피 흐름이 크게 바뀌긴 어려울 것이란 전망이다. 관건은 떠나는 외국인을 되돌릴 수 있는 원화가치다. 과거 두 차례 디커플링도 원화약세에서 반전의 계기를 찾았다. 원화가치와 외국인 매수 관계를 보면 달러당 1100원 선에서 외국인들이 태도 변화를 보였다. 달러당 원화가치가 1100 ~ 1200선에서 활발했던 외국인들의 순매수는 1100선 이상으로 원화가치가 오르면(환율 하락) 매도로 바뀌었다. 환율 하락으로 인한 국내 기업의 실적악화 등을 우려한 것이다. 반대로 원화가치 하락기에는 1200선까지는 순매수를 유지하다 1200선 이하로 원화가치가 떨어지면(환율 상승) 매수세가 확 줄어들었다. **1200원 이하로 원화가치가 떨어진다는 것은 한국 경제가 위기 국면이거나 안보 이슈가 발생한 때였다.** 외국인들은 1100 ~ 1150원대에서 한국 주식을 많이 산다. 달러당 1089원인 원화가치가 단기적으로라도 달러당 1100 ~ 1150원 선까지 떨어지면 환차익을 기대하는 외국인이 돌아오는 계기가 될 것이다.

한국과 글로벌 증시가 디커플링 현상을 보인 것은 일본의 아베 새정부가 강력한 확대재정 정책과 엔화 값을 떨뜨리는 환율 정책을 펼친 것이 가장 큰 이유였다. 일본 엔화는 지난달 말 달러당 91.72엔으로 마감해 작년 말보다 5.7% 상승, 세계 주요국 통화 중 환율 상승 폭이 사실상 가장 컸다. **엔화 절하는 국내 수출기업들에 부담으로 작용했다. 달러당 원화 환율이 작년 말 1,070.60원에서 이달 1일 1,097.40원로 상승한 것은 부담을 덜어주는 요인이다.** 한국 증시가 지지부진한 또 다른 요인은 가계부채 문제로 소비가 당장 개선되기 어려운 게 증시 방향을 흐리게 하고 있다. 결론적으로 말해서 두 가지 내외요인이 해소되지 않는 한 단기적으로 디커플링 현상이 풀리기는 쉽지 않을 것이며 당분간 코스피는 박스권에서 움직일 가능성이 높아 보인다[서울 = 연합뉴스, 박상돈 한혜원 기자, 2013.2.3.].

1월 한 달 동안 글로벌 주요 증시가 대부분 상승세를 타는 상황에서 한국증시만 유독 왕따 신세였다. 그러나 2월엔 글로벌 증시 대비 디커플링(탈동조화) 현상이 다소 완화될 가능성도 있다. 1월 국내 증시는 **원화강세 · 엔화약세 · 뱅가드이슈** 등으로 외국인의 순매도세가 강화되며 부진을 거듭했다. 반면 1월 미국 증시는 사상 최고치에 근접하는 수준까지 상승했고, 중국 증시도 강세를 이어가면서 글로벌 주요 증시가 상승세를 탔다. 그러나 한국 주식시장은 **원화강세, 엔화약세, 주택가격 하락** 등의 요인으로 외국인이 순매도행진을 지속해 약세를 면치 못했다. 2월엔 한국 증시는 내외불안 요인들이 개선되며 완만한 회복세로 돌아설 가능성도 있다. 1월의 한국증시는 세계증시 대비 두드러진 초과 하락으로 상당 부분 주가에 반영됐다. 2월에는 원-달러 환율의 하락세가 진정되고 신정부의 부동산 경기 부양책이 예상되면서 국내증시는 회복될 조짐이 있다. 원화 강세가 진정되면서 원-달러 환율이 1080원을 중심으로 움직일 것으로 보인다. 뱅가드 펀드의 한국물 축소는 6월말까지 지속될 예정이지만 뱅가드 물량자체가 시장을 흔들 대형 악재는 아닌 것으로 진단한다. 외국인의 프로그램 차익거래 물량이 거의 청산된 데다 삼성전자 등 주도주에 대한 비관적 전망도 약해지고 있기 때문이다. 그러나 대내외 불안한 악재들이 언제 어떻게 될지 알 수 없다. 1월 내내 지속됐던 악재들이 2월중에 해소되기는 어렵다는 주장도 있다.

한국 금융시장은 엔저라는 독립적 악재에 시달리고 있다. **엔저 악재를 극복할만한 세계경제 회복 가능성이 형성될 것인지가 한국 금융시장의 관건이다.** 그 동안 외국인의 수급 이슈에 가려 부각되지 않았던 미국과 유럽 등의 글로벌 리스크들도 다시 떠오를 것 이라는 가능성도 있다. **2월 중순부터는 미국 재정절벽 2라운드가 예정돼 있다**. 재정지출 감축 합의 과정에서 공화당은 연초 세금 절벽 때보다 강경노선을 유지할 가능성이 높다. 따라서 미국 재정절벽 이슈와 관련해서 2월 중순부터 3월초까지가 가장 위험한 구간이 될 수 있다. 한국 증시가 외국인 매도와 환 부담에서 벗어나는 데는 적응기간이 좀 더 필요하다.

여기에 불안스런 해외요인이 기다리고 있다. 향후 수년간 유로존 재정위기국의 국채만기 일정을 보면 앞으로 3개월 동안이 자금 수요가 가장 많다. 이때 글로벌 경제 눈높이의 조정 작업이 이뤄진다면 취약한 이탈리아 및 스페인 문제가 재 부각될 수 있다. 이들 문제가 노출되면서 유로존 금융환경이 불안해지면 다시 국내 주식시장을 압박할 것이다[내일신문, 김영숙 기자, 2013.1.31.].

27. 한국의 증권집단소송법은 있으나 마나한 법이다.

국내 상장사는 증권거래법과 외감법 위반으로 제재를 받은 회사는 300사를 넘는다. 이 가운데 공시서류의 허위 기재 등과 관련해 제재를 받은 회사는 200사를 웃돈다. 증권집단소송제 본격 시행에 앞서 2년의 유예기간 동안 200여 개 사가 혜택을 받았다. 호재성 공시, 언론보도 이후 번복 행위 등은 사기에 해당한다[매일경제, 2007.2.8].

미국에서 제기된 집단소송 건수는 2006년 110건에 이른다. 전체 상장기업 수 대비 1.5%에 해당한다. 1998년 이후 매년 줄어드는 추세지만 적지 않은 기업이 집단소송에 시달리고 있다. 집단소송에 말려든 기업은 화해와 그 밖에 간접손실 등으로 입은 지금까지 지불된 금액은 총260억 달러에 달한다[매일경제, 2007.2.8.]. 미국 증권집단소송법은 영국보다 투자자 보호와 기업 보호의 양 측면에서 더 우수하다[시암 선더 미국회계학회회장, 예일대 교수].

영국에서는 투자자가 기업에 대해서만 소송을 제기할 수 있다. 회계법인은 회사 측의 고의적인 분식회계가 아닐 경우 회사가 회계법인에 책임을 묻을 수 있다[시암 선더 미국회계학회회장, 예일대 교수, 매일경제, 2007.2.8.].

28. 국내외 채권시장은 우호적으로 바뀌었다.

2000년대 **채권이 차지하는 비중이 증가하는 등 안전자산 선호현상이 두드러졌다.** 2004년 이후 감소세를 보였던 펀드의 투자대상 중 채권비중은 2007년 이후 지속적으로 증가해 지난해에는 31.7%까지 확대된 반면 국내펀드의 주식투자비중은 2007년 44%에서 지난해 34.7%까지 하락했다. 이처럼 **안전자산에 대한 펀드투자의 확대는 금융위기 이후 단기적으로 투자자의 위험회피 성향이 강화한 측면도 있지만 노령인구가 급증하면서 투자의 원금보장이 중요하게 작용한 요인도 있다.**

실제 우리나라의 65세 이상 인구는 631만 명(2010년)으로 전체 인구의 13%로 사실상 고령사회 진입직전이다[통계청]. 이 같은 상황 변화로 볼 때 투자업계는 펀드의 투자성향을 감안한 투자전략을 수립해야 할 것으로 본다. 채권수요의 지속적인 증가에 부응하기 위해 채권상품 공급자들은 만기별 채권상품의 다양화 및 채권투자자의 요구에 맞는 채권상품의 개발 등이 필요하다. 국내채권 및 해외채권의 투자수요 증가에 대비해 해외투자 경험이 풍부한 인력의 확충 및 양성, 상품 및 관련 금융정보 수집 분석과 해석 등이 받쳐주어야 할 것이다[금융투자업계, 아시아투데이, 2011.2.20].

외국인들의 증권투자도 2000년대 들어서 채권투자 중심으로 급속히 확산됐다. 2001년 IT버블 붕괴 이후 안전자산 선호가 높아지면서 세계증권투자 중 채권투자비중이 70% 이상 증가하였다. 2008년 글로벌 금융위기 시에는 116.3%로 증가하였고 2009년에는 65%를 기록하였다. 외국인의 국내채권 투자는 1994년 처음 허용된 이후 미미한 수준을 유지하다가 2007년 이후 큰 폭으로 증가하였다. 외국인의 국내채권투자는 글로벌 금융위기의 영향으로 2008년 하반기 ~ 2009년 초반기까지 순유출 됐으나 그 이후 꾸준히 유입이 늘어났다. 2010년 7월말 현재 71.9조원으로 불어나 전체 상장채권 잔액 1,088.7조원의 6.6%에 도달했다.

외국자본의 주요 투자대상은 2000년대 전반 주식에서 2005년 이후 채권으로 전환되었고 2009년 이후로는 주식 및 채권투자 모두 크게 증가했다. 외국인의 한국채권투자에 대한 자금유입은 멕시코, 헝가리, 인도네시아 등 주요국에 비해 매우 컸다. 2000년 이후 지금까지 외국인 채권투자는 대부분 국채와 특수채에 집중됐다. 회사채 투자는 극히 미미했으며 지방채 투자는 전무했다. 외국인의 국내채권투자에 미친 영향은 해외요인보다는 국내요인이 결정적인 요인이었고 국내변수로는 GDP, 채권시장시가총액 등 채권시장발달 정도(시장규모와 제도 등 구조적 투자여건 변수)가 가장 크게 영향을 미쳤다[실증분석 결과, 한국은행 ;Monthly Bulletin, September 2010, P.30].

2013년 미국 정책변화가 세계 채권시장을 흔들었다 : 최근 몇 달 동안 아시아 채권시장에 냉기가 돌았다. 벤 버냉키 미국 연방준비제도이사회(FRB) 의장이 양적완화의 '단계적 축소'라는 말을 처음 꺼낸 이후 아시아에서 채권 거래가 사실상 중단된 탓이다. 버냉키 의장이 지난 5월 양적완화의 단계적 축소 운운해 글로벌 채권시장을 소용돌이로 몰아넣었다. 특히 아시아가 치명적인 타격을 입었다. 아시아의 월간 정크본드 거래 규모는 지난 5월 37억 달러(약 4조1125억 원)에서 6월 1억7600만 달러로 급감했다. 같은 기간 투자등급 채권 거래 규모도 절반 넘게 줄었다[아시아경제 지연진 기자, 2013.7.30].

채권시장에서 물량을 주도했던 중국 기업들은 최근 자취도 없이 사라졌다. 버냉키 의장이 양적완화 축소에 대해 발언한 지난 5월 22일 이후 중국 기업이 달러화나 유로화 채권시장에서 자금을 조달한 것은 한 건도 없다. 이는 중국 기업에 국한된 게 아니다. 인도네시아의 경우 지난 4월 30억 달러 규모의 10년 만기 국채를 발행하면서 지급한 쿠폰금리는 3.5%로 역대 최저였다. 그러나 10억 달러 상당의 10년물 국채를 다시 발행한 2주전 수익률은 5.45%로 급등했다.

채권형 펀드의 자금흐름도 비슷한 양상을 보이고 있다. 펀드자금 시장조사업체 EPFR에 따르면 지난달 신흥시장 채권형 펀드에서 기록적인 자금 유출이 발생했다. 아시아 채권형 펀드(일본 제외)의 자금흐름을 보면 버냉키 의장의 발언 이후 1주 만에 4억 달러나 빠져나갔다. 지난 6월부터 채권형 펀드의 주간 자금 유입량은 계속 마이너스를 기록하고 있다. 특히 중국의 유동성 경색이 아시아 채권 수요의 발목을 잡았다. 그나마 다행인 것은 최근 2주 사이 아시아 채권시장이 회복되는 모습을 보이고 있는 점이다[아시아경제 지연진 기자, 2013.7.30].

2013년 9월부터 연말까지 월평균 국고채 발행 물량이 올해 1~8월보다 10%이상 늘어난다. 미국 양적완화 출구전략에 대한 우려로 외국인과 국내 보험·기금 등 주요 시장참여자의 투자심리가 위축된 상태에서 국고채 물량 부담까지 겹쳐 금리상승 압박은 더욱 커질 것으로 보인다[서울=연합뉴스, 배영경 기자, 2013.8.11].

9~12월의 국고채 월평균 발행량은 7조9천600억 원으로, 지난 1월부터 이달까지의 월평균 발행량(7조800억 원)보다 12.4% 증가할 것이란 전망이다. 연말로 갈수록 국고채 발행량이 늘어나는 것은 추가경정예산안 편성 때문이다. 올해 1~4월의 국고채 월평균 발행량은 약 6조7천억 원이었다. 그러다가 지난 5월 정부가 추가경정예

산안을 편성하면서 5월부터 이달까지는 월평균 약 7조5천억 원의 국고채가 발행됐다. 정부가 2013년 국고채 총발행 규모인 88조5천억 원을 모두 발행한다고 가정했을 때 올해 남은 9 ~ 12월에는 월평균 7조9천600억 원의 물량이 발행될 것으로 추산된다.

올해 상반기 국세수입이 작년보다 10조원 덜 걷힌 상황이기 때문에 올해 총 발행 한도를 모두 채워 국고채를 발행할 가능성이 크다. 올 4분기 월평균 국고채 발행량이 늘어나면 가뜩이나 안 좋은 수급상 여건이 악화할 것이다.

일반적으로 국고채 발행은 연초부터 시장이 예상하는 이벤트이기 때문에 평시, 특히 금리 하락기에는 채권시장에 별다른 영향을 미치지 않는다. 그러나 최근처럼 금리 상승기에 공급 물량까지 늘어나면 금리상승을 압박할 수 있다. 특히 국고채 발행량 증가는 상대적으로 투자심리가 취약한 장기물의 금리에 부담을 줄 수 있다. 따라서 향후 장단기물의 금리 격차는 더욱 벌어질 가능성이 높다.

미국 양적완화 출구전략에 대한 우려로 국내 채권시장 내 불확실성이 커진 상황이고 거기다 국고채 공급물량 증가로 수급 여건 악화까지 예상돼 채권시장의 투자심리가 전반적으로 크게 위축된 상태다. 8월 들어 9일까지 외국인의 원화채권 순매수 규모는 1조5천800억 원으로 지난달 동기(1조9천400억 원)보다 약 19% 줄었다. 같은 기간에 장기투자성향의 국내 보험과 기금의 원화채권 순매수 규모 역시 2조1천억 원에서 1조3천억 원으로 40%가량 급감했다. 이런 상황에서 한국은행이 국고채 직매입에 나선다면 가뭄 속 단비와 같은 역할을 해줄 수 있다. 그러나 이 역시 채권시장의 공급 부담을 해소할 수는 없다.

올해 한국은행이 보유한 국고채 가운데 만기가 도래하는 물량 규모는 1조9천억 원으로, 이 중에 1조1천억 원 규모의 국고채 만기가 9월에 도래한다. 한국은행은 만기도래에 따른 공백을 채우고자 이달 말 국고채 직매입에 나설 가능성이 크다. 한국은행이 단기물보다 장기물 중심으로 직매입에 나설 경우 시장이 한숨을 돌릴 수는 있지만 단기적인 효과에 그칠 것이다[서울=연합뉴스, 배영경 기자, 2013.8.11].

국민주택채권은 비정상적인 편법으로 소화되고 있다. 정부는 국가부채를 줄이기 위해 시중유통 국민주택채권 3조원을 투자자들로부터 매입한 뒤 소각하는 조기상환(바이백)을 추진한다. 이를 통해 국가의 금융채무 1%를 절감하고 재무건전성을 개선하는 것이다. 이것은 서민들의 주거 안정을 위해 쓰여야 할 국민주택기금을 국가부채를 줄이기 위해 집구입자에게 강제매입케 하는 편법을 쓰고 있다[머니투데이 전병윤 기자, 2013.1.17.].

국토해양부는 국민주택채권의 조기상환을 위해 주택법 시행령 개정안을 마련하고 있다. **국민주택채권은 집을 구입할 때 의무적으로 매입해야 하는 채권이다. 정부는 주택구입자에게 매각한 국민주택채권을 통해 서민주거안정을 위한 국민주택기금의 재원으로 쓰고 있다.** 현행 규정상 국민주택채권의 경우 국고채와 달리 법적 근거가 불분명해 조기상환을 실시할 수 없다. 국토부는 주택법 시행령을 개정해 4월부터 국민주택채권의 조기상환을 실시한다.

조기상환 대상은 만기 5년짜리로 발행된 제1종 국민주택채권이다. 2012년 발행금리를 3.0%에서 2.5%로 내린 만큼 과거 고금리로 발행된 국민주택채권을 조기상환해 소각하면 연간 150억 원의 이자 비용을 절감한다. 국민주택채권의 조기상환 추진 이유는 국가의 금융 채무를 줄여 재정건전성을 확보하기 위해서다. 앞서 정부는 국민주택기금 중 공공분양 건설자금 3조원과 생애최초 주택구입자금 2조5000억 원 등 총 5조5000억 원을 은행에서 대출해주는 구조로 변경했다.

시중은행 이자보다 낮은 국민주택기금의 대출 금리를 감안해 은행의 이자손실분을 정부에서 메워주는 '이차보전' 방식을 적용했다. 이차보전을 적용하면 대출금이 국민주택기금이 아닌 은행에서 나가기 때문에 정부의 지출 항목에 잡히지 않는다. 이렇게 되면 정부의 균형재정(수입과 지출이 같은) 달성에 도움을 줄 수 있다는 것이다. 여기에 이차보전으로 전환된 공공분양 건설자금 3조원을 여윳돈으로 활용, 이를 국가 부채인 국민주택채권을 매입해 소각하면 채무를 직접 줄일 수 있게 된다. 국토부는 올해 국가 금융채무 237조원 가운데 이차보전에 따른 가용재원 3조원을 국민주택채권 조기상환에 쓰면 금융채무 1%를 줄일 수 있을 것으로 본다. 하지만 이 과정에서 비용증가가 불가피하다.

정부가 이차보전 지원을 위해 시중은행에 1년간 550억 원(국민주택기금 이차보전 5조5000억 원 기준으로 국민주택기금과 은행의 대출금리 차이를 1%포인트라고 가정)을 메워줘야 하는 부담을 떠안아야 해서다. 이처럼 복잡한 셈법 등장은 악화된 국가의 재정건전성을 개선하려는 고육지책의 일환이다. 결국 개인이 신용도를 높이기 위해 이자를 물더라도 공식적인 부채로 잡히지 않는 돈을 지인으로부터 빌린 뒤 다른 빚을 갚는데 쓰겠다는 것과 비슷하다. 국민들(주택구입자)이 국민주택채권을 매입하고 청약통장을 가입해 마련한 재원을 국가 부채를 줄이는데 간접적으로 활용한 것이다.

더구나 실질적인 재정건전성을 확보하기보다 외형적인 수치를 좋게 만들기 위한 수단으로 악용한다는 데 큰 문제가 있다. 이처럼 절차가 복잡해면 불필요한 비용이 발생하고 관리 · 감독도 어려워진다. 이에 대해 국토부는 이차보전으로 전환하면 국민주택기금의 서민지원 금액을 이전과 동일하게 유지하는 동시에, 지출에 잡히지 않아 복지예산을 늘리는데 부담을 주지 않는 효과가 있다고 변호한다.

29. 경기침체의 장기화로 상장회사 수도 최저치로 쪼그라들었다.

경기침체로 기업공개(IPO)가 줄고 워크아웃(기업개선작업) · 자본잠식 등에 따른 상장폐지 기업이 적지 않게 늘어나면서 상장회사 수가 1천800개 아래로 떨어졌다. 이는 26개월 이래 최저치에 도달했다. **상장사는 2012년 10월말 현재 1천792개사로 2010년 8월 말(1천785곳) 이후 26개월 만에 최저치를 기록했다.** 유가증권시장에 786개사, 코스닥시장에 1천6개사가 각각 상장돼 있다. 이달 들어 코스닥시장에서 상장사 3개사가 퇴출돼 상장사는 1천789개사로 줄어든 상태다. **코스닥 상장사는 1천3개사로 가까스로 1천개가 넘었지만 4개사만 더 상장 폐지되더라도 2007년 9월(998개) 이후 62개월 만에 1천개 밑으로 떨어지게 된다.** 이처럼 상장사가 줄어드는 것은 경기침체로 신규 상장하는 기업이 감소했기 때문이다.

올해 들어 10월까지 신규 상장한 기업은 28개사로 작년 동기(58개

증권사의 종합자산관리계좌(CMA) 잔액은 증시 활황 덕분에 20조 원을 돌파했다[매일경제, 2007.8.6]. 유형별로는 환매조건부채권형 CMA가 65%, 종금형 CMA, 머니마켓펀드(MMF)형 CMA, 금융기관 예금 순으로 차지했다. 은행 투신 증권 등 금융기관의 만기 6개월 이하 단기 수신 규모는 1997년 말 190조원에서 2003년 말 383조 원으로 두 배 이상 불었다. **총유동성 대비 통화량 비율(M1/M3)도 90년대 평균 19%에서 2002년 이후에는 24%로 급증했다. 수신뿐만 아니라 대출금도 단기화 되었다.** 금융기관의 총대출금 중 만기 3년 이상 장기설비투자자금 비중은 2003년 6월 말 현재 9.9%로 외환위기 이전의 15% 수준에 비해 크게 낮아졌다. 외환위기 이후 단기 부동화가 심화되었다. 단기 부동자금 급증은 부동산, 주식 등의 자산 가격과 환율, 금리의 급등락을 초래함으로서 금융 불안을 야기할 수 있었다. **투기성 단기 금융거래의 급증은 금리인하 정책의 효과를 크게 떨어뜨렸다**[한국은행 금융경제연구원, 매일경제, 2004.3.2].

2007년 시가총액은 2001년 30조원으로 꺼졌던 거품 붕괴 시기와는 확연히 다른 시장 양상이었다. 실적 위주의 기업 펀더멘털로 탄탄한 상승 탄력을 받는 가운데 여전히 과거와 같은 개인의 묻지마 투자가 재연되었다. 먼저 고객예탁금이 급속히 늘었고 신용거래제도로 바뀌면서 개인의 매수여력이 강화되면서 과열 양상이 나타났다. 투자자는 이자만 지불하면 차입기간은 길게 끌고 갈 수 있기 때문에 대세 상승기에 접어들면서 신용거래가 크게 늘었다. 따라서 집중적으로 몰려 있는 만기 때와 주가가 계속 하락하는 시기가 서로 맞물리면 주가가 폭락할 수 있었다[매일경제, 2007.6.16].

2007년 7월4일 한국 증시는 유가증권시장과 코스닥시장을 포함한 전체 시가총액이 1000조에 도달했다. 이 규모는 세계거래소 연맹(WEF) 소속 51개 증시(5월말 기준) 중에서 16위다. 국내총생산(GDP)대비 시가총액은 121.34%에 달했다. 신흥시장은 국내총생산(GDP)대비 시가총액 비중이 낮다. 한국도 잉여 자금이 운행권에서 주식시장으로 이동하였으며 시가총액 비중이 낮았지만 한국 증시는 1980년대 미국이나 일본 증시가 급등할 때에도 경제성장률이 높지 않았던 당시 산업자본이 금융자본으로 넘어가는 시기로 유동성이 주가를 이끌었던 때와 흡사한 모습이었다[부록 6 참조, 269~272쪽].

2만 달러 달성 국가의 주가 상승률			
국가	소득 2만 달러 달성 시기	1만~2만 달러 기간 중 연평균 상승률	2만 달러 이후 고점까지 상승률
미국	88년	10.8%	350.00%
일본	87년	23.4%	42.80%
스웨덴	88년	22.3%	600.00%
홍콩	94년	23.6%	38.80%

자료 : OECD, 대우증권, 매일경제, 2007.7.25

코스피 지수는 2000에 도달했다. 외국인의 증시 이탈, 정부의 증시 과열 진단과 조치 예상, 유가 배럴 당 75달러 폭등, 국고채 3년물 금리 5.4%, 원-달러 환율 920원 이하 등 증시 사정이 강한 조정을 가질 것이란 예고에도 불구하고 코스피 2000에 안착했다. 미국의 비우량담보대출 부실, 중국의 추가 금리 인상, 국내 증시의 단기 급등, 외국인들의 차익 실현 욕구 등이 국내 증시의 조정을 잠재웠다[매일경제, 2007.7.21/25]. 국내 증시는 단기간의 조정 없이 상승했다. 세계시장의 한국 관련 펀드인 글로벌 이머징마켓펀드, 인터내셔널 펀드, 일본을 제외한 아시아펀드, 퍼시픽펀드 등 4개 펀드는 꾸준히 자금유입이 계속되었다. 또한 **해외 증시의 착실한 흐름이 국내 증시의 안정세에 떠받쳐 하락 리스크보다는 상승 여력이 컸다.** 주식형 펀드 설정액이 폭발적인 성장도 지속적 주가 상승의 든든한 뒷받침이 되었다. 주식형 펀드 설정액은 2007년 7월 20일 현재 70조원을 넘어섰다. 펀드를 운용해 몸집을 불린 펀드의 순자산가치(NAV)는 93조2140억 원에 달한다[매일경제, 2007.7.21].

2000년 6월	주식형 펀드와 혼합형 펀드를 별도로 집계 시작
2004년 말	주식형 펀드 설정액 8조5000억 원
2005년 말	적립식펀드 각광 받기 시작, 주식형 펀드 설정액 26조원
2006년 말	주식형 펀드 설정액 46조원
2007년 7월 20일	주식형 펀드 설정액 70조3140억원

자료 : 매일경제, 2007.7.24

주식형 펀드의 폭발적인 신장세를 탔지만 채권형, MMF, 주식형을 포함한 전체 펀드 설정액 최고치(1999년 7월 코리아 열풍 당시)인 262조5660억 원을 넘지 못했다. 20일 기준 전체 펀드 잔액은 260조5030억 원이었다[매일경제, 2007.7.24]. 한국 상장기업 시가총액은 GDP 대비 시가총액(2007.5.22, 유가증권시장 플러스 코스닥시장 전체 900조원 기준) 비율이 2007년 108.59%이었다. 한국은 일본 도쿄 106.54%, 중국 상하이 61.34%, 인도 뭄바이 105.05%, 독일 증시 65.75% 등을 앞질렀다. 그러나 영미계 국가들에 비하면 크게 떨어진다. 미국 NYSE + NASDAQ 152.31%, 영국 167.22%, 캐나다 143.67%, 홍콩 960.98% 등 국가들에 비하면 크게 미치지 못했다.[8)]

---

8) 주식시장의 발달 정도를 나타내는 GDP 대비 시가총액 비율 즉, 자본화비율은 금융시장에서 주식시장만을 떼어내 자본시장 크기를 측정하는 지표로서 시가총액이 GDP를 능가하면 그만큼 주식시장 규모가 상대적으로 경제규모에 비해 확대되었다는 것을 의미한다. GDP 대비 시가총액 비율은 시장규모로 측정한 것이다. 이 비율은 시장의 질과 구조에 대해서는 전혀 분석하지 않는다는 점에서 한계를 지닌다[증권선물거래소, 매일경제 2007.5.23, 타국 시가총액은 2007년 4월 말 기준, GDP는 IMF 2006년 말 기준, 환율은 달러 당 930원 적용].

31. 2013년 국내증시는 우호적이었다

코스피가 2000선을 훌쩍 뛰어넘고 코스닥이 연일 고점을 경신하면서 국내 증시에 새 시대가 열릴 것이라는 기대감이 커었다. 올 들어서 주식시장에 대한 긍정론까지 고개를 들었다. 시가총액 대표주 강세 흐름에 더불어 그동안 부진했던 조선, 철강 업종에서도 서서히 반등 기미도 감지되었다. 대내외 정치경제 환경도 전반적으로 긍정적인 분위기다. 새롭게 출범한 정부가 경기부양에 강한 의지를 표명하고 급격하게 출렁이던 환율도 안정화되고 있다. 유럽 발 제정위기도 일단락됐고, 미국과 중국을 중심으로 완연한 경기회복세 이어지고 있다. 새 정부도 경기회복과 함께 주식시장 활성화에 대한 강한 의지를 나타냈다. 박근혜 대통령은 선거를 앞두고 '코스피 3000'을 목표로 제시하며 투자자들의 기대를 한층 끌어올렸다[부록 6 참조, 269-272쪽].

그러나 **이 같은 장미 빛 흐름과는 반대로 내실을 살펴보면 빛 좋**

은 개살구로 끝났다. 첫 번째로 우선 이명박 전 대통령이 '임기 내 코스피 5000시대'를 공언하며 주식투자를 적극 권유했지만 공염불에 그쳤고 아직까지 물려있는 투자자들이 부지기수이기 때문이다. 둘째로 증시 대표 종목인 삼성전자의 비중이 여전히 높고, 유동성을 외국인에게 기댈 수밖에 없는 현실이다. 셋째로 증시의 기업 자본조달 기능은 떨어지고 있고, 수익성 하락으로 투자마저 위축되고 있다. 거래량이 활발하지 않는 것이다.

투자자가 외면하면서 주식 시장은 정체됐지만, 지수는 오르는 기현상이 벌어지고 있다. 일부 정치 테마주가 비이성적으로 급등락하는 투자 행태가 만연했다. 이와 같은 **기형적인 한국 주식시장의 특징은 첫째, 한국거래소, 2013년 2월 28일 기준 삼성전자의 시가총액 227조4300억 원이다. 삼성전자는 전체 코스피 시가총액 대비 19.39%로 전체 시총의 약 5분의1을 차지한다. 삼성전자의 시총 비중은 2007년 말 8.6%에서 2008년 글로벌 금융위기 직전인 2008년 8월 말 10%였다.**

둘째, 다른 대형주와 차이는 점점 벌어지고 있다. 현대차는 48조202억 원으로 전체 시총의 4.09%에 불과하며, 포스코도 30조8200억 원 2.63%, 현대모비스 30조4686억 원 2.60%에 머물렀다. 이에 대부분 종목이 주가가 하락했지만 삼성전자가 오르면서 코스피 지수가 오르는 착시효과를 일으키고 있다. 작년 2월말 삼성전자는 120만6000원에서 28일 현재 154만4000원으로 일 년 사이 주가가 28.02%나 증가했다. 같은 기간 코스피는 2030.25에서 2023.87로 근소하게 하락한 것으로 나타났다. **대부분의 종목들은 주가가 하락했지만 삼성전자로 하락세가 온전히 반영되지 않았다. 삼성전자 주가 상승의 수익은 대부분 외국인이 차지한다는 지적도 제기된다.** 외국인의 삼성전자 주식 보유 비중은 50.43%로 코스피 전체 비중을 크게 상회한다. 이외에도 외국인 보유 시가총액은 최근 역대 처음으로 420조원을 돌파하기도 했다. 외국인 보유 시가총액은 글로벌 금융위기 직후인 2009년 2월말 159조4838억 원까지 줄었다. 이후 4년여 만에 3배가량 급증했다.

빛 좋은 개살구라는 세 번째 근거는 기업 자금 조달 기능이 위축된 점이다. 지난 1월 기업의 주식이나 회사채 발행 등을 통한 직접금융 조달 실적은 7조1154억 원으로 전월대비 16.6% 감소했다. 지난 2011년 2조4385억 원에 달하던 기업공개는 작년 4664억 원으로 급감했고 10조4633억 원하던 유상증자도 1년 만에 1조8973억 원으로 크게 줄었다. 작년 말 부터 주요 기업들도 잇달아 상장계획을 철회하고 있다. 그동안 상장을 철회한 대표기업으로 현대오일뱅크, 포스코특수강 삼보E&C, LG실트론이 꼽힌다.

넷째, 주식시장은 투자 매력을 상실하고 있다. 저조한 수익률로 인해 주식에서 손을 떼는 투자자가 늘고 있으며, 거래대금도 꾸준히 줄고 있다. 지난 2월 18일 코스피 하루 평균 거래대금은 2조8745

억 원으로 6년4개월 만에 최저치를 기록했다. 지난 2006년 10월19일 2조8687억 원을 기록한 이후 가장 낮다. 지난해 코스피, 코스닥 및 프리보드 법인 투자자는 472만 명으로 2011년 482만 명에 비해 2.1%나 감소했다. 전체 투자자의 98.9%를 개인주주가 차지했다. 반면 외국인 주주는 1만6142명에 불과하지만 전체 주식 가운데 10.8%나 보유하는 것으로 나타났다. 외국인주주 지분이 50%이상인 회사는 33개사로 2011년 17개사에 비해 16개사가 증가했다. 특히 올 초 뱅가드 펀드의 매물압력에도 불구하고 2월 한 달 동안 1조4000억 원의 외국인 자금이 유입되기도 했다.

이처럼 코스피 지수 2000을 넘는 가운데 사실상 활기를 잃은 주식시장을 보면서 과연 투자자들은 어떻게 행동해야 할까? **저금리 상황에서 주식투자에 위험이 도사리고 있지만 그래도 주식 투자 매력은 상대적으로 다른 자산에 비해 나은 편이다. 부동산이나 예·적금 대비 압도적 우위를 보이고 있는 수익률뿐만 아니라 주식시장이 최근 중장기적인 회복기에 돌입할 가능성이 높기 때문이다.** 주식시장 주변도 우호적이다. 신정부가 출범하면서 추진할 주요 정책들은 소비자심리지수와 향후 경기에 대한 긍정적 기대를 낳을 것이고 부동산 관련 대책에 대한 신뢰는 소비와 더불어 투자심리 개선에 기여할 것으로 보이기 때문이다. 이어 금융정책과 경기부양책, 그리고 악화된 수급구조의 호전은 심리적 저항대로 작용하고 있는 2050포인트 돌파를 이끄는 동력이 될 것으로 보인다. 또 기업들의 실적 호조가 맞물려 매수세가 이어지면 중장기 상승추세로 전환할 수 있다. 2012년 4·4분기 실적시즌 이후 기업들의 영업이익 전망치도 하향추세에서 벗어날 것으로 보인다. 언제나 그러듯이 단기 등락은 있겠지만 중기 추세변화를 확인하며 상승세를 이어갈 것이다[아시아경제, 오현길 기자, 2013.3.5.].

박근혜 정권의 집권 동안 코스피지수 3000 돌파가 가능할까? 박정희 대통령의 재임기간 우리나라 주가가 7400%가량 급등한터라 그 때 그 시절을 생각하면 급등을 기대할 수 있다. 그에겐 그만큼 부담으로 작용하고 있다. **지난 230년간 미국 증시를 돌아보면 재선에 도전한 26명의 대통령들 대부분이 재임 첫째 기간의 주가상승률이 높거나 양호했다.** 주가가 하락하고도 재선에 성공한 대통령은 조지 W. 부시와 1809년 제임스 매디슨 대통령 둘 뿐이다. 버락 오바마 대통령도 재임 첫 기간 주가상승률이 58%에 달했다. **이명박 전 대통령도 임기 내 주가상승률은 18.63%로 양호한 편이다. 하지만 이 전 대통령이 후보 시절 코스피 5000 공약을 내세웠던 것을 고려하면 허망한 주가 상승률이다. 특히, 재임 첫해 글로벌 금융위기 여파로 코스피지수 1000대가 무너지기도 했다.**

박근혜 당선인이 밝힌 코스피지수 목표는 3000포인트. 5년 간 48.59%이상 상승해야 달성할 수 있다. 박정희 전 대통령은 역대 대통령들 중 재임기간 주가상승률이 가장 컸다. **1956년 3월 증시 개장 이래 수정주가평균과 다우존스 방식으로 산출된 과거의 주가지수를 현 코스피 지수에 맞춰 역산하면 무려 7403.58% 상승했다.**

1961년 5월 16일 1.6684포인트로 시작해 **증권파동**과 **건설주 파동**을 거쳐 9대 재임기간 중 김재규에 의해 저격된 **1979년 10월 26일 종가는 125.19포인트. 다만, 박 전 대통령이 무려 18년이나 재임했고, 당시 경제적 기반이 취약해 기저효과에 따른 상승률이 컸다**는 걸 고려하면 다른 대통령들과 단순 비교하긴 어렵다.

전두환 전 대통령은 3저 호황기를 맞아 80년 9월 1일 취임 때 107.56포인트에서 88년 2월 24일 퇴임 시엔 656.79포인트로 510.63% 상승, 두 번째로 상승률이 높았다. 하지만 상승률이 아닌 상승폭을 보면 고 **노무현 대통령** 재임 시의 상승폭이 가장 컸다. 취임부터 2008년 2월 22일 퇴임 전까지 5년 만에 무려 1070.16포인트 상승하며 주가지수 1000시대를 열었다. IMF로부터 구제금융을 받기 직전 퇴임한 **김영삼 전 대통령**은 재임기간 주가가 20% 하락해 역대 대통령 중 주가성적 꼴찌를 기록했다. 또 10.26 이후의 정치적 혼란기를 겪은 **최규하 전 대통령**과 **허정-장면 내각** 때도 각각 14.49%, 0.52% 하락했다. 저금리와 저성장을 극복해야 할 박근혜 대통령이 부친처럼 경이적인 주가 상승을 이루기는 구조적으로 어려울 것이지만 과학기술을 바탕으로 창조경제를 지향하는 만큼 3000포인트 달성을 기대할 수 있을지 모른다[머니투데이 김희정 기자, 2013.2.25.].

한국 증시에는 다시 박통 주가에 대한 기대감이 커지고 있다. 기술적 분석가들은 이번 정부에서 '박통 주가'와 같은 강세장이 가능할 것으로 전망한다. 기술적으로 볼 때 박근혜 정부에서 노무현 정부에 버금가는 제2의 대세 상승장이 나타날 수 있다. 임기 말 3600도 돌파할 수 있다고 전망한다. 이 같은 주장은 미국 다우지수와 코스피 지수의 '20년 시차이론'에 근거한다. 코스피 지수는 다우지수를 20년의 시차를 두고 따라갔다는 것이다. 다우지수는 1966년 처음으로 1000포인트를 돌파했고 이후 16년간 박스권에서 움직였다. **박스권을 돌파하게 된 계기는 기업연금제도**와 **확정기여형(DC)형 개인연금제도 401K가 도입된 1982년**이었다. 레이건 정부 때 급등하기 시작한 다우지수는 1999년 1만 포인트를 뚫었고, 2008년 금융위기 직전 1만4000포인트를 재차 돌파했다.

코스피 지수가 처음으로 1000포인트를 돌파한 것은 '3저호황'을 누린 직후인 1987년이다. 이후 **박스권 장세가 16년간 이어진 뒤 2005년에 박스권을 돌파했고**, 미국 레이건 정부에 해당되는 시기인 **노무현 정부에서 주가지수는 177% 상승했다. 2005 ~ 2007년까지 주가가 많이 오르긴 했지만 1만 포인트까지 상승한 다우지수에 비춰볼 때 아직 상승여력이 많다**고 보는 것이다. 미국 증시를 거울처럼 비춰본다면 현 박근혜 정부는 미국 클린턴 행정부 시절과 유사한 지수 흐름을 보일 가능성이 높다. 클린턴 정부에서 다우지수는 220% 올랐는데 박근혜 정부에서 80%만 올라도 3600포인트가 된다는 것이다. 또 박근혜 정부가 과거 박통 시절의 경제발전 경험을 보유한 인사를 기용했다는 점에도 주목한다. 어떻게 나라를 운영해야 경제가 성장하고 주가가 오르는지 아는 사람들을 정부요직에 발탁

한 점이 증시에 긍정적이라고 본다.

경기 주기 상으로 2013년부터 경기회복기에 접어들면서 잠재성장률보다 실질성장률이 더 높게 나타날 것으로 보이기 때문에 코스피 지수는 올해부터 대세 상승장에 접어들어 2016년에 정점을 기록할 것으로 전망한다. 현재 코스피 시가총액은 1170조 정도지만 향후 5년내 1500조 정도까지 늘어날 수 있다. 시가총액 1500조원이면 지수는 3000포인트를 넉넉히 기록할 것으로 본다. **전 세계가 수단과 방법을 가리지 않고 경기부양에 나선 상황에서 한국 정부도 경제성장 및 부동산 경기를 살릴 것으로 보이기 때문에 집권 초기 증시 전망은 긍정적이다.**

글로벌 경기만 회복된다면 코스피 3000은 무리한 숫자가 아니다. 다우지수가 역사적 최고점을 향해가고 있는 것을 보면 호황장이 올 가능성도 있다. 취임식 날 코스피 지수는 9.37포인트(0.46%) 내린 2009.52에 마감됐지만 중장기적으로는 외국인 매수가 증가하면서 코스피, 코스닥에 매우 긍정적인 신호가 나오고 있다[머니투데이, 2013.2.25.].

2013년 주가는 2012년보다 오를 것이다 : 내년에도 저성장이 주식시장의 화두가 될 것이며 주가는 올해보다 오를 것이다. 증시 전체로 보면 채권 등 안전자산에 쏠려 있던 자금이 유턴하면서 주가 수준이 한 단계 높아질 것이다. 낮은 변동성 속에 대형주와 중소형주 간의 밸류에이션(실적 대비 주가 수준) '갭 메우기'가 활발히 진행됐다. 주가순자산비율(PBR) 기준으로 2010년 말 중소형주에 비해 130% 높게 평가받았던 대형주의 프리미엄은 지금은 과거 평균 수준(65%)으로 떨어졌다. 특정 업종과 유형에 대한 확신이 없다 보니 시장 분위기에 뒤늦게 편승하는 흐름이 반복적으로 나타났다[한국경제, 2012. 12.14]. 원칙을 지킨 것이 성공 요인이다. 시장의 변화가 아니라 세상의 변화에 초점을 맞춘 투자가 돼야 한다. 해운은 컨테이너, 벌크와 액화석유가스(LPG), 암모니아 가스 같은 특수화물 운송도 있다. 모두 해운을 기피할 때 싸게 좋은 종목에 투자할 수 있다. 중소형주건 경기민감 주건 이제는 실적이 뒷받침되는 종목만 오를 것으로 본다.

내년 주식시장의 화두는 성장의 둔화다. 더 이상 팔 우물이 없으니까 이제는 고여 있는 물을 정화시켜 마실 수밖에 없다. 돈 잘 벌고, 곳간에 쌓아 놓은 것(자산)이 많은 종목이 각광받을 수밖에 없다. 성장 동력을 찾아내는 종목을 눈여겨봐야 한다. 이런 환경에서도 성장하는 기업이 있다. 그런 기업을 찾아내야 한다. 굴뚝산업은 어려울 것이다. 중국이 옆에 있어 철강 화학제품을 열심히 만들어 날랐지만 이제 힘들다. 증설로 생산량이 더 늘어났다. 경기가 좋아져도 공급 과잉이 해소되기 어려운 상황이다.

내년에는 자본재의 의미 있는 반등이 있을 것으로 본다. 시장에서 내년 코스피지수가 2200~2300까지 갈 것으로 예상하는데 음식료·제약만으로는 어렵다. 경기민감 주가 뭔가를 해야 한다. 또 저성장이라고 시장이 오르지 않을 것으로 보기는 어렵다. 자산수익률은 40~50대 인구와 관련이 깊다. 50대 이상 인구가 늘면서 앞으로 3~4년간 코스피지수는 빠르게 상승할 것이다. 성장에 모든 것을 쏟아부을 때는 시장이 오르기 힘들다. 저성장이라고 주가가 빠지지는 않을 것으로 본다. 채권시장의 경우, 어떤 자산이든 지나친 쏠림은 경계해야 한다. 지나치게 낮은 금리에 채권을 매입하기보다는 주식이나 부동산 같은 실물자산이 더 유리할 수 있다.

채권의 강세는 힘들 것이다. 원·달러 환율 하락세(원화 강세)가 심상치 않다. 경제의 기초체력과 선진국의 양적완화를 고려하면 원화 강세는 이어질 것으로 예상한다. 내년 하반기 이후 삼성전자 현대차 등 수출주의 추가적인 성장에 의심을 갖고 있는 것도 이 때문이다. 미국 부동산도 바닥에 온 것 같다. 그러면 달러화 가치도 강세로 갈 수 있다. 내년 투자전략은 연 10% 이상의 이익을 안정적으로 창출할 수 있는 기업이면서 주가수익비율(PER)이 10배 이하인 기업, 또는 4~5% 수준의 배당을 유지할 수 있는 기업에 주목해야 한다. 매매를 자제하고 소수 종목에 집중하는 게 좋다[한국경제, 2012, 12.14].

32. 한, 미, 일 증시 상승기의 공통점

한국 증시의 2000년대는 베이비 붐 세대 부상, 저금리 지속의 간접투자 증가, 정보기술(IT), 철강, 건설업종 강세. 3년 연속 세계 최고 수준의 상승률을 보였다. 이는 일본의 1980년대와 미국의 1990년대의 장기호황 및 금융시장 상황과 흡사한 점이 많다[한국증권선물거래소, 중앙일보,2005.7.27] : 공통점은 4~5%대 경제성장(일본, 한국), 신경제로 저물가 고성장(미국), 자국통화 가치의 상승(일본, 한국), 3~5%대의 저금리 지속, 유동자금 은행권 이탈 자금 고수익 추구 증시 유입, 직접투자보다 간접투자 증가(한국 적립식 펀드 인기 개인투자비중 1.8% 감소 기관투자비중 1.8% 증가, 미국 1990년대 개인투자비중은 11.9% 감소, 기관투자비중 11.9% 증가, 일본 1980년대 개인투자비중 7.2% 감소, 기관투자비중 7.2% 증가) 등이다.

한국 종합주가지수가 사상 최고치였던 1994년 11월 8일(1138.75) 당시 시가총액 10조원을 넘는 기업은 한국 전력이 유일했다. 그러나 2005년 7월 29일 보통주 종가 기준으로 시가총액이 10조원을 넘는 기업은 10개로 불어났다. 최근 증시 상승 대세에서 대형주 약진이 두드러졌다[부록 6 참조, 269-272쪽].

시가총액 10조원 이상 기업(단위 ; 원, 주, 억원)			
종목	주가	상장주식수	시가총액
삼성전자	565,000	147,299,337	832,241
한국전력공사	35,700	640,748,573	228,747
국민은행	54,500	336,379,116	183,327
포스코	205,000	87,186,835	178,733
LG필립스LCD	47,550	367,815,700	170,141
SK텔레콤	196,000	82,276,711	161,262
현대자동차	71,100	218,628,302	155,445
KT	43,700	284,849,400	124,479
하이닉스반도체	23,900	447,772,670	107,018
우리금융지주	12,650	806,015,340	101,961

자료 : 증권선물거래소, 매일경제,2005.8.2

국내외 100대기업 비교에서 한국기업의 성장잠재력이 크게 떨어지고 있어 주가상승 잠재력을 억제하는 요인이다. **수익성 증가에도 불구하고 계속되는 한국 할인 현상은 448개 상장사의 2004년 3분기 누적실적 기준 자기자본 대비 순이익(ROE ; 자기자본이익률)이 12.81%로 2003년 같은 기간에 비해 4.4% 증가에서 보여주고 있음에도 불구하고 주가수익비율이 낮은 데에서도 확인된다.** 최근(2003년 말 대비 2004년 12월 7일까지) 자기자본이익률(ROE) 20% 이상인 상장기업 24개의 주가상승률은 31.1%로 시장지수 24.89%를 초과하였다[증권거래소, 매일경제, 2004.12.09]. 이것은 자기자본이익률(ROE)이 높은 기업이 자본 효율성과 수익성이 우수한 기업으로 평가 받는다는 것을 의미한다.

한국기업의 투명성 부족은 기업지배구조의 복잡성에 있다. 신흥시장국가 100대 기업의 기업지배구조 등급에서 한국(8개 기업 조사)의 평균점수는 48점에 평균 순위 79로 매우 낮다[CLSA Corporate Governance Watch, 2001, 조사 자료]. 또한 신흥시장국가의 기업 중 한국 대표기업의 기업경영관행은 100점 만점에 절반 이하에 머문다. 국민의 기업경영자에 대한 신뢰도, 기업 이사회의 불합리한 기업관행 방지 정도, 기업경영자의 주주이익 중시 정도 등에서 모두 45점 내외로 절반에도 미치지 못한다. 한국 기업지배구조의 복잡성은 순환출자구조로 얽힌 지배구조에 있다[매일경제, 중앙일보, 2005.7.22 / 24].

전 세계 60개국 국가경쟁력 평가 보고서에 의하면 한국의 종합 순위는 97년 30위, 98년 36위, 99년 41위, 2000 ~ 02년 29위, 03년 37위, 04년 35위, 05년 29위다[스위스 국제경영대학원 : IMD]. 그러나 **기업경영 효율성은 30위로 한 단계 떨어졌다.** 세계경제포럼(WEF)이 조사한 국가경쟁력 순위에서는 02년 25위, 03년 18위, 04년 35위로 떨어졌다[중앙일보, 2005.5.12]. **인구 2천만 명 이상 경제권 경쟁력 순위에서 한국의 국가경쟁력은 한국은 15위로 미국, 호주, 캐나다, 말레이시아, 독일, 대만, 영국, 프랑스, 스페인, 태국, 일본, 중국, 상파울루, 저장성의 다**

음이다[매일경제, 2003.5.12]. 기업지배구조와 관련한 비판의 본질에는 세습경영에 있다[미국의 파이낸셜 타임스, 2005.6.9, 이데일리, 오마이뉴스, 2005.6]. 그동안 기업집단의 지배구조는 일부 개선되었지만 충분히 작동하지는 않고 있다. 기업집단보다는 독립기업에 초점을 두고 있기 때문에 감독기관과 사법부는 지배구조 관련 각종 제도를 크게 후퇴시키고 있다. 출자총액제한제도, 금융보험사의 의결권제한제도 등이 크게 후퇴되었다[매일경제, 2005.5.27].

한국경제의 역동성은 2000년대 이후 경제성장률이 잠재성장률 이하로 계속 떨어지는 상황이고 또한 시가총액 1조원 이상인 종목 108개 중 97년 외환위기 이후 설립된 기업은 글로비스 미래에셋증권 강원랜드 NHN 4곳에 불과하다. 외환위기 이후 신생기업의 성장기회가 크게 줄어들었다. 전체 상장사의 40% 이상이 90년 이후 설립된 점을 고려하면 1조원 클럽 내 신생기업 비중은 매우 낮다. 시가총액 1조원 이상 회사 설립 수 : 60년 이전 28개, 60년대 31개, 70년대 25개, 80년대 14개, 90년대 9개 2000년대 1개다. 금융시스템이 은행 중심으로 이동하면서 IT, BT 등 리스크가 큰 사업이 제대로 자금조달을 받지 못한 것이 가장 큰 요인이다[한국증권연구원 김학균, 매일경제 2006.12.27].

한국 기업들은 그동안 차입금을 대폭 줄였고 이익도 상당하지만 배당에는 인색하다. **자사주를 매입하고도 소각을 통해 주주이익을**

높이는 회사는 드물다는 인식이며 정부 개입도 여전하다. 정부 영향력은 많이 줄었지만 정부규제도 많다. 회계와 감사 관행 항목에서 한국은 58위로 바닥이다[스위스 국제경영개발원 IMD, 61개 대상국 경쟁력 평가, 중앙일보 2006.12.8]. 집단 소송제도는 소비자 보호, 정의와 공익 실현이라는 취지로 도입됐지만 기업 경쟁력을 떨어뜨리는 괴물이다[한국공인회계사회 회장 서태식].[9)]

9) 세계 각국의 증권거래소는 주식 및 채권시장들이 존재하고 시차별로 개장해 투자자들은 전 지구적으로 24시간 거래할 수 있다. 블루 칩, 우량 주식 blue chip / Blue-Chip-Aktien은 주식 시장에서 건전한 재무구조를 유지하는 우량기업의 주식을 말한다. 우량기업의 주식은 경기변동에 강해 수익성을 안정적으로 유지하고 신용과 지명도가 높아 유망한 투자가치가 있는 기업 기준으로 뽑은 기업의 주식이다. 이런 우량기업들은 주로 대형제조 기업차지하며 이들 블루칩은 증시를 선도하거나 주도하는 경향이 있다.

33. 기관투자가를 주목한다.

투자자들은 기관투자가을 유심히 살펴보는 것이 중요하다. 2013년의 경우, 3대 연기금들의 주식운용 수익률은 2012년에 비해 저조했다. 특히 엔저 현상으로 상장사들의 이익감소 우려가 대두되면서 3대 연기금 모두가 주식 투자 부문에서 낮은 운용 수익률을 기록했다. **국민연금은 2013년 3월까지 4.33%의 투자성과를 올렸다. 사학연금은 올 4월까지 잠정 운용 수익률이 4.87%로 가장 양호한 투자성과를 기록했다**[부록 7 참조, 273~289쪽].

2012년의 경우, 국민연금은 6.99%의 운용 수익률을 올렸다. 운용 수익금은 25조원에 달했다. 사학연금은 6.42%를 올렸다. 공무원연금은 3.5%의 투자운용 수익률을 올렸다. 2013년 들어서 연기금들의 주식운용 부문 수익률이 떨어진 것은 엔저 현상과 연초부터 지속된 북한 리스크가 상장사들의 이익 급감에 우려를 높인 탓이다.

국민연금은 올 2월 말 기준 적립금이 401조7100만원으로 첫 400조원을 돌파했다. 적립금은 지난해 말 391조9600만원에서 두 달 만에 10조 원 가량 증가했다[파이낸셜뉴스, 2013.5.21.].

국민연금기금은 앞으로 30여 년에 걸쳐 계속 쌓여 2043년에 2천561조원으로 정점을 찍을 것이다. 하지만, 이후 급격히 줄어들어 2060년에는 완전히 바닥을 드러낼 것으로 예측한다. 기금 축적과 소진이 단기간에 매우 급격하게 진행되는 모습을 보인다[서울=연합뉴스, 서한기 기자, 2013.8.21].

이와 같은 연금기금 구조가 중장기적으로 한국금융과 실물경제에 어떤 영향을 미칠까? 우선 국내 자본시장에서 차지하는 **국민연금의 비중이 큰 만큼 기금 적립과 소진 과정에서 국내증권시장 등 경제 전반에 커다란 영향력을 행사할 것이다.** 국민연금은 안정성과 수익성의 균형관점에서 투자 다변화를 통해 수익률을 높이면서 위험분산을 달성하는 것과 국민경제 교란의 잠재적 폐해를 줄이고 장기재정안정을 도모해야 하는 것을 최종 목표로 전략을 짜야 할 것이다. 이를 위해 시장충격을 최소화하기 위한 국내주식 투자전략으로 전체 기금자산의 적정 배분량으로 국내주식 투자 비율을 정해야 할 것이다.

해외채권도 매입 후 보유 전략을 시행하고 변동성을 최소화하면서 채권자산의 분산을 도모해야 한다. 부동산 등 대체투자시장에 대한 국민연금의 투자비중은 상당히 높은 수준으로 상승할 것으로 보이지만, 추가적인 시장왜곡을 일으키지는 않을 균형추 역할을 해야 할 것이다.

특히 국민연금기금이 서서히 소진되는 2044~2060년 기간 연금지급액을 마련하려면 국내주식→해외채권→국내채권 등으로 이어지는 투자자산 매각 방안도 강구해 보아야 할 것이다. 아울러 주기적으로 발생하는 경제위기로 말미암은 자산 가격 하락을 막으려면 사후적 위험측정에서 한 단계 나아가 사전적 위기 인지 수준으로 향상될 수 있도록 투자자산 위험관리 개선 방안을 검토하고 사전적 예측에 능숙한 전문가 집단을 구축, 풍부한 경험을 축적해 두어야 할 것이다.

지속적으로 평가해 수정해 나가는 것이다.

4. **기간에 따른 투자 목표를 확실히 세운다.** 주요 목표마다 자금이 필요하며 이를 마련하기 위한 장기적인 계획을 세운다. 예를 들어 향후 2년 이내 결혼을 하고 7년 후 자녀를 낳을 예정이라면 2년 이내 결혼비용과 7년 후 자녀 육아비용 등의 재무목표를 세웠다면 단기목표에는 투자기간이 짧은 점을 감안해 주식펀드보다는 안정적인 채권펀드나 저축상품 등을 통해 마련한다. 또 7년 후 자녀 육아비용은 장기 투자가 가능하므로 여러 스타일의 주식펀드로 나눠 투자한다. 이처럼 재무목표가 뚜렷해지면 투자기간과 적절한 투자 상품을 결정한다.

5. **주식 및 채권펀드 등으로 포트폴리오 투자를 한다.** 저금리상황이 장기간 지배한 경우 채권펀드에 대한 투자가 효용성이 없다는 지적이 있다. 그러나 이러한 상황이라도 주가 폭락기에는 채권펀드는 단연 돋보인다. 또한 전체 펀드투자 구성에서 주식펀드와 채권펀드로 적절하게 나눠 투자한다면 투자위험을 낮추면서 안정적인 성과를 기대할 수 있다. 주식시장이 약세일 때 대체로 채권가격은 상승하는 특성이 서로의 위험을 상쇄시켜 포트폴리오 전체의 위험을 줄여 준다. 포트폴리오를 구성할 때 투자자의 손실 이내 정도도 충분히 감안해야 한다. 견딜 수 없는 손실 정도로 밤에 잠을 못 이룰 정도라면 아예 보수적으로 투자하는 것이 바람직하다. 마음이

편안하지 않으면 결코 장기 투자할 수 없다.

6. **신뢰할 수 있는 재무 설계 전문가를 찾는다.** 투자목표를 정하고 포트폴리오를 구성하는 것은 결코 단순하지 않다. 보다 면밀한 계획은 적지 않은 전문지식이 요구된다. 또한 전문가에게서 자문을 받음으로써 투자자 자신의 상황을 객관적으로 판단할 수 있다. 따라서 투자자의 계획을 수립해주고 관리해 줄 전문가를 찾은 것이 중요하다. 이러한 일을 하는 사람은 금융회사에 따라 FP(파이낸셜 플래너) 혹은 FC(파이낸셜 컨설턴트), PB(프라이빗 뱅커), AM(에셋 매니저) 등 다양한 형태로 불리 운다. 평소 거래하던 금융회사와 다른 금융회사 등도 고루 방문하여 상담을 비교해 신뢰할 수 있는 기관의 전문가를 찾는 것이다.

7. **투자관련 경제신문과 책을 꾸준히 살펴본다.** 투자는 맡기고 잊어버려도 좋은 저축과 달리 적극적인 자세가 필요하다. 평소 관심을 가지고 공부해야 비로소 제대로 투자할 수 있다.

8. **펀드 투자의 원칙은 무엇보다도 펀드투자의 장점을 최대한 이용하는 것이고 펀드 투자의 주의에 유의하는 것이다.** 펀드에 투자하는 것이 직접 투자하는 것보다 유리한 점은 (1)전문가가 운용해 준다는 점, (2)분산투자가 가능하다는 점 (3)펀드에 가입하면 여러 종류의 종목을 한꺼번에 사는 효과가 있어 투자위험을 줄일 수 있

다는 점 등이다.

9. **주가 조정 기에는 펀드에 투자한다.** 주가 급등락이 격심한 조정 시기에는 기관 따라잡기는 가능할지 몰라도 기관을 앞질러 수익률을 올리기는 힘들다. 이런 장세에서는 간접투자가 최선의 투자전략일 수 있다. **주가 급등락을 반복하는 조정 시기 펀드에 가입할 때 수익률보다는 적절한 자산 배분이 더 중요하다.** 지수를 예상해 가입하기 보다는 분산투자를 통해 수익률을 극대화하고 안정시키는 방법이다. 일반주식형 펀드를 핵심 펀드로 놓고 그 외 섹터, 배당, 해외, 실물펀드 등에 적절히 분산해 투자함으로서 시장과 상관없이 꾸준한 수익을 올리는 전략이다[중앙일보, 2007.7.17]. 다음 펀드 상품의 수익률과 위험은 채권과 유동성자산 및 주식의 자산배분 구성 즉 포트폴리오의 내용에 따라 크게 달라진다.

① 안전자산 100%형 ; 채권 + 유동성자산 100%
② MMF형 ; 채권 60% 유동성자산 40%
③ 채권형 ; 채권 75% 유동성자산 25%
④ 채권혼합형 ; 채권 55% 유동성자산 25% 주식 20%
⑤ 주식혼합형 ; 채권 25% 유동성자산 20% 주식 55%
⑥ 주식형 ; 채권 5% 유동성자산 15% 주식 80%

10. **국제펀드의 흐름을 주시한다.** 글로벌 이머징마켓펀드, 아시아맥스재팬펀드, 인터내셔널펀드, 퍼시픽리전트펀드 등을 포함한 국제펀드의 자금흐름은 한국주가 향방에 지대한 영향을 미친다. 특히 시가총액 비중이 큰 종목에 집중적으로 투자하는 외국인의 투자 동향을 예의 주시한다[중앙일보, 2003.6.9].

11. **공격적인 투자만이 돈을 번다.** 돈이 돈을 번다는 사실은 어디에서도 통한다. 큰 부자들은 공격적인 투자로 재산을 불렸다[중앙경제, 2007.6.29]. 세계의 부자들은 2006년 950만 명(100만 달러 이상 보유 기준)으로 2005년 870만 명보다 8.5% 증가했다. 슈퍼급 부자(3000만 달러) 9만4700명이 보유한 금융자산 총액은 37조2000만 달러로 미국 국내총생산의 3배에 달했다. 세계에서 가장 부자가 많은 나라는 미국, 일본, 독일, 영국 순이다.

100만 달러 이상의 부유층 금융자산의 지역별 투자 분포는 2006년 37조2000억 달러 투입자금 중 중동에 3.76% 아프리카에 2.42% 북미에 30.38% 유럽에 27.15% 아시아 태평양에 22.58% 중남미에 13.71%가 투자 배분되었다. 북미와 유럽이 전체 자금의 57.53%를 차지하였다. 아시아 태평양 지역은 중남미에 비해 2배 정도 많이 투자 배분되었다. 특히 2007년 들어서 글로벌 자금이 아시아 태평양 지역으로 쏠린 이유를 대변해 주고 있다. 100만 달러 이상의 금융자산 포트폴리오는 2004~2008년 기간 중 평균적으로 대체투자

15.50% 부동산 관련 자산 19.00% 현금 예금 13.25% 채권 22.25% 주식 30.00%로 투자 배분 되었다[2008년 예측치].

부자들의 포트폴리오는 최고 위험자산에 16%, 고위험자산에 30%로 전체 공격적인 투자는 46%, 채권 관련 자산 22%와 부동산 관련 자산 19%로 전체 자산 41%, 안전자산에 13%를 배분했다[한국경제, 2007.6.29]. 다시 말해서 **부유층은 공격적인 투자가 전체 금융자산의 절반에 달한다. 공격적인 투자를 통해 더 많은 돈을 벌었다. 슈퍼 부유층은 지역별 자산별 투자 배분을 통해 위험을 분산했고 위험자산과 안전자산을 50대 50으로 시기와 국면에 따라 탄력적으로 안배했다. 이러한 사실은 기관, 개인 투자자에게도 시사한 바 크다.** 국내 기관들의 자산운용자들은 아직도 국제적으로 분산 투자하는 투자배분 철칙을 따르지 못한다. 여기에는 해외 시장정보에 대한 입수의 어려움과 분석 경험의 부족 및 자산운용전문가들의 절대적 부족에 있다.

12. **자기만의 투자원칙을 지킨다.** 확실한 투자원칙을 세우고 반드시 지킨다. 인정할 것은 인정하고 인내하고 흔들리지 않는 자기 통제가 필수적이다. 타이밍도 매우 중요하다. 매수보다도 매도 시점을 잘 잡아야 한다. 특히 개인 투자자자들은 소문에 투자하면 망할 수밖에 없다는 점을 명심한다[매일경제, 2008.6.20, 더글러스 안 UBS서울지점 전무].

13. 주가 예측은 신(神)만 알 수 있다.

대표적인 사례로 서브파라임 사태로 촉발된 주가 폭락으로 투자자 손실이 눈덩이처럼 불어나면서 증시 전문가들의 주가 예측이 얼마나 엉터리인가를 보여준 데서 알 수 있다. 증시 전문가들은 주가가 급등하자 2007년 7월 하순 코스피지수 2000선을 돌파하자 너도나도 2500선 심지어 3000 ~ 4000선까지 전망했다. 그러나 그들의 예측은 풍부한 시중 유동성에서 주가의 지속적인 상승 요인만을 보았지 서브프라임 사태 등에 의한 세계 주식시장에 미칠 요인에 대해서는 제한적으로 진단했다. 그들은 주가 폭락 사태가 얼마나 어느 정도 오래 진행될 것에 대해서는 전혀 예측하지 못했다[매일경제 사설, 2007.8.18].

14. 펀드투자에서도 분산투자는 최고의 투자원칙이다. 펀드에 투자할 때 한 유형의 펀드에만 집중하는 것은 위험이 큼으로 주식 투자처럼 여러 종류의 펀드에 분산 투자한다. **분산 투자는 시간과 지역 및 상품으로 나누어 분산한다.** 첫 번째 원칙은 특정 시기에만 집중 투자하지 않고 시간에 나누어 분산 투자한다. 시간 분산의 가장 좋은 수단은 적립식 투자이다. 두 번째 원칙은 지역 분산이다. 지역 분산을 통해 수익률 만회를 커버할 수 있다. 신흥증시와 선진증시에 적절히 분산 투자하는 사례를 들 수 있다. 마지막 분산 원칙은 상품의 분산이다. 주식, 채권, 오피스빌딩, 미술품, 한우 등 다양한

자산에 분산하면 한 자산의 편중으로 인한 위험을 효과적으로 통제할 수 있다.

15. **펀드 투자자는 유형, 수익률, 편입종목, 주식비중, 매니저를 반드시 챙긴다.** 기본적으로 지수를 추종하는 펀드에 일정 부분 투자한다. 배당주, 가치주, 중소형주 등으로 투자를 집중하는 펀드에서는 시장 상황에 따라 부가적인 수익을 추구한다. **펀드 매니저가 자주 교체되면 과거 수익률이 유지되기 어렵다.** 대부분 펀드는 주식편입 비중이 높기 때문에 위험이 높다는 사실을 인식하는 것이 중요하다. **시장상황을 보며 펀드를 관리한다.** 펀드 투자에서도 주식시장의 상황을 보아가며 관리할 필요가 있다.

16. **펀드 상품을 중장기 상품으로 인식하고 투자한다.** 투자자는 펀드투자를 비교적 길게 잡아야 유리하다. **펀드 투자는 장기적으로 투자해야 어느 정도 정기예금 이상의 높은 투자수익을 기대할 수 있다. 시장흐름에 대응하는 등 추가적인 관리가 필요하다.** 펀드 투자는 장기적으로 투자하고 시장흐름에 따라 추가적인 관리가 요구된다. **펀드 투자도 분산투자이지만 리스크 관리가 중요하다.** 펀드도 분산투자가 중요하지만 수익관리보다 리스크 관리가 중요하다. **정기적으로 포트폴리오를 점검한다.** 정기적으로 포트폴리오를 점검한다. 수시로 **국내외 경제흐름을 읽고 나름대로 전망을 통해 포트**

폴리오를 재조정한다. 시장의 전망은 앞으로 주가지수가 어떻게 움직일지 금리가 오를지 등을 유심히 살펴본다.

17. **주식형 펀드라도 편입 주식의 성격에 따라 성과와 위험이 크게 다르다.** 같은 주식형 펀드라도 편입 주식의 성격에 따라 성과와 위험이 크게 다르다. 가입한 펀드의 편입자산을 정기적으로 확인한다. 만약 시장의 흐름에 맞지 않는 포트폴리오를 구성하고 있다면 운용능력을 다시 한 번 점검한다. **가입 펀드의 수익률과 위험을 고려하여 적절한 시기에 전략적으로 교체한다.**

18. **펀드 투자에서는 단기적인 시장 흐름에 편승하지 않는 것이 좋다.** 시장이 조정 장세를 보인다고 단기적인 시장 흐름에 편승해서 조급한 환매에 나서는 것은 금물이다. 시장흐름이 바뀌거나 펀드매매에 따른 수수료 부담이 가중될 수 있고 시장반등에 따른 손실이 발생하는 것을 피해야 한다.

19. **섹터펀드와 지역펀드는 투자대상을 다시 한 번 살펴본다.** 섹터펀드와 지역펀드의 경우 산업별 지역별 수익률 차이가 매우 크다. 투자한 대상이 주기적으로 성장과 조정을 반복하는 성격인지 아니면 장기적으로 꾸준히 성장하는 성격인지 확인한다.

20. **정액 적립식 펀드 투자에 관심을 가진다.** 펀드 투자는 주가

지수가 떨어진 날 하는 게 낫다는 인식이 있다. 그러나 저가 매수 전략이 반듯이 유효한 것은 아니다. 그 좋은 예로 적립식 펀드의 저가매수 전략은 기계적으로 매월 일정한 날짜에 자금을 투자하는 정액 적립식 전략에 비해 큰 성과가 없었다.

21. **몸집이 큰 펀드에 투자하는 것이 비교적 안정적이다.** 소형 펀드들은 대형펀드에 비해 성과가 낮다. 몸집이 큰 펀드가 대체로 높은 수익률을 보였다. 대형펀드라도 가장 뛰어난 성적을 내는 시기는 역시 주가가 강하게 상승할 때이다.

22. **주가가 과도하게 폭락한 경우 자산가치가 높은 종목에 투자한다.** 예를 들면 2008년 후반 주식시장이 대폭락한 경우에는 주가순자산비율(PBR)이 1보다 작은 기업이 많이 늘어난 저평가 주식을 골라 투자한다. PBR이 1보다 적은 기업은 해당 회사가 모든 자산을 매각해서 빚을 갚고도 주주들에게 돌려 줄 수 있는 돈(주당 순자산가치)이 주가보다 높은 종목들은 투자자들이 훨씬 낮은 가격에 주식을 쉽게 팔지 않는 하방경직성을 가지므로 시황이 호전되면 주가가 계속 오를 수 있다.

23. **한국물 해외발행 예탁증서 값이 오르면 국내주가도 오른다.** 국내 주요 기업들이 해외에 발행한 예탁증서(DR) 가격 흐름이 국

내 주식가격에 상당한 영향을 미친다. 한국 물 DR 가격이 국내증시가 열리기 전(새벽) 오름세로 마감되면 이들 종목들은 어김없이 상승하고 내림세로 마감되면 이들 종목들은 어김없이 하락하였다. 따라서 주식 투자자들은 한국 물 DR 가격이 국내증시가 열리기 전(새벽) 오름세로 마감된 종목을 선별하여 투자하는 것이 유리하다.

24. 해외펀드 투자에서 해외증시의 기대수익률과 리스크에 주목한다. 투자자들은 전문가의 도움을 받아 가면서 동시에 자신이 직접 연구기관들이 발표한 해외증시의 기대수익률과 리스크 분석 결과에 참고하여 선별한 해외펀드에 투자하는 것이 바람직스럽다.

이제 펀드 투자의 전략은 정리해 볼 수 있다. 첫째, 시장상황을 보며 펀드를 관리하고 둘째, 펀드 투자는 중장기 상품으로 인식할 필요가 있으며 비교적 길게 잡아 투자한다. 셋째, 장기투자 관점에서 시장흐름에 대응하는 등 추가적인 관리가 필요하다. 넷째, 펀드도 분산투자가 중요하며 수익률 추구보다는 리스크 관리가 중요하다. 다섯째, 분산투자는 국내펀드와 해외펀드 등 지역적으로, 주식과 채권 등 투자 대상의 비중으로 적립식 투자와 같이 시간상으로 추구하고 여섯째, 여러 펀드로 포트폴리오를 구성했다면 정기적으로 포트폴리오를 점검한다. 이를 위해 수시로 국내외 경제흐름을 읽고 나름대로 전망을 통해 포트폴리오를 재조정한다. 시장의 전망은 앞으로 주가지수가 어떻게 움직일지 금리가 오를지 등을 따져본다. 일곱째, 같은 주식형 펀드라도 편입 주식의 성격에 따라 성과와 위험이 다르므로 가입한 펀드의 편입자산을 정기적으로 확인하고 시장의 흐름에 맞지 않는 포트폴리오를 구성하고 있다면 운용능력을 다시 점검한다. 가입 펀드의 수익률과 위험을 고려하여 적절한 시기에 전략적으로 교체한다. 여덟째, 시장이 조정 장세를 보인다고 해서 단기적인 시장 흐름에 편승해 환매에 나서지 않는다. 아홉째, 섹터펀드와 지역펀드는 산업별 지역별 수익률 차이가 매우 큼으로 투자대상을 재차 점검하고 투자한 대상이 주기적으로 성장과 조정을 반복하는 성격인지 아니면 장기적으로 꾸준히 성장하는 성격인지 확인한다.

35. 소형펀드의 난립이 극심하다.

우리나라 펀드 숫자는 세계 1위이지만 너무 많은 소형펀드가 난립한 실정이다. **2008년 3분기 현재 우리나라의 펀드 수는 9천896개로 전 세계 44개국 중 가장 많지만 펀드 순 자산규모는 2천462억 달러로 14위에 불과하다**[한국증권연구원 / 금융투자협회, 투자회사협회, 연합뉴스, 2009.2.15]. 전 세계 펀드시장에서 차지하는 한국의 점유 비중은 펀드 수에서 14.2%이지만, 순 자산규모에서는 1.1% 수준이다. 우리나라 펀드 수 비중은 1998년 27%에서 최근 14%로 낮아졌지만 여전히 높으면서 순 자산비중은 1999년 이후 1% 수준이다. 우리나라 펀드 당 순 자산규모는 2008년 3분기 현재 2천500만 달러로 44개국 평균 3억1천200만 달러보다 턱없이 적다.

국내총생산(GDP) 대비 순 자산 규모는 작년 기준으로 33%로 세계 평균치인 45%에 크게 미치지 못하며 과도기적인 후진국 펀드시장을 그대로 드러내고 있다. 소형펀드의 난립은 펀드 수 증가와 평균 순 자산규모의 감소를 불러옴과 동시에 매니저 비용 증가와 관리 소홀을 유발한다. 집합투자회사는 펀드 특성화와 소형펀드의 통폐합, 판매사와 공조해 펀드규모를 늘려나가는 것이 선진국 형 펀드시장으로 발전할 수 있다[연합뉴스, 2009.2.15].

자본시장법에 따라 자산운용사들은 소액펀드를 포함해 대상 펀드의 90% 이상을 재등록하였다[연합뉴스, 2009.5.8]. 펀드 설정액 상위 15개 운용사는 재등록 대상인 1천795개 공모펀드 중 1천624개(90.5%)를 재등록 했다[2009.5.8 기준]. 미등록 펀드는 앞으로 운용은 가능해도 추가 설정은 할 수 없다.

미래에셋자산운용은 210개 대상 펀드 중 207개(98.6%)를 재등록했고 삼성투신운용(204개), KB자산운용(69개), 우리CS자산운용(115개), 산은자산운용(56개), 슈로더투신운용(40개), NH-CA자산운용(56개), 푸르덴셜자산운용(105개) 등은 대상 펀드를 100% 재등록했으며 하나UBS자산운용은 대상 펀드 208개 중 135개(64.9%)만 재등록, 신한BNP파리바자산운용도 216개 중 178개(82.4%)를 재등록했다. 펀드 대부분을 재등록함에 따라 펀드 운용의 효율성 제고를 위해 자투리 펀드를 재등록하지 않는 방식으로 정리하려던 업계의 시도는 사실상 무산됐다.

36. 주식 파생상품 투자는 공격적이며 위험하다.

주식 파생상품으로는 주가연계증권, 주가연계펀드, 주가연계예금, 상장지수펀드, 주식 워런트 증권 등이 있다. 주식파생상품의 장점은 리스크를 줄이면서 투자수익을 극대화할 수 있다. 단점은 투자 위험이 매우 크다. 따라서 파생상품 투자자들은 시장 특성과 상품 구조를 면밀히 따져 투자하는 것이 필요하다.

주요 주식 파생상품의 특징

구분	약어	기초자산	특징
주가연계증권	ELS	채권, 개별주식 종목, 파생상품	특정 주가 구간에서 원금보장 및 수익률 조기 상환 가능
주가연계펀드	ELF	주가연계증권 ELS	상동
주가연계예금	ELD	정기예금, 파생상품	정기예금 금리 이상의 추가 수익 가능
상장지수펀드	ETF	지수, 특정지수에 포함된 종목	소액으로 분산 투자 효과
주식워런트증권	ELW	개별주식 종목	개별종목 투자에 대한 위험 회피 가능

(1) 주가연계증권 ELS ; 주식 및 주가지수에 투자 / 유형 ; 원금보존형, 원금손실 가능형 / 판매 ; 증권사 / 주가연계증권 ELS는 주가 또는 지수변동에 따라 만기 지급액이 결정되는 증권이다. 주가연계증권(ELS)의 투자 전략은 먼저 원금 보장 조건과 기초자산을 따지고 두 번째로 만기 조기상환 횟수를 살펴보며 셋째로 업종 대표 주 상품을 고르는 것이다.

(2) 주가연계펀드 ELF ; 주식 및 주가지수에 투자, ELS 복제형 ELF는 절세 효과 / 유형 ; 원금보존형, 원금손실 가능형 / 판매 ; 은행, 증권사, 보험사 / 주가연계펀드 ELF는 투자신탁회사들이 증권사들이 ELS상품을 펀드에 편입하거나 자체적으로 원금 보전 추구 형 펀드를 구성해 판매하는 상품이다.

(3) 주가연계예금 ELD ; 주가 및 주가지수와 함께 금, 원유, 원자재, 곡물 등에 투자 / 유형 ; 원금보존 형 / 판매사 ; 은행 / 주가연계예금 ELD는 은행이 투자 원금 중 일부를 원금이 보장되는 이자율로 정기예금에 넣은 뒤 나머지 돈으로 주가지수 옵션 등에 투자해 만기 시 원금예금을 보장하면서도 이자수익을 가지고 주가지수에 연동해 추가수익을 내는 상품이다. 주가지수 연동 정기예금은 2002년부터 판매됐다.

(4) 주식워런트증권 ELW

주식워런트증권 ELW은 특정 주권의 가격 또는 주가지수의 변동과 연계해 일정한 기간 지나면 미리 약정된 방법에 따라 해당 주식 또는 현금을 사고 팔수 있는 권리가 주어진 증권이다.

(5) 상장지수펀드 ETF

상장지수펀드(ETF)는 수익률이 코스피200지수 등 특정 지수를 따라가도록 만들어진 일종의 인덱스펀드다. 그러나 인덱스펀드와 달리 주식처럼 증시를 통해 환매수수료 없이 바로사고 팔수 있으며 운용수수료가 대개 1% 미만으로 일반펀드에 비해 매우 저렴하다. 국내에선 홈트레이딩 시스템을 통해 거래할 수 있다. 상장지수펀드(ETF)의 예로는 KODEX 200 ; KOSPI 200지수를 따라가는 펀드, 미국의 스파이더(SPY US) ; S&P 500지수를 따라가는 펀드, 다이아몬드(DIA US) ; 다우존스산업지수를 추종하는 펀드, QQQQ ; 나스닥지수를 따라가는 펀드

(6) 파생결합증권 DLS ; 금, 원유, 원자재, 곡물 등에 투자 / 원금보존형, 원금손실 가능형, 판매 ; 증권사

(7) 인덱스펀드는 지수 수익률을 그대로 따라가도록 구성한 펀드지만 상장지수펀드(ETF)는 인덱스펀드를 주식 형태로 만들어 상장시켜 주식처럼 매매할 수 있는 펀드다. 두 펀드는 지수에 포함된 다양한 종목을 담고 있어 분산효과도 뛰어나다.

(8) 최근 상장지수펀드상품이 폭발적인 인기를 얻으면서 시장이 계속 확대되고 있다. 전 세계 ETF(Exchange-traded fund)는 2000년 말 92개에 불과했으나 2006년 말 에는 732개로 급증했다. 2006년 한 해 동안 상장된 ETF만 271개나 된다. 자산 증가 속도도 매년 빨라지고 있다. 2000년 743억 달러에서 2006년 말 5738억 달러로 폭증했다. 2006년 한 해 동안 늘어난 자산 증가는 1618억 달러나 된다. 2007년 예상 자산은 6500억 달러로 기대하고 있다.

급속한 성장 요인은 매우 다양한 ETF상품을 개발할 수 있는 여건이 조성되면서 매력적인 상품들이 출시된데 기인한다. 산업별 주가지수, 커피값, 옥수수값, 구리 및 아연 등 원자재의 상품지수, 외환값, 채권 등 다양한 기초자산을 쫓아가는 펀드가 속속 선 보이고 있고 브릭스(BRICs)를 비롯해 중국 A시장, B시장 지수 등 국제적인 증권시장을 따라가는 ETF 등이 나오고 있다[매일경제, 2007.3.8].

펀드 스타일별로도 가치투자유형과 성장형 등으로 구분되는 ETF을 만들 수 있다. 예를 들면 미국 장기 국채 수익률이 올라 갈 것으로 예상되면 장기국채를 사 놓는 방법도 생각할 수 있으며 또한 장기국채 지수를 따라가는 방법도 생각할 수 있다[매일경제, 2007.3.8].

미국의 프로셰어스(프로펀즈 계열회사)는 나스닥지수 수익률 대비 무조건 2배로 올라가는 울트라QQQ, 역으로 움직이는 쇼트QQQ, 역으로 두 배 움직이는 울트라QQQ 등 ETF을 2006년 6월 20

일에 상장했다. 크레디트스위스는 주요 지수들에서는 더 이상 편입 종목이 들어가지 못하는 미국 항공주 지수를 따라가는 ETF를 주문자 생산방식으로 판매한다. 이처럼 기초지수가 다양하다보니 취할 수 있는 전략도 다채롭기 때문에 상품개발 가능성이 무궁무진한 진화가 가능하다는 점이다.

한국의 경우, 주가연계증권 ELS는 월별 발행 물량이 2004년까지만 해도 3000억~4000억 원에 불과했으나 2007년 들어 매달 1~2조원 이상을 기록하면서 분기당 5조원을 넘어섰다. 주식워런트증권 ELW의 하루 거래 금액도 2007년 14일 5246억 원을 기록하며 사상 최고치를 기록했다. 국내 ETF 시장은 2002년 처음 도입된 이후 2007년 12개가 상장 거래되었으며 2002년 자산규모는 3568억 원에서 2006년 상반기 1조원을 넘어섰다[매일경제, 2007.3.8].

37. 펀드 수익률도 들쑥날쑥하다.

국내 주식시장에는 유가증권, 코스닥을 합쳐 1849 종목(2007년 4월 24일 기준)이 상장돼 있고 국내에서 판매되는 펀드 수는 8753개에 달한다. 이처럼 펀드상품들이 수없이 많지만 그중 장기적으로 안정된 수익을 올려주는 펀드 숫자는 그리 많지 않다[매일경제, 2007.4.26].

펀드 상품은 수와 종류 및 수익률과 위험정도 등이 천차만별이고 다양하다 보니 기관이나 개인이 펀드 상품을 고르는 것은 쉽지 않다. 수 천종의 펀드들 가운데 그래도 가장 안정적인 수익률을 창출하는 펀드는 상장지수펀드(ETF), 가치주펀드, 펀드오브펀드(재간접투자펀드)을 든다.

일반적으로 펀드 상품의 적정수익률은 예금금리보다 조금 높은 상태에서 물가상승률을 넘는 수익률 10~12%를 창출하는 것이면 좋은 것으로 판단한다.

지금까지 펀드 실적을 중장기적으로 보면 액티브 펀드들의 수익률이 인덱스펀드와 상장지수펀드(ETF), 가치주펀드, 펀드오브펀드 등의 수익률보다 크게 뒤진 것으로 나타났다. 주된 원인은 장기로 갈수록 액티브 펀드가 받는 수수료가 커지는 것과 액티브 투자가 장기적으로 인덱스 투자를 이기지 못한 경험을 반영한 같다[매일경제, 2007.4.26].

국내 액티브펀드의 수수료는 평균 2.5%이지만 인덱스펀드는 대부분 1% 미만이다. 1.5% 포인트의 수수료 차이를 복리로 계산하면 커다란 수익률 차이를 가져올 수 있다는 뜻이다. 증시가 하락했을 때와 박스 장에서 움직일 때도 액티브펀드들이 대응하지 못하는 것으로 나타나고 있다.

주식형 펀드의 1년 평균 수익률은 7.06%인 반면 인덱스펀드의 수익률은 8.77%였다[2007년 4월24일 기준, 한국펀드평가, 매일경제, 2007.4.26]. **장기 수익률에서도 인덱스펀드가 액티브 펀드보다 4.23%포인트(2년), 8.34%포인트(3년) 높았다.** 3년간 국내 적립식 펀드 성적은 은행 정기예금금리보다 2배 이상 높았다. 주식펀드 비중 70%를 초과하는 성장형 펀드는 지난 3년간 평균 수익률은 매월 5일 적립이 39.07%, 15일 적립이 39.23%, 25일 적립이 38.86%로 나타났다[중앙일보, 2007.2.22].

미국의 경우에도 인덱스펀드와 ETF는 매력을 얻고 있다. 그 원인은 높은 장기수익의 실현에 있다. 주식형 펀드 마젤란펀드의 최근 수익률 순위는 상위 61%에 불과하지만 인덱스펀드의 대표 주자인 뱅가드500인덱스펀드는 상위 28%에 랭크돼 있다[매일경제, 2007.4.26].

운용규모도 10년 새 마젤란펀드는 96조원에서 40조원으로 줄었으나 뱅가드500인덱스펀드는 50조원에서 100조원으로 두 배나 증가했다(2007년 4월 23일 기준). **특히 증시가 효율적이고 합리적일수록 액티브펀드가 시장수익률을 이기기 쉽지 않다고 말한다**. 연평균 10% 상승하는 국면에서도 3년 동안 성과를 보면 인덱스펀드 수익률이 약 6%포인트 가량 높은 것으로 나타났다.

이 같은 현상은 인덱스펀드가 상대적으로 훨씬 낮은 수수료와 주식시장이 합리적으로 움직일 때 가능한 것으로 본다[매일경제, 2007.4.26]. 그러나 일반 주식펀드를 제외한 실물펀드 가운데 액티브펀드들 중에는 부동산펀드, 선박펀드, 아트펀드, 드라마펀드, 고철펀드, 한우펀드 등 대안투자펀드의 수익률도 8 ~ 10% 선으로 은행예금 2 ~ 4% 보다는 높은 실적을 보여주었다[중앙일보, 2007.2.22].

펀드상품은 다른 금융상품보다 매력적인 상품으로 자리를 잡아가고 있다. 투자자들은 분산투자를 위한 포트폴리오를 짤 수 있는 상품 메뉴가 크게 확대되었고 물량도 많아 입맛에 따라 고를 수 있게 되었다.

38. 기관투자가

기관투자가는 보통 연기금, 국부펀드, 사모펀드, 보험회사, 은행, 투자회사 등을 말한다. 기관투자가는 법인기관 형태의 투자가이다. 우리나라의 기관투자가들로는 증권회사, 은행, 보험회사, 투자신탁회사, 각종 연금, 기금, 재단, 한국투자공사 등을 들 수 있다. 기관투자가는 거대한 자금력, 조직력, 정보력, 전문지식 등을 동원해 주식투자를 할 수 있기 때문에 주가 형성에 막대한 영향을 미칠 수 있다. 기관투자가는 시장흐름을 바꿀 수 있는 대세를 주도할 뿐만 아니라 인기주 판도를 결정하는 데에도 결정적인 영향력을 행사할 수 있다. 따라서 기관투자가의 투자패턴과 그의 움직임을 주의 깊게 살펴보는 것이 개인투자자에게는 매우 중요한 변수이다.[11)]

---

11) 법인세법 별표 1에서는 다음과 같은 기관 투자자를 명시하고 있다. (1) 기금을 관리 · 운용하는 법인 ①공무원연금기금을 관리 · 운용하는 법인 ②사립학교교직원연금기금을 관리 · 운용하는 법인 ③국민체육진흥기금을 관리 · 운용하는 법인 ④중소기업공제사업기금을 관리 · 운용하는 법인 ⑤신용보증기금 ⑥농림수산업자신용보증기금을 관리 · 운용하는 법인 ⑦수출보험기금을 관리 · 운용하는 법인

기관투자가는 자본시장에서 시장의 안정화와 증권시장의 발전 촉진 등 중요한 역할 담당한다. 기관투자가가 크게 부각되기 시작한 것은 소득수준이 지속적으로 증가하면서 연기금의 법제화로 강제저축이 늘면서 거대한 저축자금을 굴리는 전문기관이 필요해지면서 자본시장의 발달과 함께 자연스럽게 기관투자가의 역할과 기능이 대두되었다. 특히 가계자금은 과거 은행예금 중심으로 움직였지만 80년대 들어서면서 주식 채권 등 증권시장으로 옮겨가기 시작, 간접투자시장으로 이동했다. 90년대에는 저금리시대가 장기간 지배하면서 가계의 저축 및 투자행태가 완전히 바뀌는 결정적인 계기를 가져왔다. 개인투자자들이 연금펀드 - 주식 - 예금 - 뮤추얼펀드 - 채권의 순으로 자산구성을 바뀌게 된 것도 동력이 되었다[부록 1 참조, 247~252쪽].

---

⑧ 기술신용보증기금 ⑨ 주택금융신용보증기금을 관리 · 운용하는 한국주택금융공사 ⑩ 새마을금고법에 의한 안전기금을 관리 · 운용하는 법인 ⑪ 보험보증기금을 관리 · 운용하는 법인 ⑫ 새마을운동조직육성법에 의하여 설치된 기금을 관리 · 운용하는 법인 ⑬ 한국장학기금을 관리 · 운용하는 법인 ⑭ 문화예술진흥기금을 관리 · 운용하는 법인 ⑮ 도로교통법에 의하여 설치된 기금을 관리 · 운용하는 법인 ⑯ 한국과학재단법에 의하여 설치된 기금을 관리 · 운용하는 법인 ⑰ 석탄산업안정기금을 관리 · 운용하는 법인 ⑱ 에너지이용합리화기금을 관리 · 운용하는 법인 ⑲ 해외자원개발기금을 관리 · 운용하는 법인

(2) 공제사업을 영위하는 법인 ① 대한교원공제회법에 의한 대한교원공제회 ② 군인공제회법에 의한 군인공제회 ③ 신용협동조합법에 의한 신용협동조합중앙회(공제사업) ④ 건설산업기본법에 의한 건설공제조합 ⑤ 건설산업기본법에 의한 전문건설공제조합 ⑥ 전기공사공제조합 ⑦ 정보통신공제조합 ⑧ 대한지방행정공제회 ⑨ 새마을금고연합회

한국의 외국인 기관투자가는 65.8% 외국인 개인투자자는 34.2% 차지했다. 기관투자가는 투자화사가 44%, 연기금이 6.5% 점유했고 그 밖에 증권사, 보험사, 은행 등이 활동했다. 한국 주식시장에 투자하는 외국인들의 국적이 다양해지고 장기 투자자 비중이 꾸준히 늘어났다. 국가별 거래 비중에서 2003년 말 미국 74.9% 유럽 68.2% 아시아 40.5% 증가했다[순매수금액 기준, 금융감독원, 매일경제, 2004.2.14]. 미국의 경우 수익증권, 뮤추얼 펀드 등 간접투자 비중이 32%, 연기금은 17%에 달한다. 다우지수가 장기간 1000포인트에서 자주 좌절됐다가 1만 포인트로 지속적 오름세를 탄 것은 간접투자를 통한 장기적인 증시수요기반이 큰 힘이 되었다. 특히 87년 블랙 먼데이등의 증시 폭락 시기에도 기관들의 적극적인 주식매수가 증시를 떠받치는 역할을 담당하였다. 미국 증시의 발전과정에서 기관투자자는 주식시장 활성화에 크게 기여하였다. 1962년 2월부터 1981년 4월까지 15년 동안 570 ~ 1020포인트 박스 내 움직임을 벗어나는데 결정적인 역할을 했다.

국내 펀드는 기관투자가로서 미국 발 서브프라임 사태로 휘청거렸던 국내 증시를 회복시키는 기폭제 역할을 톡톡히 해냈다. 외국인 매도세는 계속됐지만 주식형 펀드로 끝없이 밀려드는 뭉칫돈이 증시 회복세를 이끌었다. 국내 증시의 회복 속도는 외국 증시에 비해 무척 빨랐다(중앙일보, 2007.8.31).

은행, 보험회사, 종합금융사, 각종의 연기금운용사, 증권회사 등 기관투자가들은 본래의 자기 고유의 본업 이외에도 자체 자금을 운용하는 형태로 투자할 수 있다. 물론 금융기관에 따라 금융기관의 파산 위험을 막기 위해 자기자금을 투자하는데 일정한 제한을 두거나 규제를 한다. 기관투자자들도 각 회사마다 특정 분야에 특화하여 시장을 선점하려고 하기 때문에 각각 선호하는 종목이 있고, 내부 상황에 따라 매도와 매수를 반복하기도 한다. 기관투자자들은 대부분 프로그램 매매 시스템을 운용한다. 프로그램 시스템을 통해 조건에 따라 자동으로 매도 또는 매수하게 되어있다.

기관투자자들은 시장에서 차지하는 포지션이 크기 때문에 영향력이 크다. 기관투자자들은 시장에 미치는 영향력이 커 시장의 안전판 역할과 방향성을 제시하는 역할을 한다. 그러나 우리나라 기관투자자들은 자본의 영세성으로 외국인보다 미약한 위치에 있다. 기관투자가는 개별 종목에서도 개인보다 못 한 역할을 하는 것으로 비판 받고 있다. 우리나라에 외국인 투자자는 대부분 외국계 기관투자자들이다. 이들은 한국 시장의 투자 트렌드를 제시하는 위치에 있다. 그들은 저PER주, 자산주, IT성장주 등 다양한 테마들을 만들면서 거래소의 방향을 제시한다. 우리나라의 기관투자자들은 정부의 지나친 간섭과 투자경험이 미숙하여 많은 시행착오를 거쳤다. 은행이나 생보사 등은 보수적인 운영으로 주식시장에서 큰 포지션을 차지하지 못한다. 증권사들은 소매영업에 치중하여 명실상부한 기관투자자로의 역할을 다하지 못하고 있다. 미국, 영국 등 선진국의 기관투자자들은 투자자들의 패닉이 발생하면 시장을 떠받치는 안전판 역할을 한다. 시장이 보다 합리적으로 움직일 수 있는 최소한의 안전판 역할을 한다. 이 같은 사실은 펀드 등 간접투자 상품의 발달로 기관투자자들의 막강한 자본력 덕분이다.

1999년, 2000년의 현대증권의 "바이코리아 펀드"의 경우 100조원의 자산으로 우리 거래소 시장의 1000포인트와 코스닥 시장의 폭등을 가져왔던 사례가 있다. 간접투자 상품으로 자금이 몰리면 시장이 보다 안정적으로 성장할 수 있는 여건이 조성되고 이러한 방향성은 기관투자자들이 제시해야 할 과제이다. 간접투자 환경이 조성 되면 외국인 투자자들이 국내에서 얻어가는 자본수익보다 큰 수익을 국내에 유보하여 새로운 투자자산을 형성함으로서 경제성장에 기여할 것이다.

지금까지 살펴 본 바와 같이 기관투자가들의 투자행위를 보면 개인투자자들과 별반 큰 차이가 없다는 것을 알 수 있다. 그러나 개인투자자들에 비해 다음과 같은 측면에서 엄청난 질적 차이가 있고 자금 동원 등 투자 능력 면에서도 절대 우위에 있다. ① 투자전문가가인 펀드매니저가 투자를 운용 한다. ② 투자 여부 결정은 조직적으로 팀별로 의사결정 한다.③ 기관들은 풍부한 자금을 가지고 투자를 운용한다. ④ 투자할 때 팀의 의견을 취합해 의사 결정을 내린다. ⑤ 기관투자자들은 직감이나 뇌동매매를 하지 않는 점에서 개인과 커다란 차이가 있다.

39. 코스피 투자 주체의 판도 변화

국내기관 투자가 비중은 줄어들고 외국인 기관투자가 비중은 계속 증가하는 추세다. 국내 및 외국 기관투자가 비중은 1996년 30.7% / 13.0% 1999년 13% / 21% 2003년 11.2% / 40.1%다[중앙경제, 2004.2.27]. 국내증시의 외국인 비중은 1996년 13.0%에서 40.1%로 증가하고 개인은 30.8%에서 19.7%로 감소한 반면, 기관은 30.7%에서 16.7%로 줄어들었다[매일경제, 2004.11.25]. 외국인 기관투자가 비중은 미국 51% 영국 49% 일본 40% 독일 37%이다[한국은행, 매일경제 2004.4.7].

선진국 증시의 외국인 비중을 보면 미국 10.3%(2003.6), 영국 32.1%(2002), 프랑스 38.8%(2003.3), 독일 15.0%(2001), 핀란드 55.7%(2003.11), 일본 17.7%(2003.3), 호주 28.7%(2002)이고 신흥시장국은 한국 40.1%(2003.12), 대만 23.1%(2003.11), 태국 32.8% (2003.9), 인도 8.6%(2003.9), 멕시코 46.4%(2003.11), 헝가리 72.6%(2003.9),

폴란드 15.3%(2002)다[국제금융센터, 매일경제, 2004.4.7].

외국인 지분 5% 이상 보유한 투자종목 수와 금액을 보면 미국 ; 13조1천억 원(104개 종목), 싱가포르 ; 1조9천9백억 원(26개), 영국 ; 1조9천8백억 원(25개), 케이만군도 ; 1조5천억 원(15개), 독일 ; 1조4천억 원(11개), 말레이시아 ; 9천4백억 원(27개), 버진 아일랜드 ; 7천4백억 원(1개), 홍콩 ; 6천2백억 원(29개), 네덜란드 ; 4천4백억 원(7개), 일본 ; 3천억 원(45개)을 보여주고 있다[금융감독원, 중앙일보,2004.4.6].

외국인이 단독으로 5% 이상 국내 상장기업의 지분을 확보한 기업은 2002년 말 81개 회사에서 2003년 말 124개로 증가했다. 외국인이 보유한 상장주식 시가총액은 2003년 말 기준으로 전체 시가총액의 40%를 차지하였다. 이는 외환위기 직후인 97년 시가총액 중 14.6%에 비하면 3배 가까이 늘어난 것이다. 외국인 투자자는 미국, 싱가포르, 영국, 케이만군도, 독일, 말레이시아, 홍콩, 네덜란드, 일본 등이 차지하였다[금융감독원, 중앙일보,2004.4.6]. **외국인 지분율 40% 이상인 한국 기업은 42개사에 이르고 외국인 지분율 40% 이상인 일본 기업은 11개사에 불과하다.**

외국인의 증시 주도권 장악이 미치는 **긍정적 측면**은 한국경제와 기업 평가에 대한 긍정적 기여와 외환보유고 증가 및 경제 성장과 일자리 창출 기여다. 국내기업 이사회의 투명 운영 요구와 기업 감시 수행 등은 기업 가치 상승에 기여한다. **부정적 영향**으로는 외국인 투자의 과도한 의존은 외국인에 의한 시장의 좌지우지와 그에 따른 악영향이다. 외국계 투기성 단기자금 즉 헤지펀드의 자금 이동은 국내증시의 변동폭 확대와 외국인의 단기성 이익실현에 따른 고배당 요구로 기업은 장기적 설비투자와 연구개발에 장애를 가져올 수 있다. 주가 차익을 노린 이사, 경영진 교체 등에 대한 압력행위, 인수합병 행위 등이 벌어질 수 있다. 이와 같이 국내 기관의 상대적인 역할 축소로 국내기관들은 기업경영 감시나 경영권 보호 등 공적 기능 및 증시 안전판 구실도 제약받을 수 있다. **외국인 의존도 심화는 특히 자본 유출 및 유입의 급격한 변동은 정책당국의 정책을 무력하게 한다.** 또는 금융정책의 독립성 상실이 경제에 미치는 여파는 심대할 수 있다.

총상장주식수에서 차지하는 유통주식수 비중은 2003년 말 42.61%, 2004년 말 39.94% 2005년 6월 7일 현재 38.05%로 매년 계속 줄어드는 추세다. 05년 6월 7일 현재 삼성전자는 20.33%, 롯데칠성은 4.07%로 줄어들었다[매일경제. 2005.6.10].

삼성전자가 주식시장에서 미치는 영향력은 매우 높다. 종합주가지수는 2005년 6월 27일 7월 13일까지 12일 거래일 사이에 999.11에서 1050.16으로 6% 가까이 올랐다. 이 기간 지수 상승분 59.05포인트 가운데 삼성전자 한 종목이 18.80포인트를 끌어올렸다. 삼성전자 한 종목의 상승기여 비중은 31.84%에 이른다[매일경제, 2005.7.15].

수탁고가 1백억 원 미만인 펀드는 3천5백60개로 전체 펀드 수 중 60%나 된다. 1백억 원 미만 펀드가 전체 수탁고를 차지하는 비중은 5%에 그치고 있다. 단기펀드가 많고 대형펀드들이 너무 적어 기관 투자가들은 주가가 하락하는 시기에 시장의 안전판 역할을 하지 못하게 된다. 기관들은 외국인 매도공세로 주가가 크게 떨어져 가격 이점이 발생했을 때에도 탄력적으로 주식 매수에 나서지 못하는 경우가 발생한다.

그동안 펀드 판매는 증권사와 은행이 지배했다. 이러한 지배 결과 판매수수료는 소비자에게 높은 부담으로 돌아갔다. 2005년 펀드 판매가 운용사, 보험 판매원 우체국, 보험설계사 등으로 다양해지면 수수료가 떨어질 것이다. 국가별 펀드 판매통로를 보면 한국의 경우 금융회사(증권사 41개, 은행 21개, 보험사 3개 등 68개) ; 전체 판매액의 99.2%, **미국의 경우** 은행 증권사 ; 전체 판매액의 35%, 자산운용사 ; 직판 비중 전체의 17%, 펀드슈퍼마켓 ; 39%, **영국의 경우** 증권사 은행 ; 전체 판매액의 35%, 독립적인 전문판매회사 ; 44%, 보험사 ; 16%[매일경제, 2005.5.6, 중앙일보 2005.4.14]. 금융사별 펀드 온라인 판매 및 오프라인 판매는 증권사 12.5%, 87.5% 은행 5.7%, 94.3% 보험사 0.0%, 100%를 보이고 있다[매일경제, 2005.4.14].

다양한 판매 채널은 부작용도 예상된다. 자산운용사는 펀드 판매 실적에 매달리다 보면 본업인 자산 관리를 등한시 하게 돼 원금손실 가능성 고지 등 펀드판매 기본을 간과하고 증권사는 실적 악화를 가져올 수 있다. 판매사가 받는 판매수수료가 결국 보험설계사에게 돌아가는 비용부담을 안아야 한다. 그러나 독립펀드 판매업자 설립은 아직 허용되지 않는다. 운용사별 장기펀드(50억 이상 펀드 기준) 비율을 보면 현대 51.89% 대한 43.18% 제일 41.48% 신한 31.00% 한국 30.42% 교보 28.50% 한일 21.51% 조흥 20.93% 삼성 15.33% 동양 15.09% LG 9.79%[중앙일보, 2002.8.8].

우리나라 가계의 보유 금융자산은 지속적인 소득 증가로 꾸준히 확대되었다. 그 결과 금융연관비율은 선진국 수준에 근접하고 있다. 한국은 1989년부터 일본 수준에 근접한 후 1998년부터는 이를 초과함으로서 이미 선진국 수준에 있다. 그러나 **부동산과 금융자산을 합산한 총 자산(wealth)은 1990년 GDP의 1012%로서 이는 미국(365%), 일본(656%)보다 월등하게 높다. 소득수준에 비해 주택가격이 선진국과 비교할 수 없을 만큼 높은 점을 고려하면 주거용 부동산, 토지, 금융자산을 모두 합산한 총 자산은 미국, 일본을 훨씬 초과할 것으로 추정한다.** 높은 아파트 가격 상승률을 고려하면 금융자산과 부동산의 가치를 합산한 총 자산 대비 소득 비율은 미국과 일본보다 훨씬 클 것으로 추정한다. 부동산, 금융자산을 포함한 총자산 대비 GDP 비율(부동산은 1990년 지가 총액 기준) ; 한국 1012% 미국 365% 일본 656%[박종규 / 조윤제, 2002, 37쪽].

40. 국부펀드

국부펀드는 원유 수출이나 상품 수출로 벌어드린 외화를 기초로 형성된 펀드로서 중동국가와 러시아, 노르웨이 등의 산유국 그리고 싱가포르, 한국 등이 설립 운용하고 있다. 국부펀드(SWF)는 부동산, 원자재, 사모주식(Private Equity)펀드, 파생상품 등 대체투자(AL, Alternative Investment)에 이르기까지 다양하게 분산 투자한다. 국부펀드는 단기성과에 민감한 민간펀드들에 비해 일반적으로 먼 장래를 내다보는 장기투자에 초점을 맞춘다. 또한 국부펀드는 국가자산을 운용하기 때문에 무기, 마약, 카지노 등 평판 리스크(Reputation Risk)가 높은 산업에는 기피한다. 이와 비슷한 이유로 기업 경영권 분쟁에 개입하거나 구조 조정을 통한 단기자본 이득을 꾀하는 투자도 선호하지 않는 경향이다. 이러한 투자행태 때문에 국부펀드는 국제금융시장에서 양질의 장기자본으로 취급한다. 그러나 국부펀드의 투자패턴은 국가 차원에서 장기 전략적인 목적이 숨어 있는 경우도 있다. 국부펀드는 자국의 금유산업 발전의 촉진을 가져오거나 전략적인 경제영역의 확보를 지원하는 역할을 담당하기도 한다.

최근 글로벌 금융위기 과정에서 자금공급처로서 주목을 받고 있다. 특히 인수합병시장에서 국부펀드의 활약이 두드러지게 나타나고 있다. 사정이 이렇게 돌자 일부 국가는 외국 국부펀드에 대해 자국투자를 규제하기도 한다[매일경제, 2009. 6.27, 박종인 KIC 경영기획팀장]. 세계 각국의 국부펀드는 지난 3년간 연평균 24% 늘어나면서 지난해 3조 5000억 달러로 확대됐다. 이 추세로 성장한다면 2015년에 미국의 국내총생산(GDP)을 따라잡고 2016년에는 EU의 GDP도 추월할 것으로 전망한다. 이미 2007년 국부펀드 규모가 영국 독일 프랑스 경제를 초과했다. 오일머니로 시작된 국부펀드는 아시아 중동 신흥국들의 확대가 두드러졌다[미국의 글로벌 인사이트 연례보고서, 매일경제, 2008.4.29].

금융의 무게중심이 동양으로 이동했으며 특히 중국 아시아 중동 등이 그 중심에 있다. 국부펀드는 전 세계 사모펀드의 10%를 차지했고 이 중 93%가 서구의 금융 부문에 투자했다. 2007년 이뤄진 인수·합병(M&A) 가운데 국부펀드가 차지한 비율이 35%로 600억 달러에 달했다. 앞으로도 에너지와 상품 붐을 타고 국부펀드는 세계 금융시장에 중요한 자리를 계속해서 차지할 것으로 본다.

한국투자공사(KIC)가 호주와 말레이시아 등 해외 국부펀드들과 공동투자에 나선다. KIC는 호주의 국부펀드 QIC, 말레이시아 국부펀드 카자나와 각각 상호 공동투자 등 전략적 제휴를 위한 양해각서(MOU)를 체결했다[매일경제, 2009.6.18].

KIC는 이번 MOU 체결을 통해 향후 QIC · 카자나와 투자 기회를 공동 발굴하고 포괄적 상호교류를 강화해 이를 바탕으로 양국 또는 제3국에 대한 투자 기회도 함께 모색하기로 했다. 이번 MOU 체결로 향후 해외 국부펀드의 국내 투자 유치 등을 예상할 수 있다.

세계 국부펀드들이 최근 부동산 투자를 늘리고 금융 · 에너지 등의 투자는 줄였다. 2012년 세계 국부펀드가 외부 운용사 등을 통하지 않고 부동산에 직접 투자한 자금은 전년보다 36.4% 늘어난 약 100억 달러(약 11조원)로 추산됐다. 반면 작년 금융, 에너지 부문에 대한 직접투자는 각각 77.1%, 46.8% 감소했다. 이에 따라 국부펀드의 직접투자에서 부동산이 차지하는 비중은 지난 2011년까지 금융, 에너지에 이어 3위에 머물다 작년 들어 에너지를 제치고 2위로 뛰어올랐다.

이 같은 투자 비중 변화는 금융위기 이후 세계 주요국들의 양적완화 정책으로 국채 시장의 초저금리가 지속되고 주식 시장은 심한 변동성을 보이는 등 금융자산의 수익성 전망이 악화했기 때문이다. 에너지 투자도 세계 경제의 부진에다 저렴한 미국 세일가스 개발 등으로 전망이 밝지 않다는 판단 때문에 줄어든 것으로 보인다. 반면 부동산은 장기적으로 안정적인 수익을 기대할 수 있으며, 현금화하기 어렵다는 단점도 장기투자 위주인 국부펀드의 성격상 큰 문제가 안 된 점이 작용한 것으로 보인다[서울 = 연합뉴스, 박진형 기자, 2013.5.6. / 영국 싱크탱크 '더시티UK'(TheCityUK) / 삼성경제연구소].

실제로 세계 최대 국부펀드인 노르웨이 글로벌정부연금펀드 (GPFG)는 앞으로 부동산에 300억 달러 이상을 투자, 현재 0.7%인 부동산 비중을 오는 2020년까지 5%로 확대할 계획인 것으로 알려졌다. **세계 제3위의 국부펀드인 중국 국가외환관리국**(SAFE)도 선진국 국채 등 안정적 투자 일변도에서 탈피, 작년 영국의 사무용 빌딩 등 부동산 · 인프라에 약 16억 달러 이상을 투자하는 등 부동산 투자를 늘리고 있다. 특히 최근 국부펀드들은 뉴욕 · 워싱턴DC 등 미국 대도시의 우량 부동산 투자를 늘리고, 유럽 은행들이 부실채권을 정리하려 내놓은 대량의 부동산 매물 등 남유럽 부실 자산에서도 저가 매수의 기회를 찾고 있다. 또한, 대도시 사무용 빌딩 위주에서 산업단지, 학교시설, 물류창고 등 다른 부동산으로 투자 대상을 다변화하고 있다.

한편, **세계 국부펀드들의 운용 자산 규모는 작년 말 현재 약 5조2천억 달러(약 5천700조원)로 전년보다 약 8.3% 증가했다. 또한, 올해 말에는 약 5조6천억 달러로 7.7% 늘어날 것으로 전망됐다.** 국부펀드 자산 규모는 지난 2009년 세계 금융위기의 여파로 -2.9% 성장한 것을 제외하곤 2000년대 들어 매년 계속 성장, 최근 10년간 약 4.2배로 불어났다.

이에 따라 작년에도 **앙골라, 파나마, 호주, 카자흐스탄이 국부펀드를 설립했고 일본, 인도, 대만, 볼리비아 등도 신규 설립을 검토하는 등 신규 국부펀드도 늘고 있다.** 앞으로도 신흥국의 원자재 등 상품 수익과 경상흑자 증가 등에 힘입어 국부펀드 자산 규모는 오는 2016년 8조6천억 달러로 현재보다 약 60% 이상 증가할 것으로 전망한다. 수익률에서는 노르웨이 GPFG가 2011년 -2.5%에서 작년 13.4%로 대폭 흑자 전환했으며, 세계 5위인 중국투자공사(CIC)도 2011년 -4.3%의 손실을 봤다가 작년 10.7%의 수익률을 올리는 등 실적이 나아졌다. **국부펀드 순위에서는 노르웨이 GPFG가 자산 6천640억 달러로 1위였고 아부다비 투자청(ADIA), 중국 SAFE, 사우디아라비아 통화청(SAMA) 포린홀딩스, 중국 CIC가 2~5위를 차지했다. 국가별로는 중국이 자산 1조4천900억 달러로 세계 국부펀드 자산의 28.6%를 차지했고, 아랍에미리트(16.0%), 노르웨이(13.0%), 사우디(10.0%), 싱가포르(8.0%) 등이 그 뒤를 이었다**[서울 = 연합뉴스, 박진형 기자, 2013.5.6.].

41. 국부펀드는 금융시장에서 큰 영향력을 행사한다.

국부펀드는 무역수지 흑자에서 발생한 외환보유액과 오일달러 자금에서 일부 떼어낸 국영자산기금으로 조성된 것이다. 각국의 국부펀드는 각국 중앙은행의 외화보유고를 초과해서 갖고 있는 외화자산으로 조성된다. **국부펀드(Sovereign Fund)는 외환보유액과는 별도로 재정흑자 등을 통해 남은 정부 외화 잉여금을 운용하는 펀드로서 대부분 정부가 소유하며 주식, 채권, 부동산 시장에서 큰 손 역할을 한다.**

국부펀드 기금의 전 세계 규모는 2조5천억 달러(원화로 약 2350조원)에 달하며 세계 각국 자본시장에서 가장 큰 투자기관으로 등장했다. 이들의 자금 규모는 한국 GDP(2006년도 기준) 848조원의 세 배며 올해 국가 예산(239조원) 10년 치에 이른다. **국부펀드는 이미 2조 달러(한화로 약 1880조원)로 추정되는 전 세계 헤지펀드보다**

많고 보험, 뮤추얼펀드, 연금 등 전 세계 제도권 펀드운용자산 5조5 천억 달러(2005년도 기준, 한화로 5170조원)의 절반에 이른다. 각국 정부가 보유하고 있는 외환으로 조성한 국부펀드(sovereign wealth fund)는 확실한 신용과 풍부한 유동성을 무기로 거침없는 성장세를 보이고 있다.

국부펀드	규모
아부다비 투자청(아랍에미리트)	8,750억 달러
싱가포르 투자청	3,300억 달러
사우디아라비아 국부펀드	3.000억 달러
노르웨이 국부펀드	3,000억 달러
국가 외환공사(중국)	3,000억 달러
테마섹 홀딩스(싱가포르)	1,000억 달러
쿠웨이트 투자청	700억 달러
미래펀드(호주)	400억 달러
영구기금공사(미국)	350억 달러
안정화펀드(러시아)	320억 달러
브루나이(브루나이 투자공사 BIA)	300억 달러
한국(한국투자공사 KIC)	200억 달러
말레이시아(카자나 내셔널 BHD	180억 달러
캐나다(앨버타 헤리티지 TF)	130억 달러
이란(석유안정기금)	110억 달러

자료 : 모건스탠리, 파이낸셜 타임스, 매일경제, 2007.5.26
자료 : 톰슨파이낸셜, 모건스탠리, 매일경제, 2007.9.4

국부펀드의 기금이 급속히 늘어나는 증가 요인은 막대한 무역수지 흑자와 고유가 덕분이다. 앞으로도 국영자산기금이 해마다 5000억 달러(약 470조원)씩 증가할 것으로 예측되고 있다. 향후 5~6년 사이에 전 세계 국가 공식 외환보유액 21조 달러 수준까지 늘어날 것으로 예상하고 있다. 세계 각국의 초대형 기관투자가들 예를 국부펀드 등이 포트폴리오를 바꾸게 되면 특정 자산 가격에 큰 영향을 미칠 뿐만 아니라 국가 간 마찰도 일으킬 수 있다. 국부펀드는 최근 신용위기로 위축된 사모펀드 투자를 대체할 수 있는 주요한 기관으로 등장하기도 하였다[국제통화기금 IMF / 매일경제, 2007.5.26].

메릴린치, JP모건 등 세계적인 투자은행들은 국부펀드를 고객으로 유치하기 위해 치열한 경쟁한다. 국부펀드가 투자은행의 유망한 캐시카우(수익창출원)로 급부상하고 있다. **노르웨이 국부펀드는 전 세계 40개국의 3000~4000개 기업에 투자하고 있으며 각각 투자 지분은 1%에도 못 미쳐 시장을 왜곡할 염려가 없을 것으로 평가한다.**

한국투자공사(KIC)가 2010년까지 위탁자금 투자규모를 현재보다 2배 이상 늘어난 500억 달러로 확대한다. 싱가포르 투자청(GIC) 투자자금인 1000억 달러의 절반에 해당한다. KIC는 한국은행과 체결한 양해각서(MOU)에 따라 BBB등급 이상 주식에만 투자하고 투자 가능 국가와 통화도 제한한다. GIC는 거의 모든 금융상품에 공격적으로 투자한다[매일경제, 2007.4.18].

일본, 유럽연합(EU)은 전 세계 기업을 대상으로 투자하는 중국, 중동의 국부펀드 견제에 나서고 있다. 일본은 펀드 규제를 강화하는 금융거래법을 발효시키고 유럽은 견제에 나섰다. 유럽은 아시아 중동 국부펀드가 유럽에 투자할 경우 이들이 어떤 부문에 어떤 이유로 투자하는지 세부 사항을 미리 밝히도록 하는 규정을 만들었다[매일경제, 2007.9.29].

노르웨이 정부연금펀드는 2007년 말 기준 자산 규모 3800억 달러로 세계 2위 국부펀드다. 자산 규모 2000달러인 중국투자공사(CIC)도 서방 금융회사에 대한 투자에 주저하는 모습을 보였다. 선진국들의 금융회사에 대한 정책이 분명하지 않고 정책이 확실해지기 전까지 이들 금융회사에 투자하지 않을 것이라고 말했다[매일경제, 2008.12.16]. CIC는 지난해 모건스탠리와 사모펀드 블랙스톤에 각각 50억 달러와 30억 달러를 투자했으나 평가 손해액이 60억 달러에 이르는 것으로 알려졌다. 중동 국부펀드들도 공격적인 국외 투자에서 한발 물러서고 있다. 쿠웨이트투자청은 서방 증시에 투자했던 40억 달러를 자국 증시로 옮겼다. 카타르투자청은 자국 은행에 구제 금융을 투입하기도 했다.

한때 세계 금융시장을 주름잡던 국부펀드들의 자금 철수는 대형 국부펀드 자금 성격에 기인한다. 대부분 중동 러시아 등 산유국과 아시아 경상 흑자국 국부펀드들이 순자산 상위를 차지하고 있다.

이 때문에 유가가 급락하고 경상수지 악화가 접쳐지는 현 상황에서 마냥 자금을 풀 수가 없다. 두 번째 원인으로는 기존 선진국 금융사들에 투자했던 손실의 확대다. 전 세계 국부펀드가 연초 이후 기록한 손실액은 5000억 달러~7000억 달러에 달했다[독일 시사주간지 슈피겔]. 장기적으로 국부펀드가 투자를 늘릴 것이라는 데는 변함 없지만 단기적으로는 과거와 같이 글로벌 금융시장에서 안전판 구실을 할 것으로 기대하기는 힘들게 됐다. 하지만 이들 펀드는 대부분 여유자금이라 손실이 큰 현 상황에서 갑작스럽게 자금 회수에 나서지는 않을 것이라는 전망이 지배적이다.

42. 중국 국가외환관리국은 거대한 외화 자산을 굴리고 있다.

중국은 세계 최대 인구와 땅 덩어리를 갖고 있다. 중국은 높은 경제성장으로 질주하며 달려가고 있다. 중국은 국제정치적으로 막강한 견제세력으로 등장하고 있다. 특히 중국은 한국에 가장 가까운 인접국가로서 한국경제를 위협하는 세계 최대 강국 중의 하나이다. **중국은 13억 인구수만큼이나 많은 나라이기에 우수한 인재들을 한국보다 더 많이 보유하고 있다.** 중국 정부는 중국을 하나로 묶는 사회결집과 연대의식을 고취시키고 있다. 중국은 일본보다 더 많은 거대한 외화자산을 보유하고 있다. **중국의 국가외환관리국(SAFE)은 거대한 외화 자산을 굴리고 있다.** 이 거대한 외화 자산을 우수한 인물이 관리하고 높은 수익을 올리고 있다.

중국 국가외환관리국(SAFE)의 주창훙은 **3조5000억 달러(약 3913조원)**에 달하는 중국의 외환을 주무fms다. 그는 전직 물리학자로 현재 세계 최대 현금 투자기관인 SAFE의 국가수석투자관(CIO)으로 활동하고 있다. 올해 43세인 주창훙은 가난한 안후이(安徽)성 출신으로 1989년 명문 중국과기대학을 졸업한 뒤 미국으로 유학, 시카고대에서 양자물리학으로 박사학위를 받았다. 중국과기대학을 마칠 때는 중국 대학생 최고 영예인 '궈모뤄(郭沫若) 장학금'을 받았다. 그가 2010년 SAFE에 몸담은 건 2009년 말 인민은행 부행장이 직접 미국으로 가 그를 스카우트했다. 미국에서 생활한 지 20년 만에 온 것이다[국민일보, 2013.7.17 / 월스트리트저널(WSJ)].

주창훙은 박사학위를 딴 뒤 전도유망한 학계를 떠나 채권 트레이너의 길을 걷는다. 중국으로 오기 전 몸담았던 **미국 핌코**(Pimco · **태평양투자관리**)에서는 **미국의 채권왕 빌 그로스의 오른팔 역할을 했다**. 주창훙은 한 가지 일에 몰두하는 사람으로 대외 활동은 거의 하지 않는다. 주창훙은 SAFE에 들어간 뒤 미국 국채에 치중하던 SAFE의 보수적 관행을 벗어나 미국 회사채, 미국과 일본의 일반 증권, 유럽 채권 등으로 투자 대상을 넓혀 엄청난 실적 호조를 기록했다. 하지만 SAFE의 미국 국채 투자 비중은 여전히 커 미국 통화정책의 영향을 크게 받을 수밖에 없는 실정이다. 2013년 5월 기준으로 **SAFE의 미국 국채 보유액은 1조3200억 달러(약 1474조원)** 이상인 것으로 추정됐다[국민일보, 2013.7.17 / 월스트리트저널(WSJ)].

43. 인덱스 펀드

인덱스 펀드(index fund)는 지수의 흐름을 좇아갈 수 있도록 만들어진 주식 포트폴리오다. 인덱스 펀드는 포트폴리오를 주가지수의 채용종목과 유사하게 구성하여 포트폴리오의 위험을 가능한 한 줄이고 시장평균 수익률(주가지수 상승률)을 얻고자 하는 목적에서 만든 펀드다. **인덱스 펀드는 펀드 관리자의 적극적인 운영보다는 지수의 종목 구성비에 따라 소극적으로 운영되는 대표적인 펀드이다.**

최근 인덱스 펀드가 급속한 성장을 보이고 있다. 이러한 성장 배경에는 이론적인 배경과 실무적인 배경이 뒷받침되고 있다. 이론적인 배경으로는 전문적인 펀드매니저 또는 기관투자가라고 하더라도 어느 해에 시장평균(시장지수의 상승률)을 상회하는 투자성과를 낼 수도 있지만 그 다음 해에도 지속적으로 시장평균을 상회하는 투자성과의 달성이 쉽지 않다는 사실에 근거한다. 이와 같이 다수 펀드의 실제 경험 및 효율적 시장가설에 의해 뒷받침되면서 인덱스펀드의 성장이 촉진되고 있다. 인덱스펀드는 복리의 위력으로 인해 시간이 지날수록 비용절감을 통해 수익률 개선 효과가 기하급수적으로 증폭되기 때문에 액티브 펀드보다 유리한 것으로 나타나고 있다 [매일경제, 2008.7.23].

인덱스펀드는 증권시장에서 주가예측이 불가능하므로 비용을 아끼는 것이 가장 현명한 투자전략이라는 효율적 시장가설과 시장 전 종목을 기업 가치에 비례해 고르게 투자하는 것이 가장 우월한 포트폴리오라는 자본자산가격결정모형을 학문적인 업적에 힘입어 1970년대 미국에서 등장했다.

인덱스펀드는 5년, 10년 장기적으로 투자할 경우 액티브 펀드를 반드시 이길 수 있는 것으로 본다. 그러나 실제 평범한 투자자들은 1년, 2년 단기 수익률에 현혹돼 스타매니저가 운용하는 액티브 펀드를 주로 선호하는 경향이다.

미국의 인덱스펀드 : 미국에서 인덱스 펀드가 급속히 성장할 수 있었던 것은 연금 펀드매니저들의 신중한 자산운용준칙과 운용실적 부진에 대한 펀드매니저의 배상책임이 한 몫을 한 것으로 보인다. 또한 인덱스펀드의 구성에 필요한 복잡한 데이터 처리를 가능케 해주는 고성능 컴퓨터의 등장 및 그의 가격의 지속적 하락 그리고 기

관투자가들의 치열한 경쟁심화 등이 인덱스펀드의 성장을 촉진시키고 있다.

미국에서는 1971년 주식 인덱스펀드가 도입되고 1984년 이후에는 채권 인덱스펀드가 본격화 되었다. 1987년 5월말 기준 미국의 상위 41개 인덱스 펀드 운용기관의 총운용 규모는 1,872억 달러에 달하고 1986년 말 뮤추얼 펀드의 순자산 총액 7,162억 달러 대비 인덱스 펀드의 점유비중은 약 21%에 이르고 있다. **최근 인덱스펀드는 전체 뮤추얼펀드 시장의 30% 이상을 차지할 만큼 대중적인 인기가 높다.** 뱅가드펀드나 S&P500인덱스펀드는 단일펀드 규모로 전체 뮤추얼 펀드의 7위 자리에 오를 정도이다. 미국의 경우 투자원금 1만 달러를 30년간 굴린 인덱스펀드와 액티브펀드 간 수익 증식은 큰 차이를 보였다. S&P500인덱스펀드와 일반 액티브 펀드 평균은 30년 후 각각 31만1000달러와 17만1950달러 증식 효과를 나타냈다[A Random Walk Down Wall Street, 유리자산운용, 매일경제, 2008.7.23].

선진국에서는 인덱스 펀드에 바탕을 둔 다양한 투자기법이 개발, 이용되고 있다. 예를 들면 인덱스 플러스알파 펀드와 같이 주가지수 상승률을 상회하는 수익률을 달성할 수 있는 기법, 포트폴리오 보험 (portfolio insurance), 인덱스 플러스알파 펀드와 포트폴리오 보험을 결합한 PI부 인덱스 플러스알파 펀드, 채권인덱스 펀드 등이 활발히 이용되고 있다.

국내 인덱스펀드는 종합주가지수, 대형주지수, 소형주지수, 시장1부지수, 시장 2부 지수들을 지표로 인덱스펀드를 만들고 있다. 국내에서 처음 도입된 인덱스펀드는 99년 2월 증권거래소에 처음 상장된 KOSPI 200 인덱스펀드로서 종목명은 코스파이더(KOSPIDER)이다.

우리나라 기관투자가들은 국내외의 다양한 인덱스펀드 뿐만 아니라 국내외 유수 펀드매니저들의 운용펀드 명, 실적 등 여러 가지 사항을 집중적인 관리를 통해 뮤추얼펀드 가입 또는 단독 펀드의 설정을 통한 간접투자로 투자수익을 제고시켜야 한다.

실질적인 해외투자에 있어서 전담조직을 갖추고 운영되는 기관투자가들은 금융선물 및 외국환 등에 대한 직접거래가 가능하다. 그러나 자산운용의 조직이 취약한 기관투자가들은 해외 유수 증권사, 투자자문사 및 국제 펀드매니저가 운용하는 단독펀드 설정 또는 투자자 다수 참여 방식의 뮤추얼 펀드에 일정 지분 참여를 통한 투자전문가의 해외 OJT 실시로 전문기법을 향상해 나갈 수 있다. 전 세계에 약 6만 여개의 해외펀드가 운용되고 있는 것으로 추산되며 해외 펀드매니저 중 상위 약 100여명 정도를 선정하여 이들의 실적운용 특성 등을 집중 관리하여 필요에 따라 적절히 이용하는 것이다.

국내에서는 주식 인덱스펀드 '유리웰스 토탈 인덱스 펀드의 수익률'(유리자산운용 상품)과 액티브 펀드로 순자산규모 상위 50위 내

주식 액티브 펀드(섹터 펀드 등 제외)에서 산출된 통합 수익률 간 공개경쟁에 붙였다[매일경제, 2008.7.23]. 액티브펀드는 펀드매니저의 판단에 따라 베팅한 것이므로 특히 2007년 대세 상승 장에선 오를 것 같은 종목을 골라 투자하는 액티브펀드들이 경이적인 수익률을 올릴 수 있었다.

그러나 액티브펀드가 장기적으로 좋은 성과를 유지하기란 쉽지 않다. 2007년 대세 상승 장에서 조금 먹고 조금 빠지는 인덱스펀드는 매력이 없었지만 지난 80년 이후 장기적으로 꾸준히 상승하였다. 2007년 하반기 이후 금융위기로 주식이 폭락하면서 장기적으로 액티브 펀드보다 더 낳은 수익을 냈다.

인덱스펀드의 큰 장점은 비용절감이다. 액티브펀드에 비해 훨씬 저렴하다. 한 달에 50만원씩 10년을 투자한다면 2.5%를 받는 액티브펀드 기준으로 보수 합계는 1010만1380원에 달하지만 0.7% 보수를 받는 인덱스펀드는 282만8386원에 불과하다. 총보수가 3분의 1에 불과한 것도 인덱스펀드의 매력이다.

44. 헤지펀드

헤지펀드는 100명 미만 소수 투자자들로부터 자금을 모아 국제증권과 외환시장에 투자해 단기이익을 올리는 펀드이다. 헤지펀드와 뮤추얼펀드는 투자자들에게서 자금을 모집한 뒤 실적에 따라 수익을 배분하는 간접투자상품이라는 점에서 공통점을 갖고 있다. 헤지펀드와 뮤추얼펀드는 자금조달과 운용방식에서는 커다란 차이가 있다. 뮤추얼펀드는 일반인들에게서 공모방식으로 자금을 모으는데 반해 헤지펀드는 제한된 수의 거액투자자들에게서 사모방식으로 자금을 모집한다. 뮤추얼펀드는 일반 투자자들을 보호하는 엄격한 장치들이 마련되어 있다.

예를 들면 뮤추얼펀드는 투자자들이 볼 수 있도록 투자설명서 등이 마련되어 있지만 **헤지펀드는 투자대상과 정보공개 등의 공적 규제가 없다. 헤지펀드는 파생상품이나 공매도와 같은 투자를 통해 초단기 고수익율을 추구하므로 공적 규제가 없다.** 이런 점을 살려 헤지펀드는 펀드 운영자와 투자자가 파트너 관계로 결합한 유한회사 형태로 설립된다.

헤지펀드는 낮은 위험으로 얻을 수 있는 기회를 차입을 통해 그 기회를 확대한다. 헤지펀드는 예를 들면 1%의 안정적 수익 기회를 포착했다면 차입금을 10배로 늘려서 5~6% 수익을 거두는 것을 추구한다. 이와 같이 1%의 최초 수익에 만족하지 않고 5~6%의 최대 수익을 얻으려고 하는 헤지펀드의 성격 때문에 높은 위험이 따른다. 가장 대표적인 사례는 2007년 미국의 서브프라임 모기지 사태에서 헤지펀드들이 일시에 무너졌던 일이다. 국내에서는 2007년까지 헤지펀드 설립과 운용이 사실상 금지돼 왔다. 그러나 최근 들어서 적극적인 도입이 검토되고 있다.

국내에서도 롱쇼트펀드, 차익거래펀드처럼 헤지펀드 운용기법을 사용하는 매이저들이 다수 등장했지만 주식 공매도 규정, 차입금(레버리지)제도, 펀드회사 법인세 등 미해결 문제가 남아 있다[매일경제, 2007.11.20].

헤지펀드는 전 세계에 1997년 말 5500개에 약 3000억 달러에 달한 것으로 추정한다. 1988년 1373개에 420억 달러에서 10년 만에 7배(금액기준) 성장했다[매일경제, 99.2.4]. 2006년 말 기준 전 세계 헤지펀드 시장 규모는 1조4100억 달러, 운용 펀드 수는 약1만4000개에 달한다[매일경제, 20007.5.15]. 세계 헤지펀드의 운용자산 규모(단위 : 억 달러) ; 2003년 7,950 / 2004년 10,000/ 2005년 11,300/ 2006년 15,000/ 2007년 15,700(5월말)/ 2009년 20,000(예상)/ 2013년 40,000 (예상)[자료: International Financial Services, Pertrac, KIEP, Hedge Fund Research/매일경제, 2007.6.27]

헤지펀드는 세계적인 저금리 기조와 풍부한 유동성으로 인해 수익률이 떨어진 전통적인 금융상품의 대안 투자로 주목을 받으면서 시장이 급속히 팽창했다. 2007년 들어서 헤지펀드들은 아시아 이머징마켓과 유럽시장, 남미시장에 대한 투자를 급격히 늘렸다.

아시아에서 활동 중인 헤지펀드는 2000년 이후 본격적으로 증가했으며 2003년부터는 급속히 늘어났다. 이 같은 쏠림 현상은 유럽과 미국 시장에서 헤지펀드의 경쟁이 치열해 지고 중국, 인도 아시아권 지역의 고수익 기대와 안정적인 투자매력이 상대적으로 높아진데 연유한다[매일경제, 2007.6.27].

2006년 헤지펀드 총 자산은 1조8천9백억 달러로 전년도에 비해 24% 증가했다. 실적 개선에 따른 증가분은 480억 달러인데 새로 배정된 펀드는 1257억 달러로 신규 배정 자금이 압도적으로 많았다[매일경제, 2007.3.21]. 주식 집중 투자 헤지펀드 ; 1730억 달러(약 30% 증가) / 헤지펀드 투자 펀드 오브 펀드 ; 9530억 달러(약 22% 증가)

새로 늘어난 펀드자금은 이머징마켓 투자 헤지펀드(229억 달러)와 에너지 투자 헤지펀드(182억 달러)에 집중되었다. 가장 빠른 증가율을 보인 지역은 유럽투자 헤지펀드(2765억 달러, 46% 증가)였다[매일경제, 2007.3.21]. 헤지펀드에 따라서는 높은 수익률 올린 것도 있지만 큰 손실을 내고 파산 위기에 몰린 펀드도 많다(예 : 베어턴스의 헤지펀드 파산 모면).

헤지펀드는 최근 동남아 등 세계 도처에서 주식 및 외환 투기의 주동 세력으로 지목을 받고 있다. 헤지펀드는 서인도 제도 등의 조세 피난처에 회사를 두고 1백 명 미만의 소수 투자가로부터 거액을 유치 고수익을 찾아 전 세계 금융시장을 누비고 다닌다. **대표적인 헤지 펀드로는 조지 소로스의 퀀텀 펀드, 쥴리안 로버트슨의 타이거 펀드 등이 유명하다.**

2007년 헤지펀드의 기업공개를 통한 자금조달이 붓 물을 이룰 전망이다. 2007년 3월 9일 미국 증권거래소에 처음으로 상장된 헤지펀드 포트레스가 성공하면서 헤지펀드의 기업공개(IPO)가 이어질 것으로 예상된다[로이터통신, 매일경제, 2007.2.13].

뮤추얼펀드보다 높은 수수료를 받고 고수익을 목표로 운영되는 헤지펀드는 한 때 부자들의 전용펀드였으나 최근에는 펜션펀드나 다른 주요 펀드상품과 함께 가장 인기 있는 상품으로 부상했다[매일경제, 2007.3.21].

미국 내 헤지펀드 숫자는 8000여 개로 총자산 규모는 2006년 처음으로 1조 달러를 넘었다. 수익률을 공개한 펀드 6000여개의 2006년 1분기 평균 수익률은 2.1%를 기록했다. 같은 기간 0.64%에 불과한 S&P500지수 상승률과 비교하면 3배 넘게 수익을 올린 것이다.

헤지펀드 가운데 부실기업채권과 이머징시장펀드의 수익률은 각각 4.15%와 5.5%를 기록했다. 인수합병과 구조조정을 겨냥한 펀드는 4.2%의 수익률을 올렸다. 이 같은 헤지펀드의 성공적인 투자기법은 롱쇼트(매수매도) 전략과 기업인수합병 및 구조조정을 비롯한 이벤트 집중, 고위험채권투자와 소송제기 등으로 수익을 창출했다. 장기적으로 저평가된 주식을 사거나 단기적으로 고평가된 주식을 파는 기업은 가장 대표적인 고전적인 투자기법을 사용하였다[매일경제, 2007.5.11].

2008년 미국 헤지펀드는 금융 서비스 종목의 상승과 에너지 시장의 침체로 20년 만에 최대 손실을 기록했다. 상반기 '금융 숏 · 에너지 롱'을 유지하던 헤지펀드들이 7월 시장역전현상이 나타나면서 큰 타격을 입었다[마켓워치, 머니투데이, 2008.8.8]. 헤네시그룹 LLC의 헤지펀드지수는 지난 7월 1.95% 하락해 S&P500지수보다 하락폭이 2배 더 컸다. 이 지수는 올해만 3.23% 밀려 1987년 이래 가장 큰 낙폭을 보였다. 헤지펀드 넷의 헤지펀드지수도 올 7월 1.82% 하락했으며 헤지펀드 리서치의 지수도 2.35% 밀려 올해만 3.54% 떨어졌다. 에너지, 원자재 관련 거래가 6.6% 떨어져 헤지펀드 지수 하락세를 이끌었다. 7월 헤지펀드 손실은 기대했던 에너지상품가가 하락하고 금융 서비스종목은 오히려 상승한데 따른 시장 역전현상에 있었다.

2008년 3분기에만 총 344개의 헤지펀드가 청산돼 이전 최고 기록인 2006년 4분기(267개)를 넘었다[헤지펀드리서치, 2008.12.17 보고서]. 2008년 들어 9월 말까지 문을 닫은 헤지펀드는 총 693개로 전년 동기(409개)보다 70%가량 증가했다. 전체 헤지펀드 중 올해 청산한 헤지펀드는 7%에 이른다. 11월 한 달 동안 세계 헤지펀드에서 715억 달러의 자산이 빠져나갔다 [헤지펀드 조사업체 유레카헤지]. 이는 헤지펀드 총자산의 4.4%에 달하는 액수다. 헤지펀드가 급속히 줄어든 이유는 금융위기 확산으로 인해 위험자산에 대한 부정적인 인식이 늘었기 때문이다. 투자자들의 헤지펀드 환매도 급격히 늘었다. 손실이 큰 헤지펀드들은 수익률 성과 기록을 관리하기 위해 기존 헤지펀드를 없애고 시장 상황을 보다가 새로운 헤지펀드를 만들려는 움직임도 늘고 있다.

현재 헤지펀드 산업은 구조적인 재편기를 맞고 있으며 위험을 감수하려는 성향도 역사적으로 매우 낮은 수준에 와 있다고 본다[케네스 헤인즈 헤지펀드리서치, 매일경제, 2008.12.19]. 2008년 미국 발 글로벌 금융위기로 글로벌 헤지펀드의 자산 규모는 한 해 동안 전년 대비 48% 줄어들었다[헷지펀드리서치, 매일경제, 2009.1.16]. 헤지펀드닷넷에 의하면 36% 감소한 1조 8411억 달러로 파악됐다[매일경제, 2009.1.16]. 또한 투자자들은 2008년 12월에만 사상 초대 규모인 1500억 달러의 투자금을 회수했다. 2008년 헤지펀드 평균 수익률은 -18.3%로 1990년 조사한 이래 가장 낮았다[헷지펀드리서치, 매일경제, 2009.1.16].

세계 10대 헤지펀드 : 2010년 하반기 세계 10대 헤지펀드의 수익이 월가 6개 대형은행을 앞섰다. 골드먼삭스 등 세계 6대 대형은행이 퀀텀펀드, 폴슨앤코 등 세계 10대 헤지펀드에 못 미치는 성적을 올린 것이다. 지난해 하반기 **퀀텀펀드, 폴슨앤코** 등 세계 10대 헤지펀드는 280억 달러(약 32조원)의 투자 수익을 올렸다. 이는 같은 기간 **골드먼삭스와 JP모건, 씨티그룹, 모건스탠리, 바클레이즈, HSBC 등 6대 대형 은행**의 순이익(260억 달러)보다 20억 달러나 많다. 6개 은행의 직원이 100만 명이 넘는 데 비해 10대 헤지펀드 직원은 수백 명에 불과한 것을 감안하면 엄청난 격차이다[파이낸셜 타임스].

수익을 가장 많이 낸 헤지펀드는 폴슨앤코였다. 120여 명의 직원을 거느린 폴슨앤코는 약 58억 달러의 수익을 올렸다. 직원 한 사람이 약 5000만 달러를 벌어들인 셈이다. 1994년 이후 누적 순이익에서 폴슨앤코는 322억 달러의 순익을 올렸다. 1973년 설립된 **조지 소로스의 퀀텀펀드**(350억 달러)를 바짝 뒤쫓고 있다. 존 폴슨 폴슨앤코 회장이 2007년 서브프라임 위기를 예측한 뒤 투자를 본격적으로 늘렸다. 2009년부터 경기 회복에 베팅하기 시작했고 지난해에는 미연준의 양적 완화에 따른 달러 약세를 예상해 달러 투자를 줄이고 금 투자를 늘리며 수익을 키웠다. 3만2500명이 일하는 골드먼삭스의 순이익은 43억 달러, 1인당 수익은 약 13만 달러에 그쳤다[중앙일보, 2011.3.3].

헤지펀드의 기본 전략과 투자 속성 : 헤지펀드들은 주주 행동주의에 강하게 나선다. 헤지펀드는 자사주매입, 현금배당과 같은 일반적 요구수준에서 벗어나 사업 분할이나 M&A와 같은 적대적 요구하기도 한다. 헤지펀드들은 고수익을 올리기 위해 공매도(short selling)나 레버리지(leverage) 헤지(hedge)를 기본 전략으로 활용한다.

헤지펀드는 예를 들면 주가 하락 시 주식을 빌려 이를 매도해 현금을 챙긴 뒤 주가가 떨어지면 싼 가격에 주식을 사들여 이를 상환하는 공매도 거래방식이다. 투자자들이 맡긴 자본금을 담보로 돈을 빌려 이를 함께 투자하는 레버리지를 이용하기도 한다. 예를 들면 자본금이 10억 달러인 헤지펀드가 200% 레버리지를 활용하고 있다면 이는 10억 달러를 빌려 총 20억 달러를 투자하는 방식이다. 전체 헤지펀드의 70% 정도가 레버리지를 이용하는 것으로 알려져 있다.

헤지펀드는 이러한 전략적 속성으로 고수익을 낳을만한 곳이면 세계 도처에 돌아다닌다. 특히 경제변수가 취약할 때 공매도를 통해 주식이나 통화를 팔기 시작하면 주가나 통화가치는 급락하는 현상을 초래한다. 또한 주가가 떨어지면 싼 값에 주가를 사서 이를 상환할 수 있으므로 일단 공매도를 시작하면 주가가 급격히 떨어지는 사태가 벌어진다.

레버리지가 지나치게 커지는 경우에도 과도한 레버리지가 시장을 교란할 수 있다. 헤지펀드가 투자에 실패해 자금 상환을 요구하는 상황에 빠지면 보유중인 주식과 채권을 무차별하게 매도하게 되는데 이러한 소용돌이가 전 세계 주식시장에 확산될 경우, 세계 주가가 동반 하락하는 위기로 번질 수 있다. 더구나 헤지펀드가 특정자산을 팔기 시작하면 뮤추얼펀드 등이 덩달아 움직이는 몰이(herd) 현상이 두드러지게 나타나 위기 상황으로 심화시킬 수 있다.

헤지펀드의 규제 : 헤지펀드가 가진 특별한 속성 때문에 국제적인 헤지펀드에 대한 규제를 강화하기 위해 국제결재은행(BIS), 국제증권감독자기구(ISOCO), 국제통화기금(IMF), 세계은행(IBRD), 경제협력개발기구(OECD) 등이 적극적으로 나서고 있다.

국제금융기구들은 정기협의회를 구성해 매년 1~3회 열고 금융감독에 대한 정보교환과 시장규제를 논의하고 은행, 증권 등 종합적인 감시체제를 만든다. 국제금융기관들은 미국의 롱텀캐피털 매니지먼트(파산 위기 직면) 등과 같은 헤지펀드에 대한 금융기관의 무분별한 투자로 금융권의 막대한 혼란을 초래했다고 보고 헤지펀드에 대한 은행투자의 투명성 제고가 필요하다고 보고 있다. 그러나 미국의 민간 대형은행들은 중앙신용등록기구(Central Credit Registry)의 설립은 금융권의 자율권 축소할 위험을 내세워 반대하고 있으며 어떠한 직접적인 방식의 투자 규제도 찬성하고 있지 않다.

투기자본에 대해 여러 규제방식이 있다. 직접적인 규제책으로는 헤지펀드의 재정 상태에 불길한 변화가 생길 때마다 규제당국이 이를 의무적으로 신고하는 방식이 있다. 은행과 펀드들이 일정 금액 이상을 빌려 줄 수 없도록 대출 상한선을 설정하는 방법이 있다. 헤지펀드에 활동하고 있는 딜러들에 대한 신용정보와 실적 등을 모두 공개하는 방법이 있다. 헤지펀드에 대한 새로운 금융 가이드라인을 고안하고 파생금융상품에 투자하는 투자자들에 대한 신용정보를 공개한다. 은행들에 헤지펀드의 투자실패로 발생할 수 있는 최악의 시나리오를 미리 제출케 하는 방식 등을 생각할 수 있다.

국내 헤지펀드 허용 : 2007년 자본시장통합법이 통과된 후 헤지펀드 허용이 검토되었다. 공모펀드 일색의 자산운용시장 구조를 바꾸어 놓을 수 있게 됐다. 외국계 헤지펀드와 동일한 시장 플레이어가 국내 헤지펀드 역할이 형성될 수 있다.

사모펀드인 사모투자펀드(PEF)도 활성화할 수 있는 계기를 갖게 됐다. 그러나 아직 PEF는 운영상 규제가 많다. 인수 합병 대상 기업의 지분을 10% 이상 인수해야 하고 차입비율은 자본금의 200%로 제한한다. 사모펀드들은 자산운용업자로 등록해야 하고 헤지펀드의 주요한 투자기법인 차입이나 공매도(주식을 팔고 난 뒤 주가가 떨어지면 나중에 주식을 되사서 갚는 기법)를 사용하지 못하고 있다.

헤지펀드가 국내에 허용되면 사모펀드에 대한 규제가 크게 완화될 수 있다. 2004년 PEF 도입으로 한국자본시장의 위상이 높아진 계기가 되었지만 헤지펀드 활동이 허용되면 국제금융시장에서의 위치가 더욱더 강화될 수 있다. 국제 금융허브 전략 실행에 가속도가 붙을 수 있다.

공모형 펀드는 불특정 다수를 대상으로 고객을 모으기 때문에 특정 투자자들의 요구를 맞추기 힘들다. 그러나 헤지펀드는 다양한 펀드를 출시해 특정 투자자들의 요구를 충족시킬 수 있다[매일경제. 2007.5.15].

한국은 시스템 트레이딩 능력이 뛰어나고 파생상품에 대한 적응이 빨라 기본적인 토양은 마련되어 있다. 그러나 공매도 허용, 대주거래 용이 등 몇 가지 제약조건을 풀어 충분한 연습기간을 거쳐서 본격적인 헤지펀드 생산이 가능하도록 하는 것이 바람직스럽다.

헤지펀드 국내 허용은 한국 자본시장을 다시 한 번 도약시키는 전기가 될 수 있다. 그러나 헤지펀드들은 속성상 투기적 단기 거래를 집중하다 보면 금융시장 불안을 촉발시킬 위험이 있다. 따라서 국내 시장의 헤지펀드 허용 문제는 부작용을 막기 위한 다각적인 대비를 하면서 검토해야 한다.

헤지펀드에 대한 국내 규제 : 현재 국내법에서는 헤지펀드 설립이 안 된다는 별도 규정은 없지만 법 자체에서 볼 때 사실상 허용하기 어려운 것으로 본다(간접투자자산운용업법 제3조, 제87조). 법 적용에 따르면 헤지펀드가 사모펀드 형태로 운용되어야 하는데 사모펀드에 대한 조건이 공모펀드처럼 까다롭기 때문에 미국형 헤지펀드 설립이 실질적으로 어렵다.

해외 헤지펀드에 경쟁할 수 있는 국내 헤지펀드 설립과 운용이 현재 국내 역량을 보아 충분히 갖추어져 있는지 고려되지만 만반의 준비가 대비되어야 한다. 국내 펀드매니저들은 헤지펀드 운용의 핵심 테크닉인 쇼트 셀링(공매도)에 대한 경험이 전무한 것으로 알려져 있다[매일경제, 2007.5.15].

공매도는 투자 주식이나 채권을 가지고 있지 않는 상태에서 매도 주문을 내는 운용 기법으로 향후 약세 장을 예상해 하락 종목에 투자하는 방식이다. 자산운용업 라이선스 없이 일반 자문사들도 헤지펀드를 만들 수 있도록 제도 변경이 필요하다.

헤지펀드들의 초단기 매매 행위 과정에서 달러 매각, 원화 매입 - 환율 폭락, 주가 폭등, 금리 급상승 - 헤지펀드 투자 차익 발생 - 주식 채권 매각 투자차익 실현, 원화 매각 달러 매입 - 환율 폭락, 주가 급락, 금리 급상승 등으로 경제 전반을 교란시킬 수 있다[매일경제, 2007.3.3].

대규모 차입거래를 하는 헤지펀드가 투자에 실패하면 돈을 빌려준 금융기관이 줄줄이 어려움에 빠지게 되면 금융시장 전체의 불안을 초래할 수 있다. 이러한 불안 가능성을 차단하기 위해 최소한 헤지펀드의 등록을 유도해야 한다. 또한 경영권 위협을 막을 장치도 마련해야 한다. 초단기 투기적 매매 활동으로 발생할 수 있는 경제적 교란을 사전에 차단하기 위해 당국의 감시 감독과 필요한 규제 조치들이 예방 차원에서 강구되어야 한다.

헤지펀드에 대한 해외 규제 : 미국에서는 헤지펀드의 설립과 운용에 대한 아무런 규정이 없고 적격투자자(accredited investors)에 대한 규정만 있을 뿐이다. 일본에서도 투자자 보호 차원에서 헤지펀드 설립이 허용하지 않고 있다. 최근 세계적인 헤지펀드 운용사들이 폐쇄적인 자금모집에서 벗어나 공모형 헤지펀드를 설립해 세계 금융시장을 공략하고 있다. 외국계 헤지펀드들은 거액자금을 모집하는 한계를 극복하기 위해 연기금, 생보사 등 기관투자가들을 끌어들이고 있다[매일경제, 2007.3.3].

헤지펀드에 대한 주요국의 정책 대응을 보면 다음과 같다[KIEP, 한국은행, 금융감독원, 매일경제, 2007.3.3]. ① **미국 :** 증권거래위원회 2006년 2월부터 헤지펀드 등록 의무화, FRB, SEC 등 8년 만에 헤지펀드 규제방안 발표 ② **영국 :** 금융감독청 2005년 10월 헤지펀드 감독팀 신설, 2006년 3월부터 헤지펀드 증권거래소 상장하도록 규정 개정 ③ **EU :** 헤지펀드 거래 상대방과 신용공여기관에 대한 리스크 강화, 2007년 2월 EU집행위원회 헤지펀드 위험성 논의 촉구 ④ **독일 :** 2006년 4월부터 대지주 지분율 3% 초과 시 공시의무 강화, 2006년 5월부터 헤지펀드의 위험 특성 등급화 ⑤ **일본 :** 헤지펀드 위험 노출 정도 판단 위해 위험자산 규모 산정 규정 공포

45. 사모펀드들이 국내외시장을 공략하고 있다.

사모투자펀드(Private Equity Fund, PEF)란 소수 투자자들로부터 돈을 모은 뒤 주식 채권 등에 투자해 고수익을 거두는 것을 목표로 하는 펀드다. 여기서 사모란 불특정 다수의 투자자들의 자금을 모아 운영하는 공모펀드와 달리 소수의 특정인 투자자들의 자금을 모아 운용하는 펀드다. 사모펀드는 불특정 다수 대신 소수 특정 기관이나 소수 개인 투자자 등을 대상으로 자금을 모집하여 운용하는 사모투자펀드(PEF)는 헤지펀드와 공모펀드가 아닌 모든 펀드가 포함된다.

사모펀드들은 보통 연기금, 보험회사 은행 금융기관, 비은행 금융기관 일반법인, 공공법인 등 기관투자가들을 대상으로 대규모 자금을 끌어들여 기업 인수에 나서는 회사(Private Equity Firm) 또는 그런 회사가 조성한 펀드들이 많다. 사모펀드는 자산 가치에 비해 저평가된 기업을 사들여 구조조정을 한 뒤 되팔아 수익을 내곤 한다.

따라서 적대적 인수에 나서는 경우가 많다. 외국의 경우 사모펀드에 대한 규제가 거의 없다. 사모펀드는 몇몇 개인 간에 거래한다.

국내에서는 사모펀드의 일종인 헤지펀드를 허용하지 않고 있지만 PEF는 공식적으로 허용하고 있다. 사모펀드는 증권당국에 등록하고 일정한 규제를 받는다. 국내 투자신탁업법에서는 100명 이하의 투자자, 증권투자회사법(뮤추얼펀드)에서는 50명 이하로 투자자 규모를 정하고 있다. **PEF 운용 방법은 특정 주식이나 채권을 매매하는 정도에 국한되지 않고 투자전문가들의 자금을 운용하기 때문에 운용방식에 제한을 두지 않는다.** 예를 들면 공모펀드처럼 펀드 규모의 10% 이상을 한 주식으로 제한하는 규정이 없다.

최근 PEF운용방식에는 바이아웃(기업 인수 후 매각)이라는 특정 기법이 있다. 저평가된 기업에 자본참여를 한 후 기업 가치를 높여 되파는 전략이다. 적대적 인수합병 형태가 주를 이루는데 기업경영에 참가하게 되면 강력한 구조조정, 자산매각 등을 통해 기업 가치를 극대화한다. 일반인이 사모투자펀드에 직접 투자하는 것은 거의 불가능하다. 그러나 소액 투자자금으로도 사모투자펀드에 투자하는 것과 같은 효과를 누리는 상장 PEF펀드가 있다. 상장 PEF펀드는 세계 증시에 상장된 PEF 주식을 편입시켜 운용된다. 전 세계 증시에 약 350개의 PEF 관련 펀드가 상장돼 있고 시가총액은 250조 원 정도 규모로 추산되고 있다.

1993년 말에 같은 100달러를 헤지펀드와 S&P500지수를 따라하는 인덱스펀드, MSCI선진국을 따라하는 인덱스펀드, 한국 코스피인덱스펀드에 투자했다면 2007년 10월 말 기준으로 헤지펀드가 가장 높은 수익률을 나타냈다[매일경제, 2007.11.20].

개인투자자의 사모투자펀드 투자는 사모투자펀드에 투자하는 투자자의 구성을 살펴보면 그의 가능성에 대해 쉽게 이해할 수 있다. PEF 구성원은 크게 전략적 투자자(직접경영에 뛰어들 투자자)와 재무적 투자자(차익실현 목적의 자본투자자)로 나뉜다. 이들 투자자들은 투자하는 금액은 일반적으로 수십억 수백억에 달하는 거액이다.

따라서 개인 투자자는 대체로 재무적 투자자로 참여할 수 있는 기회는 있다. 그러나 자본참여 규모가 너무 거액이기 때문에 자금마련이 쉽지 않다는 것을 알 수 있다. 또한 개인투자자가 돈 만 많이 가지고 있다고 무조건 투자하는 것도 쉽지 않다.

결국 개인은 PEF에 직접 참여하기는 어려우므로 PEF가 본격적인 활동을 벌린 주식(기업)에 관심을 기울이는 것이 좋다. 최초 지분취득 과정에서 주가가 상승할 수 있고 투자기업 경영에 참여해 성공적인 바이아웃 과정을 마치면 대부분 주가는 뜀박질 할 수 있기 때문이다.

세계적인 M&A시장은 10여개 대형펀드들이 사실상 주도한다. 미국계 최대 사모펀드인 블랙스톤은 미국 최대의 부동산업체인 에퀴티 오피스 프라이퍼티즈(EOP)를 390억 달러에 인수했다. 콜버그 크래비스 로버츠(KKR)는 최근 전력회사 TXU를 450억 달러에 인수 후 다시 되 파는 사상 최대의 바이아웃(buyout)을 기록 하였다. 카라일은 48개의 다양한 사모펀드를 운용한다[매일경제, 2007.2.28].

2006년 5대 사모펀드(미국에서 성사된 합병인수 거래규모 기준) ; 블랙스톤, TPG, 베인캐피털파트너스, 토머스 H 리 파트너스, 골드만삭스 **2006년 5대 사모펀드**(아시아-태평양에서 성사된 합병인수 거래규모 기준) ; TPG, 맥쿼리은행, 올코 에퀴티 파트너스, 오넥스, 칼라일. 그 밖에 텍사스 퍼시픽 그룹, 베인캐피털, 프로비던시 에퀴티 파트너스, 아폴로 어드바이저, 워버그 핀커스, 서버러스, 토마스 리, 매디슨 디어본 파트너스, 실버레이크파트너스, 커크 커코리언의 트레신다 등이 활약하고 있다[매일경제, 2007.2.28].

유럽 사모펀드들로는 CVC캐피털 파트너스, 퍼미라앤드아펙스 파트너스, 포트리스 인베스트먼트 등이 적극적으로 인수합병에 나서고 있다[매일경제, 2007.2.28]. PEF 및 헤지펀드 운용회사 인 포트리스 인베스트먼트 그룹은 2006년 2월 초 뉴욕 증시에 상장했다. 이 회사 지분 77.7%를 갖고 있는 펀드매니저 5명이 자산이 90억 원에 이른다.

유럽 사모펀드 시장은 그 동안 우호적인 투자 활동을 해왔으나 최근 들어서 적대적 인수합병의 주요 세력으로 등장하는 등 성격이 변하고 있다. 2006년 적대적이거나 비우호적인 방법으로 기업을 인수한 사례는 14건에 달했다[매일경제, 2007.2.28].

이전까지 사모펀드는 헤지펀드들이 적대적 인수를 시도할 때까지 기다렸다가 곤경에 처한 기업이 구원의 손길을 요청할 때 백기사로 참여해 수익을 올린 사례가 많았다. 그러나 **최근 사모펀드들은 헤지펀드와 같이 자신들이 직접 먹잇감을 찾는 약탈자로 나서 수익을 극대화한다.** 이 같은 움직임은 사모펀드가 적대적 M&A로 흐르면서 헤지펀드와 융합하는 추세다[매일경제, 2007.2.28].

사모투자펀드, 헤지펀드와 뮤추얼펀드는 투자자들에게서 자금을 모집한 뒤 실적에 따라 수익을 배분하는 간접투자 상품이라는 점에서는 공통점을 갖고 있다. 그러나 자금조달과 운용방식에서는 큰 차이가 있다. 뮤추얼펀드는 신문광고 등을 통한 일반인들에게서 공모방식으로 자금을 모으는데 반해 사모펀드와 헤지펀드는 제한된 수의 거액투자자들에게서 사모방식으로 자금을 모집한다. 따라서 뮤추얼펀드는 일반 투자자들을 보호하는 엄격한 장치가 마련되어 있다.

예를 들면 뮤추얼펀드는 투자설명서 공개 등이 마련되어 있는데 반해 사모펀드와 헤지펀드는 투자대상과 정보공개 등의 공적 규제가 없다. **헤지펀드는 파생상품이나 공매도와 같은 투자를 통해 초**

단기 고수익율을 추구하므로 공적 규제가 없는 점을 살려 펀드운영자와 투자자가 파트너 개념으로 결합한 유한회사 형태로 설립된다.

펀드 비교			
구분	헤지펀드	뮤추얼펀드	사모투자펀드
투자자모집방식	사모	공모	사모
투자기간	단기	중장기	중장기
공시	비공시	공시	비공시
차입	원금의 2배,5배	차입불가	원금의 2배,5배
공매도	규제 없음	이익의 30% 이내 제한	규제 없음
성과측정	절대수익률	상대수익률	절대수익률

요즈음에는 PEF에 투자하는 PEF(펀드오브펀드)도 늘고 있다. 사모펀드는 펀드자금 전체를 특정 종목에 투입할 수 있기 때문에 특정기업의 주가를 부양할 수 있다는 점에서 기업들이 활용할 수 있다. 그러나 주식형 사모펀드를 통해 주식을 매입해 의결권을 행사하면 적대적 인수 합병이 일어나기도 한다.

메릴린치 모건스탠리 리먼브러더스 등의 글로벌 투자은행들은 사모펀드(private equity fund) 사업에 적극적으로 뛰어들고 있다. 과거 전통적으로 인수합병 중개업과 자문역에만 충실한 영업 방식에서 벗어나 적극적인 M&A투자에 나서는 새로운 경향을 조성 리더하고 있다. 특히 초대형 투자회사들은 브랜드파워와 자금력, 정보력 등을 앞세워 사모펀드시장을 적극 공략하고 있다.

국내에서는 아직도 사모펀드와 헤지펀드에 대한 인식이 여전히 부정적이다. 사모펀드와 헤지펀드는 투기자본, 기업사냥꾼 또는 경제를 해치는 위험한 자본이란 인식이 자리 잡고 있다. 이 같은 생각은 시장개방과 자유화 과정을 겪는 과정에서 외환위기를 경험하였고 사모펀드와 헤지펀드 역시 이 시기에 맞추어 들어온 것과 맞물려 온 점이다.

최근 사모펀드의 투자 규모는 초대형화의 길을 걷고 있는 추세다. 또한 사모펀드 과거 인수한 주식가격의 차익거래(arbitrage trade)와 차입비율(leverage) 등을 통해 자본수익률을 극대화하는데 치중하는 투자패턴에서 벗어나 최근에는 인수한 기업의 경영 개선을 통해 기업 가치를 높여 엄청난 수익을 챙기는 방식을 선택하고 있다.

또한 사모펀드가 글로벌 멀티그룹으로 진화하는 것도 새로운 특징이다. 10년 전만 해도 해외 사모펀드들은 주로 미국 유럽 기업 중심으로 투자해 왔으나 최근 글로벌펀드들이 중국 등 전 세계시장을 무대로 삼고 활약하고 투자대상도 금융 통신 항공 인프라신업부터 극장체인 유통기업 의료산업 식음료 서비스업 등 매우 다양한 산업으로까지 다양하게 번지고 있다.

46. 연기금의 기관투자자 역할은 막강하다

한국의 국민연금기금 규모는 일본 후생연금, 노르웨이 정부연금, 네덜란드 ABP, 미국 캘퍼스 등에 이어 세계 5위 규모로 성장했다. 국민연기금 규모는 2007년 말 220조원으로 성장했다[왓슨와이어트, 매일경제, 2008.4.19]. 국민연금기금의 위상이 달라진 것은 해외투자부문에서 돋보이고 있다. 2005년 해외대체투자를 시작할 때는 적당한 투자처를 찾아다녀야 했지만 지금은 유명 펀드관계자들이 찾아오는 실정이다.

아시아 연기금이 두각을 나타내고 있다. 세계 상위 10개 연기금 가운데 아시아태평양지역 기금이 절반 이상을 차지해 위상이 급격히 제고되고 있다. 우리나라 국민연금의 자산규모는 4위다. 지난해 아시아태평양 지역의 국가와 공공 부문 연기금 자산 규모는 약 3조 2000억 달러로 전 세계 전체 자산의 25%를 차지했다. 29개 아시아태평양지역 기금 중 5개가 상위 10위권에 포진했다.

일본 정부연금투자기금이 1위, 한국 국민연금이 4위, 일본 지방정부 공무원 기금이 7위고 말레이시아 종업원 적립 기금과 싱가포르 중앙 적립 기금이 각각 9위와 10위로 10위권 내다. 아시아태평양지역의 여러 기금이 특히 엔화와 호주 달러를 비롯한 아시아 통화의 미국 달러에 대한 평가 절상으로 인해 더욱 큰 혜택을 누렸다.

지난해 세계 300대 연기금의 자산 합계는 2009년 대비 11% 증가한 12조5000억 달러에 달했다. 하지만 경제 불안 지속과 예측 불가한 성장 환경으로 인해 지난 5년 동안 보다 방어적인 자산 구성으로 전환하면서 전체 기금의 연간 성장률은 6%를 약간 웃돌고 있다.

최근의 시장 동요는 앞으로 몇 년 동안 힘겨운 투자 환경이 계속될 가능성이 높다. 더 기민하고 리스크에 철저히 대비하는 충분히 분산화 된 기금만이 손실을 최소화할 수 있다[타워스왓슨, 파이낸셜뉴스, 2011.9.8].

국민연금공단의 연금 조성 금액은 2009년 3월말 현재 289조원에 이른다. 이 중 연금급여 등에 45조원을 지출하고 244조원을 운용 중이다[국민연금공단, 메디컬투데이, 2009.5.18].

운용 중인 244조 원 중 채권투자가 192조원, 주식이 38조원, 대체투자가 9조원이다. 1988년도부터 2009 3월 말까지 누적수익률은

6.8%고 총수익금은 88조원이다. 금융부문 누적 수익률은 5.67%다. 부문별 수익률에서는 공공부문이 8.26%이고 다음 복지부문(7.47%), 금융부문(5.67%)의 순이었다. 공공부문 수익률이 높은 이유는 1999년 이전 고금리시기에 운용금액이 컸기 때문이다.

국민연금공단의 주식투자 손실 : 국민연금공단이 2007년 8월부터 신흥시장(이머징마켓)에 19억2천만 달러를 투자에서 2008년 9월 말 현재 4억5천만 달러(-23.4%)의 손실을 봤다[국회 보건복지가족위 손숙미 의원, 매일경제, 2008.10.11]. 브릭스(BRICs) 국가 손실액은 1억9천3백만 달러(손실률 25.8%)다.

이들 나라에 대한 투자 손실액이 전체 신흥시장 손실액의 42.8%를 차지했다. 공단은 신흥시장 지수가 지난해 10월31일 이후 하향하고 있는데도 15억 달러를 추가로 투자, 손실을 키웠다.

연금 해외투자에는 손절매 규정이 없어 손실이 더욱 커질 수 있는데 금융위기에 발 빠르게 대처할 방안을 주문했다. 2008년 말 현재 대다수 연기금들은 세계 금융 위기의 여파로 큰 손실을 냈다.

연기금	수익률
미국 캘리포니아공무원연금(캘퍼스)	− 27.10%
네덜란드 직역연금(ABP)	− 20.20%
캐나다 국민연금	− 14.50%
일본 후생연금	− 13.90%
한국 국민연금기금	+ 0.01%

세계 각국 연기금의 손실률은 마이너스 20% 이상으로 추정한다[경제협력개발기구 OECD]. 그러나 한국의 국민연금기금은 지난해 발생한 글로벌 금융위기 속에서도 플러스 수익률(0.01%)을 올렸다. 이 같은 성과는 글로벌 금융위기가 강타했을 때 주식과 해외투자 비중을 줄이고 안정적이고 채권 비중을 늘린 것이 손실을 최소화한 것으로 본다[파이낸셜뉴스, 2009.5.20].

국민연금의 위탁 운용 방법 : 국민연금은 위탁운용사들에게 현금 보유 비중과 종목당 투자한도, 주식보유 비중 등의 가이드라인을 지시한다. 주식 일임계약을 맺는 운용사는 운용 가이드라인에 따라 주식에 투자한다[매일경제, 2009.4.18]. 2009년 2월 말 현재 국민연금의 국내 주식 위탁운용 규모는 총 19조8261억 원에 달한다. 이번 평균 주식 편입비율을 5%포인트 낮출 경우, 주식 규모가 1조원 가까이 줄어드는 효과가 발생한다.

그동안 국민연금은 30여 곳에 달하는 위탁운용사에 맡기고 있으며 주식 보유 내역을 매일 일일이 집계하지 않았다. 국민연금은 매일 집계가 물리적으로 어렵다는 사실을 들어 주식투자액이 수 십조원에 달하는 대형 연기금 등에는 5%룰을 대폭 완화해 줄 것을 요구해 왔다[매일경제, 2009.4.18]. 사학연금이 주식투자 비중 가이드라인을 90%로 제시하는 등 대다수 연기금은 주식비중 90~95% 선을 유지하고 있다. 연기금의 위탁운용 가이드라인은 대략 6개월마다 조정되는 것으로 알려졌다[매일경제, 2009.4.18].

47. 국민연금기금, 사립학교 교직원 연금, 공무원 연금, 군인 연금

국민연금기금은 연금가입자에게 노령연금, 유족연금, 장해연금, 반환일시금 등 제급여의 지급에 충당하기 위한 목적으로 설립된 기금이다.12)

국민연금기금은 가입자를 거의 모든 국민을 대상으로 하고 법규에 의해 강제로 징수되고 있다. 따라서 국민연금가입자는 일정액을 정기적으로 납입하면 강제저축으로서 집단저축의 성격을 띠고 있다. 총저축에서 차지하는 비중도 높다. 매년 들어오는 납부금액이 **국민, 공무원, 사학 등 3대 연금관리공단과 교원, 지방행정, 경찰, 군인 등 4대 공제회가 운영하는 자산규모는 98년 말 50조3천억 원으로 엄청난 규모이며 98년 일반예산 규모 85조7천억 원의 60%에**

12) 국민연금기금은 사회보장차원의 국민연금보험제도로서 의료보험, 산업재해보험, 고용보험과 함께 4대 사회보험의 근간을 이루고 있다.

해당하는 막대한 자산규모로서 국민경제적인 의미가 매우 크다.

국민연금관리공단의 기금잔액은 98년 말 현재 37조4600억 원에 이르고 있다. 국민연금 기금적립금은 2000년 54조원, 2001년 66조 4000억 원, 2002년 80조3000억 원으로 전망되고 있다. 국민연금기금의 자산운용 실태를 보면 97 ~ 98년간 수익률이 낮은 개발신탁 상품을 전체 매입물량 중 70%를 차지하였다. 또한 경쟁력이 없는 사업에 97년 12월 말 현재 2조4000억 원을 투자하였다. 이로 인해 국민연금은 막대한 기대수익 상실을 초래하였다[매일경제, 1999.6.17].

국민연금관리공단은 기금조성에서 연금급여 등 지출을 제하고 남은 운용기금이 99년 9월말 43조7740억 원이었다. 이 운용기금은 사회간접자본, 농어촌 지원 등 공공사업에 30조8283억 원이 투자하고 채권, 주식, 수익증권 등의 금융자산에 11조8681억 원을 운용하였으며 시설투자 및 대출 등에는 1조776억 원을 운용하였다.

국민연금관리공단은 98년 말 기금운용본부를 신설한 후 99년부터 주식투자에 적극적으로 나서고 있다. 2000년도에 들어서면서 주식에 직접 투자할 뿐만 아니라 수익증권 등의 간접투자에도 나서고 또한 코스닥시장에도 적극적으로 투자하고 있다.

직접주식투자 규모는 99년 1조8500억 원에서 2000년에는 2조

5000억 원으로 늘리고 간접투자규모는 1조 원가량 잡고 있다. 또한 2000억 규모를 4개의 민간자산운용회사에 각각 500억 원씩 위탁 운용에 맡겼다. 외부 위탁운용기관으로는 미래에셋자산운용, LG투신운용, 리젠트자산운용, 삼성생명투신운용이 선정하였다.

국민연금 총 운용자산이 2006년 말 192조원에서 2011년 350조원으로 연 12.8% 성장할 것으로 전망하였다. 주식 비중을 연금자산 중 13.6%로 유지할 경우 2007년 5조9000억 원 순매수 규모가 가능하다. 2006년 6월 말 국민연금 보유 지분이 5% 이상 되는 종목은 86개 달했다. 국민연금의 매수 확대는 첫째 국내 증시의 외국인 의존도를 줄이고 국내 기관의 의존도를 높일 수 있다는 것과 둘째 국민연금의 매수 종목에 신경이 쓰여 질 수 있다. 연기금의 매매회전율을 보면 보통 3년 정도 묻어두는 것으로 나타났다[매일경제, 2007.2.27].

연기금의 주식참여 확대가 금융시스템에 안정성을 위협할 수 있다. 자산 유동화 속도가 빠르게 진행되면 자산시장에 커다란 충격을 줄 수 있다[머니투데이, 2007.3.19]. 국민연금기금 중 주식시장에 투자된 자금 비중은 외국 연기금에 비해 낮은 수준이지만 주식시장 규모에 비해 상당히 높다. 연기금의 주식매각은 유동성이나 유통주식에 크게 영향을 미칠 수 있다[머니투데이, 2007.3.19].

미국	일본	캐나다	한국
캘퍼스	후생성연금	Pension Plan	국민연금
총 연금 규모(십억)	1,635 달러	440,917 달러	732달러 116 원
주식 투자액(십억)	656 달러	105,642 엔	175 달러 9원
주식시장 규모(십억)	123,176 달러	3,846,606 엔	13,819 달러 355달러
연금 중 주식투자액	40.12%	23.9%	23.96% 7.84%
주식시장의 연기금 비중	0.53%	3.03%	1.27% 2.57%

자료 ; 각 연기금의 홈페이지, 매일경제, 2007.3.17

전략적으로 행동하는 기관투자자들이 국민연금과 같은 방향으로 대량 자산거래를 함으로서 일시에 증권가격에 충격을 가하는 오버슈팅 현상도 일어날 수 있다. 특히 자산가치의 하락으로 추가 매각이 다른 투자자의 추격 매각 등으로 일거에 군집 현상을 가져오면 금융시스템이 급속히 붕괴 되는 금융시스템 안정성을 위협할 수 있다[머니투데이, 2007.3.19].

연기금이 가지는 거시경제적인 영향을 고려하지 않고 배분전략을 수립하면 경제 전체에 부정적인 영향을 끼치게 된다. 자산 포트폴리오, 해외투자 확대, 연금 운용 단위의 세분화 등 장기운용전략을 모색하기 위한 국민적 합의가 필요하다. 국민연금 수익률은 다른 국가의 연금기금 수익률에 비해 저조하다.

주요 연기금의 운용 수익률			
	2004년	2005년	2006년
국민연금	8.07%	9.55%	5.77%
일본 GPIF		13.37%	
CALPERS	13.4%	12.30%	15.74%
네덜란드APB		12.80%	
캐나다CPPIB	31.7%	15.5%	17.40%

미국캘리포니아공무원연금 CALPERS, 캐나다연금투자이사회 CPPIB, 퀘백주연금운용 CDP, 네덜란드공무원연금 APB. 또한 수익률 추이도 1988-1999년 동안 연평균 12.1%에서 2000~2005년 기간 동안 평균 7.2%로 하락했다. 주식시장이 좋지 않았던 2006년에는 5.77%포인트까지 떨어졌다.

국내 주요 기금 자산 운용수익률	
기금	3년 누적운용 수익률
공무원연금기금	31.49
국민연금기금	21.79
사학연금기금	24.52
고용보험기금	15.47
국민주택기금	15.70
부실채권정리기금	13.45
수출보험기금	18.71
신용보증기금	14.06
전력산업기반기금	15.13
국민체육진흥기금	21.08
국제교류기금	19.14

근로자복지진흥기금	15.77
남북협력기금	13.59
농수산신용보증기금	23.03
대외경제협력기금	13.64
문예진흥기금	17.82
주택금융신용보증	15.71
축산발전기금	14.58
학자금대출신용보증기금	13.93

자료 ; 기획예산처, 2006년 기금운용 존치 평가 결과, 매일경제, 2007.5.30

국내 4대 연금이 2011 8월~9월 폭락장 때 크게 손실을 봤다. 수익률이 시장 평균 하락률이나 국내 자산운용사들보다도 못했다. 7월까지만 해도 국민연금의 연초 이후 수익률은 3%대였다. 그러나 8월 미국 신용등급 강등과 유럽 재정위기 확산으로 전 세계증시가 폭락하면서 9월 말 수익률이 -14%(연초대비)까지 내려앉았다. 사립학교교직원연금(사학연금)은 7월말 3%에서 9월 말 -17%로 급락했다. 코스피 하락률(-13%)이나 국내 44개 자산운용사 평균수익률(14%)보다 낮은 수치다. 공무원연금과 군인연금 역시 마찬가지 사정이다. 9월까지 공무원연금은 -16%, 군인연금은 -14%의 수익률을 기록했다.[13)]

13) 지난해 공무원연금에는 1조3071억 원, 군인연금에는 1조565억 원의 세금이 투입되는 등 해마다 2~3조원의 세금이 이들의 적자를 보전하고 있다.

과거 연기금은 위기에 강했다. 2008년 금융위기 땐 개인과 외국인은 물론 다른 기관들보다 성적이 좋았다. 2008년 10월 말 코스피지수가 41% 하락(연초 대비)하고, 자산운용사들이 -40%의 성적을 냈을 때, 국민연금은 -37% 정도로 상대적으로 방어를 잘했었다. 그러나 이번 폭락장 때에는 연금이 주로 투자하는 우량주들이 크게 타격을 입고 상대적으로 중·소형주가 잘 버티면서 성적표가 엉망이 됐다. 앞으로 대외경제가 불확실한 상황에서 국민연금은 해외주식 투자비중을 올해 6.6%에서 내년 8.1%로 늘리기로 했다. 국내투자자산을 다변화시킨다지만, 그동안 해외 주식 수익률은 국내 투자수익률에 비해 크게 낮았다. 국민연금의 2006~2010년 해외 투자수익률은 평균 -2.3%로 국내주식 평균 수익률(12.5%)을 크게 밑돌았다[조선일보, 2011.11.27].

최근 국내 4대 연금의 투자수익률 문제는 조바심을 갖기 보다는 **좀 더 길게 보며 지켜보아야 한다. 최근 4대 연금의 투자수익률이 코스피 하락률(-13%)이나 국내 44개 자산운용사 평균수익률(14%)보다 낮은 수치를 보이는 것은 투자전략에 문제가 있다.** 국민연금이 2018년까지 주식투자 비중을 30% 이상 늘린다. 목표 수익률을 유지하기 위해 위험자산을 늘리는 공격적인 운영을 시도하고 있다.

작년 발표된 2013~2017년 중기자산 배분 안에서 2017년까지 주식투자를 30% 이상까지 늘린다는 목표가 제시했었다. 그러나 실행은 뒷전이었고 전략은 보잘 것 없었다. 국민연금은 보유 종목과 관련한 정보를 공시하고 있다. 전자공시시스템의 경우 5% 이상 지분 보유 종목의 지분변동 사항을 매 분기 첫 달 10일 전후 공시하고 있으나, 홈페이지의 경우 5% 이상 지분보유 종목의 명단만 분기별로 공개하고 있다. 따라서 국민연금의 지분 보유 상황을 전체적으로 파악하려면 전자공시시스템에 올려 진 수백 건의 공시를 일일이 살펴볼 수밖에 없다는 문제점이 있었다. 이에 올해 10월부터는 **5% 이상 지분보유 종목의 경우 종목 이름뿐 아니라 지분율과 평가액도 홈페이지로 공개한다.** 다만 홈페이지로 공개되는 국민연금의 지분율 5% 이상 종목 현황은 6개월 전 기준 자료인 만큼 투자자 입장에선 도움이 되지 못할 것이다. 국민연금은 투자전략 노출 등으로 인한 문제가 있기 때문에 해당 자료는 6개월 전 기준으로만 공개하고 있다[서울 = 연합뉴스, 황철환 기자, 2013.5.29. / 보건복지부 / 국민연금 기금운용위원회].

국민연금 지배구조와 자산운용 수준이 글로벌 10대 연기금에 견줘볼 때 평균에 크게 미달한다. 탁월한 평가를 받은 네덜란드 ABP와 캐나다 CPP와 비교하면 크게 낮다. 이같은 낮은 평가의 원인을 정리해 보면 ① 기금운용본부장(CIO)이 소신껏 운용할 수 있는 구조가 미흡하다. ② 이를 감독하고 운용전략을 결정하는 책임기관인 보건복지부와 기금운용위원회의 전문성이 턱없이 부족하다. 국민연금 운용의 큰 틀을 결정하는 기금위 위원 20명 가운데 재무·자산운용 전문가는 단 한 명도 없다. ③ 자산운용 부문에서는 최근 자산배분

비중을 크게 늘리고 있는 대체투자 관리와 투자위험 관리의 적정성에서도 미흡하였다. 대체투자를 심의하는 민간 전문가를 이사장이 지명 또는 위촉하고, 이를 감시해야 할 리스크관리위원장을 다시 이사장이 맡는 기형적인 구조다. ④ 기금관리 운용 투명성, 주주권 행사의 적정성, 자산운용 조직체계 등 매우 미흡하다. ⑤ 성과 분석에서 국민연금의 최근 5년, 10년 절대수익률은 각각 2위와 5위에 올라와 우수한 것으로 평가됐지만 금리 하락기에 채권 투자 비중이 높아 운용 수익보다 자본이득 자체가 컸기 때문이며 향후 저금리 상황에서 수익률이 급락할 심각한 위험이 있다. ⑥ 국민연금이 형식상 외관은 잘 갖춰져 있지만 실질적으로 전문성이 부족하고 독립성 확보가 미흡하다[매일경제, 2013.4.23. 황형규 기자 / 손일선 기자].

부도위기에 몰린 유럽 국가에 투자된 국민연금 기금이 7천200억 원에 이른다. 금융위기를 겪고 있거나 위기 수준에 접근하고 있는 그리스, 스페인, 아일랜드, 이탈리아, 포르투갈에 투자한 국민연금 기금은 2012년 6월말 현재 6억3천980만 달러에 달했다.

국민연금은 이른바 PIIGS 국가에 대한 투자액은 국민연금의 전체 해외투자액 56조3천억 원에 비하면 미미하다. 일부 손해를 보더라도 전체 수익률에 큰 영향을 미칠 수준은 아니다[서울 = 연합뉴스 하채림 기자, 2012.9.13. / 국회 보건복지위원회에 공개한 국민연금공단 자료].

국민연금기금이 5% 이상 지분을 보유한 10대 그룹 계열 상장사는 2012년 말 현재 53곳에 달한다. 10대 그룹 상장사의 국민연금기금 평균 보유지분율은 2012년 12월31일 현재 7.7%다. 최대주주인 회사는 삼성물산(9.68%), 호텔신라(9.48%), 제일모직(9.80%), 포스코(5.94%) 등 4곳이다. 2대 주주인 회사도 삼성전자(7%), 현대차(6.75%), SK하이닉스(9.10%), SKC(9.48%) 등 4곳이다. **10대 그룹 계열 상장사에 대한 국민연금기금의 지분가치는 지난 21일 현재 41조 8천325억 원인 것으로 집계됐다. 이는 국민연금기금이 국내 주식시장에 투자한 전체 금액의 61.1%에 해당한다.** 국민연금기금이 최근 10대그룹 상장사의 지분을 계속 늘려가고 있다. 의결권을 적극 행사하면 10대 대기업 그룹 상장사의 의사결정에도 큰 영향을 미칠 것이다[서울 = 연합뉴스 전준상 기자, 2013.1.23. / CEO스코어].

대부분은 국내 투자기관은 국민연금에 의존 한다 : 국내 자산운용·투자자문사의 국민연금 의존도가 최대 80%에 달했다. 이들 기관들은 국민연금이 없으면 존립이 불가능한 셈이다. 국민연금은 위탁기관의 수를 늘려 특정 금융기관에 과다한 자금이 위탁되지 않도록 하는 방안을 찾는다지만 매우 지나친 연금의존이다. **2012년 6월 말 기준 전체 위탁자산의 50% 이상이 국민연금 자산인 위탁운용사는 8곳이다.** 특히 한가람투자자문의 위탁자산 중 국민연금 자산비중이 무려 80.69%, 에셋플러스자산운용의 국민연금 의존도는 77.40%였다. 다음으로는 코스모자산운용(68.29%), 현대인베스트먼트자산운용(57.47%), 마이다스자산운용(56.52%), 칸서스자산운용(54.45%), LS자산운용(54.03%), 피데스투자자문(51.88%) 등의 순이다.

이런 현상은 국민연금의 위탁운용자산 비중 확대 속도에 국내 금융기관의 성장이 따라가지 못한 결과다. 2012년 7월 말 기준으로 국민연금의 위탁운용 자산은 108조2천850억 원으로 작년 말보다 13.5% 증가했다. 국민연금 금융부문 전체에서 위탁운용이 차지하는 비중도 2004년 8.1%였던 것이 2007년 17.1%, 2010년 24.3% 등을 거쳐 2012년 7월 말 기준 28.9%로 8년 만에 3.6배로 늘었다. 반면, 위탁운용사의 규모나 개수는 거의 증가하지 않았다. 따라서 위탁운용사의 범위가 확대되지 않으면 특정기관으로의 쏠림 현상을 불가피할 전망이다. **지나치게 높은 위탁운용사는 상대적 부실화 우려가 크고, 자칫 위탁운용사 선정이나 위탁금액 상향 조정 등을 위한 청탁과 특혜 의혹을 유발할 수 있다. 국민연금 관계자는 위탁운용사 범위를 넓히는 대책을 생각 한다지만, 여러 가지 이유로 비공개 또는 늑장 공개나 불투명한 공개 등의 행태를 보이고 있다**[서울 = 연합뉴스, 황철환 한혜원 기자, 2012.10.15. / 국회 보건복지위 이목희(민주통합당) 의원의 입수 자료].

국내 공제회 운용 실태를 보면 투자수익률 · 의사결정 · 위험관리 · 자산배분 등 내부 운용 체계가 전반적으로 부실하였다. 교직원공제회, 건설근로자공제회만 양호했고 신협 공제와 우체국보험, 군인공제회 등 거의 대부분은 보통 미흡 또는 아주 미흡한 수준이었

다. 위험 관리와 자산 배분 등 전반적으로 개선해야 할 부분이 많다. 보증 · 손해공제 등을 주 업무로 하는 건설 · 전문건설공제회 등 4곳도 아주 미흡했다. 자산의 100% 또는 대부분을 예금 · 채권 등에 투자해 안전 자산 일변도의 자산 운용이었다. 공제회가 부동산과 대체투자에 투자를 많이 한 것에 비하면 전반적으로 위험관리가 미흡하고 운용인력 전문성이 부족한 상태다. 최근 미국의 양적완화(QE) 축소 가능성에 따라 금리가 요동치면 채권 평가손실과 대체투자의 부실 가능성이 있다. **공무원 · 군인 · 지방행정 등의 공제회는 손실이 생기면 사실상 국민 혈세가 투입될 수밖에 없다.** 현 수준의 자산 운용 체계로는 급변하는 경기 · 금융 환경에 대응해 적정 수익률과 급여율을 유지하는 데 큰 어려움을 겪게 될 것이다[매일경제, 황형규 기자 / 손일선 기자, 2013.6.19/공공기관자산운용평가단 ; 한국의 주요 17개 공제회 자산 운용 체계에 대한 종합 평가].

과거 군인공제회의 투자방식은 수천억 원의 자금을 단 한 건의 프로젝트에 투자하는 공격적인 것으로 유명했다. 주로 부동산 프로젝트 파이낸싱(PF)이나 사모펀드(PEF)를 통해 공격적으로 투자했다. 이를 통해 높은 수익률을 올리기도 했지만 시장 상황이 나쁠 때는 수익률 관리에 애를 먹기도 했다.

군인공제회의 자산 규모는 약 8조원이다. 이 중 금융과 부동산에 3조5000억 원과 3조원씩 투자하고 있다. 과거에는 부동산 비중이

가장 컸지만 점차 낮추는 중이다. 금융과 부동산 비중을 6 대 4 정도로 맞추려고 하고 있다. 금융자산 중에는 PEF나 사회간접자본(SOC) 등 대체투자가 1조7000억 원으로 가장 많다. 이어 주식 1조 원, 채권 4000억 원, 해외 4000억 원 순이다. 부동산까지 합하면 전체 운용자산의 80%가 대체투자다. 다른 연기금에 비하면 비중이 과도하다 싶을 정도로 높다. 과거에는 이 같은 독특한 포트폴리오가 장점이 되기도 했다. 특정 투자에 많은 돈을 쓰면 한 번에 큰 수익을 안겨주는 일도 많았기 때문이다. 하지만 장기적으로 안정적 수익을 내기에는 위험부담이 클 수밖에 없다. 이런 점을 감안해 수익률을 다소 양보하더라도 주식, 채권 등의 비중을 높이려고 하고 있는 것이다.

군인공제회는 회원들에게 연 6.1%의 높은 수익을 보장하고 있다. 3년 전에는 7%에 달했다. 다른 연기금에 비해 조달금리(회원 저축금리)가 높다 보니 대체투자를 많이 하고 투자 한 건에 수천억 원씩 자금을 집행하는 일도 많았다. 무엇보다 조달 금리를 현실화할 필요가 있다. 앞으로 군인공제회는 투자자산을 보다 안정적으로 운용할 필요가 있다. 과도하게 낮은 채권투자 비중을 높이고 주식 비중을 늘려야 한다[한국경제신문, 2011.11.24.].

재향군인회가 부동산 프로젝트파이낸싱(PF) 사업장에서 고리대금 장사를 하다 수천억 원대 손실을 입었다. 부실대출에 관여한 사업개발본부 주택부장 등 재향군인회 관계자와 시행사 임직원을 특정경제범죄가중처벌법상 배임 등 혐의로 구속기소했다. **재향군인회는 부동산 경기가 활황이던 2004년 신규 수익모델을 찾겠다며 사업개발본부를 신설해 PF대출 사업을 시작했다.** 7000억~1조원 대에 달하는 재향군인회 자산을 바탕으로 금융기관에서 6~8%대 저리 신용대출을 받은 뒤 이를 시행사에 20% 선이자를 받고 빌려주는 방식이다. 저리로 빌린 자금을 고리로 빌려주는 '중매 대출'형식으로 12~14% 포인트 가량의 이자 차액을 얻을 심산이었다. 하지만 **재향군인회는 시행사의 부실이나 사업성 평가도 없이 무작정 대출에 나섰다가 낭패를 보게 됐다. 2008년 금융위기로 부동산 경기가 침체되면서 PF사업장 부실은 눈덩이처럼 커졌지만 재향군인회는 묶인 대출금을 회수하려고 시행사에 추가대출까지 해주면서 더욱 문제를 키웠다. 재향군인회가 금융업을 하면서도 금융기관의 거액대출 및 관련기관 등이 금융감독원의 감독을 받지 않았다**[국민일보, 2013.4.8.].

48. 프라이빗 뱅킹시장이 급속히 성장하고 있다.

프라이빗 뱅킹은 부유층을 상대로 자산관리에서부터 세무나 법률 서비스까지 한꺼번에 제공해 주는 포괄적인 금융 영업을 한다. 프라이빗 뱅킹 운영기관은 고객의 건강 의료, 개인의 사생활 비밀 등까지 관리해 준다. 스위스, 독일의 PB 뱅킹은 고객의 사생활까지 포함한 포괄적인 금융서비스를 제공해 주고 있다.

세계의 프라이빗 뱅킹 시장 규모는 2001년 27조 달러, 2005년에는 40조 달러에 도달했다. 100만 달러 이상 보유한 고소득자를 대상으로 한 PB고객은 7200만 명에 이른다. PB시장은 2000년 6% 이상의 높은 성장세를 나타냈다.

지역별로 보면 북미지역이 가장 큰 성장세를 나타냈다. 북미지역 PB시장 규모는 8조8000억 달러, 유럽은 7조2000억 달러, 아시아지역은 5조 달러다. 아시아지역은 100만달이상 부유고객이 1300만 명에서 1700만 명으로 급속히 증가하였다. 아세아 프라이빗 뱅킹 잠재시장은 매우 크다.

프라이빗 뱅킹(Private Banking)은 2001년 전 세계적인 주식시장의 침체로 인해 수익 전망이 불투명하면서 크게 위축되었다. 2001년 유럽Onshore영업 매출은 연평균 12% 감소하고 비용은 3% 상승한 결과 이윤은 평균 38% 줄어들었다. 거래소와 나스닥은 거래량이 수 년 이래 처음으로 줄어 고객 자산이 비워지면서 고객들은 자산관리 수수료 때문에 주식보다 채권, 머니마켓펀드로 갈아탔다.

25만 달러 이상의 부유고객들이 감소하면서 중소 부호들이 줄어들었다. 부유가계의 자산은 2000년에 비해 230만 유로가 줄고 순투자 자산은 2조6천억 달러나 줄어들었다. 이로 인해 자산관리기관의 수익-비용 비율은 2000년 60%에서 2001년 72%로 증가하였다. 매출손실은 비용절감으로 따라잡을 수 없는 상황에 이른 것이다.

일부 금융기관은 주식시장에서 입은 손실을 만회하기 위해 금융상품의 다양화를 통한 경쟁력을 강화하고 있다. 방안으로 헤지펀드, 원금보장상품 또는 채권 등 유사상품을 포트폴리오에 편입한다. 최소 자산의 설정은 대부분의 금융기관에서 고객의 호응을 얻었다. 그러나 부호고객으로부터 이윤을 창출하는 것이 쉽지 않다. 이유는 5백만 ~ 2천만 달러 규모의 고객을 상대로 한 풀 서비스 제공에 소요되는 비용은 연간 6만 달러로 추정된다.

은행들은 5만 달러 미만의 고객을 단절하면서까지 극단적으로 비용을 절감하고 있다. 그러나 20만 달러 이상의 고객에게 연간 6시간의 자문서비스를 제공하는 것으로는 너무 부족하므로 고객유치에 어려움을 겪고 있다. 이러한 상황은 다수 금융기관이 겪고 있다.

주식시장의 침체와 인터넷 거품의 붕괴 및 대기업의 부정회계사건 등이 불거지는 상황에서 개인 유대에 특화한 소형 금융기관은 공격적인 미국 은행에 대항하고 있다. 대형은행과 대형투자은행 산하의 프라이빗 뱅크는 주식발행 및 주식분석업무에서 독자적인 위치를 확보했으나 높은 비용이 소요되는 것으로 나타나고 있다.

이러한 상황은 **대부호 관리에 특화한** Sand Aire 또는 Fleming Family & Partners **등과 같은 전문기관**에게 좋은 기회를 제공하고 있다. 유럽에서 활동하는 은행들은 다양한 시장여건들을 감안하여 자신들이 특화한 서비스를 결정하지 않으면 안 된다. 초기에 열성적으로 유럽에 진출했던 미국 은행과 여타 은행들은 현재 주춤하고 있다.

스위스는 전 세계의 돈을 빨아들이는 프라이빗뱅킹의 머니허브 역할로서 깊은 역사와 전통을 자랑한다. **스위스의 PB전문 프리바트**

방겐(Privatbanken), 중소 및 대형 프리바트방겐은 고수의 보다 안전하고 사적이며 비밀을 철저하게 보호해 주길 원하는 부호들의 욕구를 다양한 수단으로 충족시켜주고 있다.

또 다른 프라이빗 뱅킹시장으로 유명한 곳은 룩셈부르크가 있다. **룩셈부르크는 전통적으로 프라이빗 뱅킹에 강한 스위스와 강력한 경쟁 상대다.** 세계적으로 유명한 대형은행들의 PB전담 그룹이 나와 유럽의 부호고객을 적극적으로 공략한다. 또한 BCEF와 DZ은행, BGL, 덱스아빌 등 룩셈부르크 은행들도 고도의 PB서비스를 제공하고 있다. **룩셈부르크는 정치적 경제적 안정과 양질의 금융시스템, 지리적인 위치, 낮은 세금, 전 세계적으로 쌓아 온 거대한 수탁자산을 운영하는 수많은 펀드들이 활동하는 점에서 강점이다.**

싱가포르가 스위스를 능가하는 프라이빗뱅킹 국제 허브를 향해 뛰고 있다. 아시아 신흥부자들이 급격히 증가하면서 싱가포르 소재 글로벌 기관에 돈을 맡기는 갑부들이 늘어나고 있다. 싱가포르 자산운용 규모는 2500억 달러 수준으로 알려져 스위스와 경쟁대열에 들어섰다. 금융권 운용자산규모는 15 ~ 30%씩 불어나고 있다. 싱가포르는 전문인 인력 부족을 극복하기 위해 싱가포르 웰스매니저먼트 인수투트 양성 과정을 설립했다. 100만 달러 이상 자산운용을 의뢰한 고객을 관리하는 전문 인력은 현재 상가포르에 2000여 명이다 [매일경제, 2007.2.14].

독일의 부호들은 경기가 좋지 않을수록 안정적인 수수료를 유지하면서 재산을 관리해주기를 바란다. 독일 부호들의 자문수요는 꾸준히 증대하고 있다. 과거 독일의 프라이빗 뱅킹은 은행이 독점하였던 영업이었지만 이제는 투자은행이 진입하였고 외국 은행들이 적극적으로 시장 공략에 나서고 있다.

도이췌방크(Deutsche Bank)는 2002년에 프라이빗 뱅킹부문을 신설하였다. 도이췌방크는 이러한 분리 도입으로 세계적인 선도기관의 반열에 들어섰다. 고객의 자산 관리규모는 2003년 1,500억 유로에서 2004년에는 2,000억 유로의 증가를 예상하고 있다. 히포페어라인방크(HypoVereinsbank)도 프라이빗뱅킹부문을 신설하였다. 히포페어라인방크는 프라이빗뱅크 마파이(Maffei)와 베트만(Bethmann) 및 그룹 산하 자산관리 및 프라이빗뱅킹부문을 통합하여 HVB Private Banking으로 출범시켰다. 프라이빗뱅킹부문에서는 전국에 38개 팀의 500여명이 약 15,000여명의 부호고객을 상대로 활동하고 있다.

스파르카센(Sparkassen)과 폴크스방켄(Volksbanken)도 프라이빗 뱅킹 시장에 뛰어들었다. 이들 은행은 오랜 동안 거래관계를 가져온 기존의 중산층 특히 지역 중소업체들과의 돈독한 유대관계를 통해 지역에서 중요한 위치를 확보하고 있다. 이들 은행들은 Goldman Sachs 및 JP Morgan과 달리 그 동안 쌓은 신용관계를 통해 기존의 유대관계를 계속 유지하고 있다.

그 밖에 **소형 프라이빗 은행들은 틈새시장을 공략한다**. 함부르그의 Bankhaus Waebern는 폐쇄형 부동산펀드에 특화하여 명성을 얻고 있다. **멜처(Metzler), 살.오펜하임(Sal.Oppenheim), 머크 핀크(Merck Finck)와 같은 대형 프라이빗은행들은 소규모 프라이빗 은행들과 달리 주식과 채권 및 부동산, 대체투자 등의 포괄적인 금융서비스를 제공한다**. 특히 불확실한 경기 침체기에는 수익률 극대화에 초점을 맞추기 보다는 자산의 위험 관리에 초점을 중점을 둔다.

Sal. Oppenheim은 프라이빗 뱅킹을 꾸준히 확대하였다. 직원은 4년 동안 두 배로 증대하여 200명에 이른다. 쾨른너(Koerner)프라이빗 은행은 바덴-바덴 등 8개의 도시에 分店을 냈다. 프랑크푸르트의 Metzler프라이빗 은행도 프랑크푸르트, 뮨헨, 슈튜트카르트로 영업망을 확대하였다. Metzler는 부호들의 상속 재산 관리, 중산층 부호들의 수요에 중점을 둔 영업 전략을 펴고 있다. 고객들 가운데에는 수대에 걸처 재산관리를 위탁한 부호들이 많다. 또한 일부 기업가들은 막대한 재산을 불리고 상속 재산의 관리를 위해 위탁하기도 한다. 15년 이상의 장기 유대관계를 지속하고 있는 보호들이 부지기수로 많다.

독일의 프라이빗 뱅킹 시장은 외국 금융기관들이 꾸준히 확장하고 있다. 스위스 은행인 UBS와 크레데 스위스(Credit Suisse)는 프라이빗 뱅킹 전담 영업직원을 대대적으로 확대했다. 세계 각국의 부호들은 고급 금융서비스를 장기적으로 제공하는 패밀리 오피스(Family Office)를 찾는다. 독일 바드 홈부르그(Bad Homburg)의 사우어보른 신탁회사(Sauerborn Trust)는 130여명의 부호고객과 장기적 관계를 유지하면서 수십억에 달하는 고객재산을 관리해 주고 있다.

도이췌방크(Deutsche Bank)의 자회사인 Deutsche Family Office는 수천억대의 부호들의 재산을 보관 관리한다. 지속적이고 포괄적인 자산 관리를 원하는 부호들의 욕구가 늘고 있어 사적 패밀리 오피스(Private Family Office)는 꾸준히 늘고 있다.

19세기 패밀리 오피스가 탄생된 후 미국의 모건, 록펠러 가계처럼 다수의 독일 부호들도 자신의 오피스를 통해 거대자산을 조직적이고 체계적으로 관리해 왔다. **독일의 유명한 기업부호들인 포르쉐(Porsche), 라이츠(Leitz), 프릭크(Flick), 취보-아이그너 헤르츠(Tschibo -Eigner Hertz), 부르다(Burda), 하인들(Haindl) 등은 일찍이 해당 산업분야를 개척했던 유명한 가계들이다.**

프랑크푸르트의 자산관리회사 포캄(Focam)은 브레멘의 커피황제인 야곱스(Jacobs)가계의 재산을 관리한 경험을 가지고 있다. 쾨른의 자산신탁회사 오펜하임(Oppenheim)은 30여 가계의 재산을 관리하는데 주로 은행가 재산을 관리한다.

프라이빗뱅킹을 취급하는 독일 금융기관으로는 상업은행, 프라이빗뱅크, 칸츠라이(Kanzlei), 신탁회사 등이 있다. 이들 기관은 증권, 부동산, 대체투자, 경제 및 시장상황 보고, 개별고객 맞춤 조언과 자문, 외부전문가의 선택 문제, 법률문제 등 포괄적인 서비스 제공한다. 이들 기관은 부유고객과 돈독한 사적 신뢰와 풍부한 경험 및 전문적인 지식, 사적인 가사 일까지 폭넓은 서비스를 제공한다.

패밀리 오피스의 수수료는 관리자산의 규모에 따라 매우 다양하다. 오펜하임 신탁회사의 수수료는 최소 10만 유로로 1천만 유로 이상을 맡기는 것이 적절한 것으로 추천된다. 패밀리 오피스의 고객 수는 약 3000~4000여 가계를 관리하는 것이 의미 있다.

독일의 패밀리 오피스는 프라이빗 뱅킹 시장의 10% 정도 점유하고 있다. 따라서 아직 프라이빗 뱅킹 잠재시장이 풍부하게 남아 있는 것으로 보고 있다. 최근 독일 시장은 UBS, 스위스 크레디, 피체트(Pictet) 등 스위스계 PB은행들이 강력하게 시장을 잠식해 오고 있다. 이에 대항하기 위해 독일 은행들도 시장을 적극적으로 공략하는 방안으로 패밀리 오피스의 자회사 설립을 통해 적극적으로 대응하고 있다.

스위스는 전 세계 돈을 빨아들이는 프라이빗 뱅킹의 머니 허브 역할을 하고 있다. 스위스 PB전문은행들은 고수익 보다는 세상에 노출되지 않고 안전하게 돈을 관리해 주길 원하는 부호들의 욕구를 충족 시켜 주고 있다.

부자들이 스위스를 선호하는 주된 이유는 안전한 환율 및 스위스 프랑의 가치, 복수 언어 구사에 따른 의사소통의 자유, 세계적인 금융서비스 수준, 최신 고급 정보의 신속한 전달, 포트폴리오에 필요한 기본 자료와 각종 고급 정보 및 연구 결과의 제공, 고객과의 두터운 신뢰관계와 비밀 유지 중시 등을 들 수 있다. 이런 이유로 스위스는 오랜 전통 속에서 프라이빗 뱅킹 시장 기반을 확고히 갖추고 있다. 고객의 비자금, 스위스 PB전문은행의 신뢰와 비밀유지는 세계적으로 유명하다. 숨겨놓은 자식 등 개인의 사적 비밀을 철저히 지켜주는 깊은 상호신뢰관계를 유지하고 있다.

취리히에 있는 PB전문은행인 ZKB는 석유부호, 전자재벌, 신흥재벌, 유럽 인접국의 지하자금 등을 상대로 돈을 끌어 모으고 있다. UBS PB 그룹은 전문요원이 9만 명에 달하고 전체 투자자산만 643억 스위스 프랑에 달한다. 크레디스위스 산하 수개의 PB전문은행들은 150년 이상 영업을 계속하고 있다.

스위스의 은행이 관리하는 자산규모는 2001년 3조4천억 스위스 프랑(약 2조3천억 유로)에 달하며 전년 대비 8.5% 증가하였다. 이 가운데 외국인 부호들의 점유 비중은 56%에 이른다. 오랜 세월 동안 스위스 프라이빗 뱅킹 산업의 근간을 형성하고 있는 17개의 전통적인 은행은 총이윤이 4억3천4백만 프랑으로 전년 대비 40%나 감소하였다[14].

그동안 급속히 성장해왔던 바젤의 프라이빗뱅크 사라신(Sarasin)은 네덜란드의 Robobank에 대한 자본투자를 포기하고 독립 분사를 결정했다. 세계적으로도 잘 알려진 제네바(Geneve)의 롬바르드 오디어(Lombard Odier)와 다리어 헨취(Darier Hentsch)는 2002년 7월 합병한 은행으로 합병 자산규모가 1천3백억 프랑에 200명의 임직원과 전 세계 20여 곳에 사무소를 두고 있다. 그러나 통합 은행은 기대한 만큼 큰 효과를 내지 못하고 있다.

세계 초대형은행인 UBS는 그룹 산하 5개 프라이빗뱅크와 투자회사 GAM을 서로 통합하여 지주회사로 만들었다. 이 프라이빗뱅킹 자회사는 통합 자산규모가 7천억 프랑에 달하며 국내 최대 프라이빗 뱅킹 은행으로 자리 잡았다. 이와 같이 스위스의 프라이빗 뱅킹 산업은 자율적인 구조조정을 신속히 실천함으로서 위기 극복에 대처하고 있다.

14) 스위스의 최대 프라이빗 은행 Julius Baer는 1997~2000년 동안 이윤이 두 배로 늘어났다. 같은 기간 동안 수수료 수입은 3배로 증가하였지만 임금이 1/3이상 상승하여 2001년 Julius Baer는 다른 프라이빗 뱅크처럼 어려운 상황에 직면한 바 있었다. Julius Baer는 비용 증가를 따라잡지 못하고 이윤이 격감하는 상황에 직면한 것이다. 관리자산의 규모는 11% 감소하였고 비용은 4% 증가하였다. Julius Baer는 비용절감 계획을 수립하였고 온라인투자계획도 포기했다.

UBS와 크레디 스위스(Credit Suisse)는 지난 5년 동안 소형은행들에게 빼앗겼던 시장 점유율을 재탈환하였다. 두 은행은 엄격한 조세지침의 상황에서 지속적인 Onshoe활동을 구축하기 위하여 대규모 투자를 단행하고 예상되는 영업 감소를 조세 피난처를 통해 대처하고 있다.

스위스 은행들은 최근 국제적인 차원에서 조세회피와 테러리즘을 추방하기 위해 은행비밀을 완화해야 한다는 압박에 시달리고 있다. 소수 아탈리아인들은 스위스 프라이빗은행의 자금을 국내로 가져오기 위해 조세 앰니스트(Steueramnestie)를 이용한 바 있다. 독일도 이를 따르고 있다.

49. 펀드시장은 급속히 증가했다.

전 세계 펀드의 순자산액은 급속히 증가했다. 2006년 한 해 동안 유입된 펀드자금도 1조29백억 달러로 2005년에 비해 33.8% 증가했다. 모든 펀드 유형에서 골고루 증가했으며 특히 MMF로 자금유입이 가장 많이 이루어졌다 ; 2000년 말 11조8천억 달러 / 2004년 말 16조2천억 달러 / 2006년 말 21조8천억 달러 / 2005년 9.9% / 2006년 22.5%[세계 24개국 조사, 자산운용협회, 매일경제, 2007.4.19]

2006년 펀드 순자산의 성장이 가장 빨랐던 나라는 러시아, 루마니아, 아르헨티나, 폴란드 등 대부분 신흥개발도상국들이었다. 42개 나라 중 순자산이 감소한 곳은 터키, 그리스, 대만이었다.

미국은 1980년부터 2000년까지 20년간 펀드시장이 2조 달러에서 10조 달러로 연 8% 이상 성장했다. 한국 펀드시장의 상품 개수는 8,030개로 미국 펀드시장의 상품 개수 8,120개와 비슷했지만 국내 펀드의 순자산액은 미국의 40분의1에 불과했다[매일경제, 2007.4.19].

국내 펀드가 처음 등장한 시기는 1970년대였다. 당시엔 정부가 증시 띄우기 목적으로 전용되면서 많은 문제를 야기했다. 1999년 바이코리아 열풍은 너도나도 펀드에 나서 펀드 붐을 일으켰다. 당시 기록했던 펀드시장 규모는 262조원에 달했다. 그러나 2000년 대우사태로 주가는 폭락했고 그 이후 SK글로벌(현 SK네트웍스), LG카드 등 연 이어 악재가 터지면서 펀드 환매는 가속화되었다. 그 이후 외환위기를 맞으면서 펀드시장은 극도로 위축되었다. 그러나 1997년 12월 처음으로 박현주 펀드 1호가 시장에 나온 뒤 펀드시장은 폭발적으로 확대되었다. 뮤추얼 펀드 규모는 1998년 말 2조 9천억 원/ 1999년 말 6조3천억 원이었다[매일경제 2000.1.4].

주식형 펀드 설정액은 2003년 말 9조4000억 원에서 2007년 11월 15일 현재 100조원으로 급속히 증대하였다. 주식형 펀드는 2003년 이후 3년 조금 넘는 기간에 40조원 이상을 흡수했다. 주식형 펀드는 적립식 펀드가 첫 테이프를 끊은 후 2004년 적립식 펀드 투자가 열풍을 몰고 오면서 3년째 계속 큰 폭으로 늘어나고 있다. 주식형 펀드시장의 성장 과정을 보면 1970년 한국투자공사 국내 최초 수익증권 발행 / 1974년 최초 투신사 한국투자신탁 설립 / 1994년 투신3사에 국고자금 지원 / 1998년 국내 최초 뮤추얼펀드 박현주 1호 출시 / 1999년 바이코리아 열풍에 주식형 펀드 수탁액 급증 / 2000년 주가 폭락으로 펀드시장 급속 냉각 / 2004년 간접투자자산운용업법 시행, 적립식펀드 투자 열풍 / 2007년 해외펀드 투자 열풍, 주식형 펀

드 수탁액 100조원 돌파[매일경제, 중앙경제, 2007]

국내 펀드시장은 2005년 중반을 지나면서 상품이 기하급수적으로 늘어났다. 주식형 펀드, 채권형 펀드, 머니마켓펀드(MMF)로 한정됐던 펀드시장에는 부동산펀드, 선박펀드, 아트펀드, 드라마펀드, 고철펀드, 한우펀드 등 신종 대안투자펀드들의 출시로 확산되어 갔다. 펀드 판매액이 2005년 말 2000억 원 수준에서 2006년 말 1조3000억 원으로 급성장하였다. 국내 적립식 펀드 규모는 정기적금 규모를 크게 앞질렀다. 1999년 262조원까지 급팽창했던 국내 펀드시장은 이후 대우사태 SK글로벌 사건 등을 거치면서 2003년 142조원까지 급감했지만 2004년 간접투자자산운용법 시행과 함께 적립식 펀드 인기, 글로벌 증시 상승, 국내 운용능력 향상 등에 힘입어 2007년 4월 말 현재 238조원까지 성장했다.

저금리 및 인구 고령화와 맞물리면서 저축에서 투자로 시중자금이 이동하였다. 2006년 1월에는 적립식 펀드 수탁액이 18조1860억 원으로 은행 정기적금 9200억 원을 추월했다[매일경제, 2007.5.8]. 국내에서 판매된 펀드는 2007년 1월 말 현재 총 8,239개로 펀드 당 수탁액은 295억 원이다. 100억 원 미만인 펀드는 4,588개로(55.7%)에 달한다. 국내 펀드는 미국의 펀드 당 평균 1조1600억 원에 비하면 지나치게 소형 펀드가 많다.

2007년 들어서 비과세 혜택을 받는 해외펀드가 늘어나면서 전체 주식형 펀드는 1,000개에 육박했다. 2007년 5월18일 현재 국내펀드는 작년 말보다 485개 증가한 8,755개였으며 이 중 주식형 펀드는 990개로 달했다. 특히 올해 선 보인 주식형 펀드 164개 중 138개가 해외펀드였다.

국내에서 해외펀드가 유행처럼 번지면서 운용사들이 섹터별, 지역별 펀드를 잇달아 내 놓고 있지만 수탁액이 50억 원 이하인 펀드가 53개에 이를 정도로 소형펀드가 난립하는 병폐를 낳고 있다[동아일보, 2007.5.29]. 자산운용사와 판매사들은 너무 많은 소규모 펀드 위주로 관리하면서 투자자들로부터 수수료를 챙기고 있다[중앙일보, 2007.2.22]. 펀드 운용은 대규모 펀드보다 소규모 펀드 운용이 수익을 어려운 점을 감안하면 압도적으로 많은 소규모 펀드로 인해 투자자들은 사실상 재산권 침해를 받고 있다. 정책 당국은 펀드 대형화를 유도했지만 업계 스스로 자율적인 개선 기미를 보이지 않았다. 국내 펀드시장은 2004년 간접투자자산운용법 시행 이후 전혀 다른 모습으로 진화했다. 운용사 불법 행위 감시 기능이 보강되었고 투자자 보호 장치가 대폭 강화되었다. 펀드 투자대상이 주식 채권 등 유가증권에서 벗어나 금 부동산 등 실물자산과 장외파생상품 등으로 확대되면서 다양한 수익률 밴드를 갖춘 상품이 등장하였다. 투자자들은 자신들의 위험 선호에 따라 다양한 펀드상품을 고를 수 있게 되었다.

부 록

부록 1. 전설적인 투자자들

부록 2. 한국 증권업계 현실

부록 3. 자본시장법과 시행령 개정

부록 4. 불공정거래 감찰 조사 강화

부록 5. 한국의 기금제도

부록 6. 한국증시흐름을 바꾼 사건들

부록 7. 펀드 금융상품 개요

부록 1. 전설적인 투자자들

• **워렌 버핏** Warren Edward Buffett

워렌 버핏(1930년 8월 30일 ~)은 미국의 기업인이자 투자가이다. 뛰어난 투자실력과 기부활동으로 인해 흔히 '오마하의 현인'이라고 불린다.

• **피터 린치** Peter Lynch

피터 린치(1944년 1월 14일 ~)는 미국 태생의 월 스트리트 주식 전문가이다. 1969년 피델리티 인베스트먼트(Fidelity Investments)에 리서치 애널리스트로 입사 후, 펀드 매니저로 활동하면서 1977년 2,200만 달러에 불과했던 마젤란 펀드(Magellan Fund)를 13년간 운용하면서 연평균 투자수익률 29.2%를 이룩해 1990년 무렵에는 140억 달러 규모의 세계 최대 뮤추얼펀드로 키워냈다. 1990년 4월 3일, 46세의 나이로 가족과 더 많은 시간을 보내기 위해 은퇴를 선언했다.

• 벤저민 그레이엄 Benjamin Graham

벤저민 그레이엄은 가치 투자의 기본 이론을 정립한 월스트리트의 선구자다. 퀀트(Quant)는 수학과 물리학 이론을 바탕으로 컴퓨터를 이용해 수익을 내는 21세기 최첨단 투자전문가를 말한다. 그레이엄이 과거의 시장을 대표한다면 퀀트는 현재의 시장을 대표한다. 과거(그레이엄)와 현재(퀀트)가 만나는 접점이 과연 있을까. 기업의 내재가치를 보는 가치투자와 초고속거래로 찰나의 이익을 추구하는 퀀트 기법에서 공통점을 찾는 게 가능할까. 그레이엄의 가치투자 밑바탕에는 퀀트와 똑같은 계량적 기법이 담겨 있다. 그레이엄은 컴퓨터와 엑셀프로그램에 없던 시절에도 펀더멘털과 재무데이터를 일일이 수작업으로 계량화해서 우수한 종목을 골라냈다. 정량분석은 그레이엄이 중요하게 생각했던 요소를 현재의 소프트웨어로 테스트하고 퀀트 모형에 결합시키는 방법을 소개한다. 말하자면 퀀트의 선글라스를 끼고 본 가치투자다. 퀀트의 방법론이 그래프와 도표, 각종 통계자료를 통해 자세히 설명된다.

• 윌리엄 오닐 William J. O'Neil

윌리엄 오닐은 1933년 미국의 지방 도시 오클라호마에서 태어나 어린 시절 아버지를 여의고 가난하게 자랐다. 그러나 단 5,000달러로 1년에 20만 달러라는 높은 수익을 창출해낸 투자 귀재라는 호칭을 얻었다. 그에 걸맞게 오닐은 투자자가 본격적인 상승 추세를 타는 좋은 종목을 찾아내서 좀 더 많은 이익을 누릴 수 있도록 자신의 투자 노하우를 집대성한 CANSLIM모델을 고안했으며 가파른 상승 곡선을 그리는 예비 종목들을 가려낼 오닐의 7가지 기준을 소개했다.

• **데이비드 드레먼** David Dreman

데이비드 드레먼(76)은 월가에서 역발상 투자자로 유명하다. '싸게 사서 비싸게 판다' 역발상 투자라는 단어는 흔하지만 드레먼이 빛나는 것은 시장에서 외면 받고, 버림받은 종목을 골라 2~3년, 심지어는 8년가량 보유한 뒤 높은 수익률을 달성한 것이다. 드레먼의 켐퍼-드레먼 고수익펀드는 1988년부터 10년 동안 동일유형의 펀드 225개 가운데 최고의 자리에 올랐다.

• **제임스 오쇼너시** James O'Shaughnessy

오쇼너시는 "PER는 주식가치를 나타내는 최선의 지표가 아니다."라고 정면으로 맞섰다. 또 월가의 이론가들을 비웃기라도 하듯 '소형주보단 대형주 수익률이 훨씬 높다'는 자료를 제시, 현재까지도 끊임없는 논란을 제기하고 있다. 주식투자에 완벽한 논리란 존재하지 않기 때문이다. 오쇼너시가 고안한 '다우의 개' 전략만은 월가에서 최고의 투자모델로 인정받아 오랫동안 많은 투자자들에게 사랑을 받고 있다. 저평가 종목을 통해 시장평균을 웃도는 대박을 냈기 때문이다. 다우의 개(Dog of Dow)란 다우존스 지수 구성종목 30개 중 전년도 배당수익률이 높은 10개를 뜻하는 말로, 세계 자본시장의 심장부라 불리는 월가에서 오래 전부터 전해 내려오는 정석(定石) 투자모델 중 하나다.

• 케네스 피셔 Kenneth Fisher

케네스 피셔의 아버지인 필립 피셔(Philip A. Fisher, 1907 ~ 2004)는 성장주 투자론의 대가이다. 필립은 3년 주식 보유론을 주장하는 등 장기적인 투자전략으로도 유명하다. 1950년대 투자했던 '텍사스 인스투르먼트'의 주식을 40여년이 지난 1990년대에 매도했고, 모토롤라 주식도 2000년에 매도하는 등 장기투자의 진면목을 보여줬다. 이 같은 필립의 투자 철학은 그의 아들 케네스 피셔로까지 이어져 아직도 성장주 투자론이 계승되고 있다. 필립 피셔의 투자 철학은 한 마디로 '위대한 기업 찾기'로 요약될 수 있다. 위대한 기업을 찾을 때 '기업의 질'을 가장 중요하게 생각했다. 재무제표와 같은 계량적인 분석보다는 **CEO의 탁월한 능력과 미래계획, 연구개발 역량** 등이 기업의 질을 결정하는 요인으로 보고 있다. 그러다보니 성장을 위한 결의와 실행능력을 갖춘 경영진이 그에게는 더 중요했다.

필립은 올바른 주식투자를 위해 항상 공부할 것을 강조했다. 그는 "경영진들은 투자자들이 듣길 원하는 걸 잘 알고 또 대비해 거의 완벽하게 답변한다."며 "대부분의 회사들이 자랑스럽게 말하는 내용들은 이미 과거지사일 뿐이다"라고 강조했다. 따라서 **기업의 주변인과 전문가**를 먼저 만날 것을 필립은 조언했다. 필립은 "과거에 해당기업에서 일했던 임직원들의 정보가 정확한 편"이라며 "다만 그들이 기업을 떠난 이유를 조사하는 것도 중요하다"고 조언했다. 위대한 기업을 찾아낸 필립은 장기전으로 투자전략을 수립하고 실행한다. 필립은 "주식투자에서 볼 수 있는 **가장 큰 손해는 훌륭한 회사를 너무 일찍 파는 데서 비롯되다**"며 "오래 보유하면 수백 ~ 수천 %의 경이적인 수익을 안겨줄 수 있는 회사를 불과 수십 %의 수익이 났다고 파는 것은 가장 큰 손해"라고 강조했다. 위대한 기업이라면 비록 일시적인 조정이 오더라도 향후 다시 추가상승장에서 폭발적인 주가상승이 가능하기 때문이라는 이유에서다.

그는 "투자기업을 제대로 골랐다면 영원히 매도할 기회가 오지 않는다. **위대한 주식이라면 조정 때 30~40%가 떨어져도 다음 강세장에 그 어떤 종목보다 크게 오른다.**"고 강조했다. 따라서 우량기업을 선별했다면 장기적인 투자로 전략을 짜야 한다는 것. 필립은 이와 함께 '맞춤투자'를 강조했다. 주식투자의 최대목적이 장기 · 최대수익을 올리기 위한 점에 착안, 투자자마다 상황이 다른 점을 인지해야 한다는 것. 예를 들어 **소액투자자라면 여윳돈인지 판단해야 하고, 노리는 점이 배당인지 차익인지도 분명히 해야 하는 등 투자성향, 자금성격, 투자기간 등을 고민해야 한다**고 강조했다. 아울러 그는 **분산투자보다는 집중투자형 투자자였다.** 필립은 "계란을 너무 많은 바구니에 나눠 담으면 매력적이지 않은 바구니에까지 담겨질 수 있다"며 "바구니가 많으면 관리상 어려움이 많다"고 말하며, **보통 3~4개 종목에 집중 투자했다.**

케네스 피셔의 투자전략 10계명 ; ① 독자적인 판단 능력과 기준을 세워라. ② 투자 기준을 남들과 거꾸로 설정하라. ③ 경쟁사가 없는 최선의 기업을 골라라. ④ 이익보다 매출액 비율을 먼저 챙겨라. ⑤ 기술주라면 R&D 비율이 높은 곳을 골라라. ⑥ 영원히는 아니라도 5~10년은 보유하라. ⑦ 결과보단 원인분석을 통해 미래를 전망하라. ⑧ 포트폴리오를 만들어 최악의 경우를 피하라. ⑨ 만고불변의 투자원칙이란 없으니 늘 공부하라. ⑩ 바람직한 주식이라면 자신 있게 보유하라.

• 마틴 즈웨이그 Martin Zweig

투자자라면 스스로 실천하기 편안하고 쉬운 투자법을 가지고 있는 게 좋다. 일단 이것이 준비되면 투자자는 자신이 할 수 있는 일에만 집중하면 된다. 능력을 벗어나는 일을 시도하는 건 바람직하지 않다. 그는 자신만의 투자전략을 수립해 이를 철저히 지키며 투자해 왔다. 다른 월가 고수들의 투자전략을 참고는 하되, 본인만의 해석을 통해 새로운 투자모델을 만들었다. 그렇다 보니 그의 투자모델엔 수많은 변수들이 총동원된다. 월가는 그를 "투자와 관련된 모든 걸 분석해야 직성이 풀리는 사람"으로 인식할 정도다. 일각에선 그가 고려하는 투자변수가 무려 70개 이상이란 평가도 있다.

• 모틀리 풀 Motley Fool

모틀리 풀의 10대 투자원칙 ; ① 세상일을 심각하게 보기보다는 상식적으로 보아라. ② 정보만 잘 챙기면 기관투자자보다 나을 수 있다. ③ 인덱스펀드 이외의 펀드는 빛 좋은 개살구다 ④ 규모가 작아도 탄탄한 소형주에 주목하라 ⑤ 급등한 종목의 추세에 올라타는 게 좋다 ⑥ 이익이 지속적으로 늘면서 현금이 많은 기업을 골라라 ⑦ PER가 낮으면서 성장률이 높은 기업이 최고다 ⑧ 적어도 회사내부자가 주식의 10%는 보유해야 한다. ⑨ R&D 비용은 전년보다 같거나 많아야 한다. ⑩ 저가주는 좋지만 넝마주는 안 된다.

• **조지 소로스** George Soros

조지 소로스(영어 : George Soros, 헝가리어 : Soros György, 1930년 8월 12일~)는 헝가리계 미국인으로서 금융인이자 투자가, 철학자, 박애주의자이다. 그는 소로스 펀드 매니지먼트의 의장을 맡고 있다.

• **제임스 사이먼스** James Simons | James Harris Simons

퀀트펀드의 개척자로 불리는 제임스 사이먼스 르네상스테크놀로지 최고경영자(CEO)가 연말 사임했다. '퀀트펀드'란 수학적 모델을 활용해 투자하는 펀드를 말한다.

• **존 폴슨** John Paulson / John Alfred Paulson

존 폴슨은 미국의 금융위기가 낳은 최고 스타다. 폴슨이 이끄는 헤지펀드는 지난 2007년 서브프라임 모기지 사태와 그 다음해 금융위기 등 최악의 경제 상황 속에서 무려 200억 달러(약 23조5600억 원)의 수익을 올렸다. 주택시장 버블 붕괴를 예측해 서브프라임 모기지 채권의 신용부도스왑(CDS)을 대량 매입해 떼돈을 번 것이다. CDS는 특정 금융상품의 부도 위험 자체에 값을 매겨 시장에서 별도로 거래하는 파생상품의 일종이다.

• **앙드레 코스톨라니** Andre Kostolany

유럽 증권계의 전설적인 투자자, 비영미계의 전설적인 투자자 / 저서 ; Die Kunst ueber Geld nachzudenken, Kostolanys Boersenpsychologie / 앙드레 코스톨라니는 헝가리에서 태어나 유럽 전역에서 활동한 투자의 대부이다. 주가 폭락을 불러올 만한 **내부정보**(inside information)를 이용해 주식을 공매도하거나 공매도한 주식 값이 더 떨어지도록 주가를 조작하는 건 중대한 범죄행위다. 주식을 빌리지도 않고 **유령주식**(phantom shares)을 팔고 보는 무차입공매도는 애꿎은 기업들을 무너뜨릴 수도 있다.

부록 2. 한국 증권업계 현실

우리나라 증권업계는 치열한 생존경쟁을 이기기 위해 규모와 성격에 맞춰 자산관리와 온라인, 도매영업(B2B)을 특화시켜 나가려고 안간힘을 쓰지만 미국, 일본과 같은 선진국에 비해 여전히 크게 미흡한 실정이다. 일본의 경우, 1990년 이후 10여 년 간 버블 붕괴에 따른 장기불황을 견디지 못하고 일본 내 100여개 증권사가 파산한 대신 그보다 많은 수의 증권사가 새롭게 생겨났다. 1990년 272개를 정점으로 소폭 감소 추세를 보였던 일본 내 증권사는 2000년에는 297개로 25개 증가했다. 1996년 일본 정부는 '일본판 금융 빅뱅'을 통해 ▲증권사 진입규제 완화 ▲위탁매매 수수료율 전면 자율화 ▲스톡옵션제도 허용 ▲금융영역 간 업무제한 폐지 등의 조치를 시행한 덕분이었다. 또한 당시 새로 설립된 증권사들은 특화된 비즈니스 영업을 통해 생존을 도모해 차별성을 강화했다. 온라인 거래가 확산되면서 급성장한 온라인 증권사(SBI홀딩스, 마쓰이 증권 등), 도매 전업 증권사(신생증권, 미래증권 등), 지방은행계

증권사(후쿠오카 증권, 니가타 증권 등)가 이 시기에 출현했다. 또한 이때부터 20여개의 외국계 증권사(골드만삭스, 크레디트스위스, JP모건) 등도 일본에서 사업을 시작했다.

온라인 증권사의 위세가 막강해지면 주식거래 중개(브로커리지) 시장점유율을 빼앗긴 대형증권사(노무라, 다이와, 닛코)의 사세는 급격히 악화됐고, 2005년에는 노무라 증권사가 SBI에게 추월당했다. 개인 브로커리지 시장에서 사실상 퇴출된 이들 대형 증권사들은 장기적인 생존 방법을 모색해야만 했다. 2000년대 업계 재편 과정에서 이들 대형 증권사들은 단일 증권회사 형태에서 증권지주회사로 전환해 그 아래 여러 사업 부문(소매영업, 도매영업 등)을 분사하는 조직 개편 작업을 진행했다.

노무라 그룹은 지주사인 노무라 홀딩스 아래 노무라 증권, 노무라연금 및 서비스주식회사, 노무라 자산운용 당을 자회사 형태로 두고 있으며, 다이와증권 본사의 경우 다이와 증권(개인대상), 다이와 증권 캐피털 마켓(법인대상), 다이와 종합연구소, 다이와 증권 투자신탁위탁, 다이와 넥스트은행 등으로 그룹화를 이뤄냈다. 닛코 그룹도 지주사인 이전 닛코 코디얼 그룹이 그 아래에 닛코코디얼 증권(이후 미쓰이스미토모파이낸셜그룹에 매각), 닛코빈즈 증권(개인대상), 닛코시티신탁은행(이후 노무라신탁은행에 매각), 닛코 자산운용(이후 스미토모에 매각) 등을 두는 형태를 띠었다. 이들 대형

증권사들은 조직 개편 후 수익성은 낮지만 안정적인 자산관리영업으로 눈을 돌려 성공을 거둠으로써 시장에서 일정한 몫을 챙겼다.

한편, 온라인을 배경으로 한 중소형 증권사들은 가격경쟁에서 벗어나 브로커리지 시장 점유율 확대를 위해 해외증권 및 수수료 체계 다양화, 다양한 정보 제공 등을 통해 차별성을 강조하며 특색을 강화시켜 나가며 브랜드 이미지를 구축해 나갔다. 마츠이증권은 15개 은행과의 전략적 제휴로 방대한 판매채널을 확보했으며, 카부닷컴은 독자적 서비스 제공 및 수수료 체계 다양화를, 라쿠텐 증권은 해외투자 정보 서비스 강화를 통해 고객 유치에 적극 나섰다.

온라인을 제외한 기타 중소형 증권사들은 주로 기관을 대상으로 영업을 하거나 중국주 같은 특정물에 특화된 매매를 강조하는 방법으로, 또한 IT 등 특정 섹터에 대한 인수·합병(M&A) 자문 등 전문성을 내세우며 차별성을 강조했다.

일본 증권업계의 변화 추이에 비교해 볼 때 한국 증권 산업도 일본이 겪었던 과정이 진행되고 있다는 것을 감지할 수 있다. 국내 증권업계에서도 천편일률적인 비즈니스 모델에서 벗어나 ▲대형사 ▲중소형 특화증권사 ▲온라인 증권사 등의 세분화를 통해 업계의 재편이 일어나고 있는 것이다. 특화 사례의 대표적인 사례는 대형 증권사로 한국금융지주, 중소형 특화증권사로 메리츠종금증권과

NH농협증권, 이트레이드증권, 리딩증권, 온라인 개인고객 대상 증권사로는 키움증권 등이다. 그러나 아직도 한국 증권업계는 미국과 같은 선진국을 따라 잡기에는 여전히 길이 멀어 보인다[아시아경제 채명석 기자, 2012.9.11. / 우다희 우리투자증권 애널리스트].

부록 3. 자본시장법과 시행령 개정

대기업 총수를 비롯한 등기임원의 개별 연봉 공개 기준이 '5억 원 이상'으로 확정됐다. 투자은행(IB) 자기자본 지정요건은 3조원으로 정해졌다. 주가조작 등 불공정거래 행위 포상금 한도는 20억 원으로 대폭 상향조정됐다. 자본시장법 개정안은 5억 원 이내 범위에서 정하는 금액 이상을 개별 공개하도록 시행령에서 정하게 했다. 이르면 2014년부터 5억 원 이상 등기임원의 연봉이 개별 공개될 것으로 보인다. 임원 연봉 공개 대상인 기업 각각의 임원 보수 총액을 임원의 수로 나눠 추정한 적용 대상 수는 기업 200여 곳의 623명이다. 연봉에는 성과급 등도 포함된다. 그러나 이건희 삼성그룹 회장처럼 미등기임원일 경우 고액 연봉자라도 대상에서 제외된다. 미국 등 일부 선진국에서는 등기, 미등기 구분 없이 고액 연봉자 위주로 보수를 개별 공개하고 있다. 당국은 외국 사례와 개별 보수 공개에 따른 효과 등을 종합적으로 고려해 정했다.

주가조작 등 불공정거래 행위에 대한 금융감독원의 신고포상금

한도는 1억 원에서 20억 원으로 확대됐다. 또 불공정거래 행위 중 하나인 미공개정보 규제를 확대, 우회상장 효과가 있는 비상장법인도 규제 대상에 넣었다. 법률상 합병 등으로 우회상장 효과가 있는 경우가 해당한다.

투자은행(IB) 활성화를 추진하기 위한 요건도 구체적으로 정해졌다. IB 자기자본 요건은 '3조원 이상'이다. 대우증권, 삼성증권, 우리투자증권, 한국투자증권, 현대증권 등 5곳이 이 조건을 맞춘 상태다. IB가 전담중개업무(프라임브로커리지)를 제공할 대상은 기존 헤지펀드에서 금융회사, 연기금, 외국 헤지펀드 등으로 확대된다. 기업 신용공여 범위는 대출, 지급보증, 어음할인 등으로 정했다.

한국거래소와 경쟁할 대체거래소인 다자간매매체결회사(ATS)의 최저 자기자본은 200억 원으로 설정했으며 업무 대상은 주권, 증권예탁증권(DR)으로 정해졌다. 가격제한폭, 매매거래정지 등의 시장안정화 조치는 거래소와 같은 규제를 받지만 매매체결 업무에는 자율성과 탄력성을 부여한다. 금융위는 다만 ATS의 거래량을 증권시장 전체 거래량의 5%, 개별 종목 거래량의 10%를 넘지 못하도록 명시했다. 당국은 비율만 보면 ATS의 활동 범위가 좁아 보일 수 있지만 실제로 ATS가 출현해서 이 정도 점유율을 확보하려면 상당한 시간이 필요하다고 보며 "ATS가 어느 정도로 시장 점유율을 확대해 나가는지 확인한 후, 필요한 경우 규정 완화"를 검토한다.

신용평가회사의 영업행위에 대한 규칙도 마련, 다른 신용평가사와 면담을 통해 정보를 교환하는 등의 행위는 불건전영업행위로 규제받게 된다. 자산운용업과 관련, 운용사 퇴출기준을 명확히 하는 규정도 마련됐다. 인가취소 사유를 인가받은 뒤 '6개월 이내에 영업하지 않는 경우'에서 '6개월 이내 펀드 수탁고가 없는 경우'로 더욱 세부적으로 정했다. 투자자문 · 일임업의 투자대상 자산은 기존의 금융 투자상품에서 부동산으로 확대하고 국내 펀드가 100%까지 투자할 수 있는 해외펀드 요건도 완화된다. 사모투자전문회사(PEF)의 경우 경영권 참여가 전제되면 일부 투자가 허용된다. 기업의 자금조달 수단 다양화를 위해 조건부 자본증권 제도를 도입하는 것과 관련, 주식 전환사유 및 전환효력 발생시점 등 발행에 관한 세부사항도 마련했다.

이 밖에도 임원과 주요주주의 소유주식 보고의무가 면제되거나 완화되는 경우를 구체화했다. 소유주식 변동수량이 1천주 미만이고 취득금액이 1천만 원 미만이면 보고의무를 면제하고 내부정보 이용 가능성이 낮은 공익적 성격의 전문투자자는 보고 기한을 분기의 익월 10일까지로 완화했다. 국가, 지방자치단체, 한국은행, 예금보험공사, 한국투자공사, 정책금융공사, 신용보증기금, 연기금 등이 대상이다. 금융위는 이런 내용을 14일 입법예고한 뒤 개정안 시행일인 8월 29일에 맞춰 시행령 개정을 완료한다[서울 = 연합뉴스, 박상돈 기자, 2013.6.13. / 금융위원회 ; 2013년 5월 공포된 자본시장법 개정안].

부록 4. 불공정거래 감찰 조사 강화

주가조작 등 불공정거래 관련 기획조사를 전담하는 금융감독원 특별조사국(이하 특조국)이 지난 1일 공식 출범한다. 특조국은 기존 조사인력 부족이나 사각지대에 있었던 불공정 거래를 모니터링하고 특히 금융전문가나 외국인과 관련된 주가조작이나 불공정거래, 기업사냥꾼 등 부실기업 M&A 과정에서 발생하는 부정거래, 최대주주나 경영진 등이 관련된 미공개 정보이용 사건, 현물과 선물을 연계한 불공정 거래를 집중 조사한다[머니투데이, 2013.8.16].

사회적 물의를 일으킨 사건이나 기획조사를 중심으로 창설된 조직으로 기존 금감원 조사국의 특별조사기능과 시장 감시, 테마주기획조사, 파생상품조사 기능을 통합했다. 기존 조사국이 거래소로부터 이상 징후가 있다고 통보받은 거래에 대해 혐의점을 발굴하는 반면 특조국은 자체적으로 기획 조사한다. 외국인의 주가연계증권(ELS) 중도 상환관련 주가조작 사건이나 일부 증권방송사 출연진들의 주가조작 연루, 지난해 불거진 대선 테마주 사건도 조사 중이다. 특조국의 카운터파트인 금융위원회의 '자본시장조사단(가칭)'도 이달 말 설치된다. 정부의 4 · 18 주가조작 근절 종합대책에 따른 금융 당국의 불공정 주식거래 조사 시스템이 비로소 완성되는 것. 조사단은 애초 조사과로 불려왔으나 집행부서라는 특성을 감안해 사무처장 직속조직으로 설치하기로 했다. 불공정거래정책(공정시장과)과 집행업무(조사단)가 이질적이어서 분리하기 위한 목적이며 금융위 건물이 협소해 외부 별도장소에 둔다. 자본시장조사단은 금감원 자본시장조사국과 한국거래소 시장감시위원회 등에 10여명을 조사 인력 파견을 요청했고 검찰의 부장검사급 검사 등이 합세해 20여명 안팎으로 꾸려진다. 조사단 직원에게는 '특별사법경찰권'이 부여된다. 이와 관련 금감원 특조국의 특사경 부여방안도 여전히 법무부, 금융위와 협의 중이지만 금융위는 여전히 부정적 입장을 견지하고 있다[머니투데이, 2013.8.16].

부록 5. 한국의 기금제도

우리나라 기금제도는 1961년 12월 예산회계법의 개정을 통해 도입되었다. 국가는 특정한 목적을 위하여 특정한 자금을 운용할 필요가 있을 때에 기금을 설치할 수 있으며, 이렇게 설치된 기금은 세입·세출 예산에 의하지 아니하고 운용할 수 있다.

기금은 관리주체에 따라 중앙관서의 장이 관리하는 공공기금과 기타 민간기금으로 구분된다. 공공기금은 각 중앙관서의 장이 기금운용계획을 수립하여 관계부처의 사전협의 및 기금운용심의회의 심의를 거쳐 재경부 장관의 협의와 국무회의 심의 및 대통령의 승인을 얻어 운용계획을 수립한다.

기타 민간기금은 공단, 공사 등의 기금관리주체가 기금운용계획을 수립, 기금운용심의회를 거친 다음 주무부처장의 승인을 얻어 기금운용계획을 확정하며, 기타 기금의 경우에는 국회에 운용계획을 제출할 필요가 없다.

기금은 운용계획의 수립에 있어 예산에 비해 각 중앙관서장의 자율성이 크게 확보되고 탄력적, 신축적인 집행이 가능하다는 장점을 가진다. 그러나 자금의 조성 및 운용에 있어 예산상의 각종 통제가 배제되고 있기 때문에 개별사업의 목적달성을 위한 기금의 난립 현상과 방만한 운영을 초래될 수 있다.

기금은 설치의 용이함과 운용의 편의성 때문에 도입 후 30년이 지난 현재 그 수와 규모가 크게 증가했다. 1996년 실적기준으로 공공기금 35개, 기타기금 39개 등 총 74개의 기금이 운영되고 있다. 그 운용규모에 있어서도 약 66조억원 수준으로 일반회계 규모와 비슷한 수준이다.

부처별 기금운영 현황을 보면, 재경부(16개), 통산부(5개), 노동부(8개), 농림수산부(7개), 교육부(5개), 문화체육부(5개) 등이 5개 이상의 공공기금 및 기타기금을 운영하고 있다.

기금운영 현황 1996년 기준

(단위 : 억 원)

	기 금 수			운용규모	조성규모
	계	조성	미 조성		
공공기금	35	33	2	468,101	468,104
기타기금	39	39	–	191,459	199,959
계	74	72	2	659,560	668,063

주 : 순 조성(=총 조성–사용액) 기준, 1996년도 실적기준
자료 : 재경원, 기금백서, 1997

국내 기금 현황

기금 종류	기금 명
기타기금	기술신용보증, 신용관리, 신용보증, 인삼사업진흥, 법률구조, 사학진흥, 국민체육진흥, 문화예술진흥, 잠업진흥, 축산발전, 가스안전관리, 중기창업진흥, 중기공제사업, 특정물질사용합리화, 염안정, 교통안정, 기능장려, 중기근로자복지진흥, 국제교류, 참전군인등 지원, 방송문화진흥, 도로교통안전협회, 새마을국민, 사립학교교원연금, 한국장학, 수출보험, 공무원연금, 새마을금고안전, 한국과학재단
공공기금	해외건설진흥기금, 정보화촉진기금, 과학기술진흥기금, 산림개발기금, 국민연금기금, 산업재해예방기금, 장애인고용촉진기금

공공기금과 기타 기금을 합한 전체 기금 수는 96년 74개로서 운용규모는 66조원에 이르고 있는데 이중 약 1조2천억 원 규모가 주식에 투자되고 있다. 대부분의 기금은 설립취지가 정부 재정지원을 위한 기금으로 주식투자가 불가능하다. 주식투자가 가능한 연기금은 국민연금, 공무원연금, 사학연금 등 일부에 국한된다.

대부분의 연기금은 자산운용 규제를 받는데 연기금은 주식과 부동산을 매입할 수 없도록 하고 있다. 다만 기금의 설치 목적과 공익에 위배되지 않는 범위 내에서 기금운용계획에 반영된 경우는 예외로 한다. 기금운용계획은 기금운용심의회의 심의를 거쳐 재경원 차관과 협의한 후 국무회의 심의와 대통령 승인 및 국회의 제출 절차를 거쳐 확정된다. 대부분의 경우 기금운용계획에서 공공부문과 금융부문의 비율, 금융부문내의 주식, 채권 등 투자 비율이 결정된다.

우리나라 연기금은 92년부터 상장주식의 5% 이상 보유하였으나 주식거래 비중은 0.6%(1995년)로 미미한 편이었다. 우리나라 연기금의 투자는 다른 나라에 비해 주식투자 보유비율과 거래비중이 매우 낮았다.

주요 3대 연기금 운용 현황

항목	공무원연금기금	사립학교교원연금	국민연금기금
설립목적	공무원연금법상 급여충당책임준비금마련(공무원연금관리공단, 총무처)	사립학교 교직원 및 그 유족의 경제적 생활안정과 복지향상에 기여(사립학교교원연금관리공단, 교육부)	연금가입자의 신탁재산 수익제고(국민연금관리공단, 보건복지부)
관련법규	공무원연금기금법시행령 제74조(기금증식사업 및 공무원후생복지사업)1항 2호	사립학교교원연금법 제21조(자산운용방법) 1항 3호	국민연금기금법 시행령 제52조(기금의 운용 사업 등) 1항 2호
유가증권 투자	유가증권의 투자한도는 연도별 확정 : 채권, 주식, 수익증권 40%, 재정자금 44%, 기타 16%	총자산의 50% 이상가능(현재55%) : 채권40%, 기타 50%(공공자금예탁15%), 주식 10%	채권, 금전신탁, 수익증권, 주식에 총자산의 30-40%, 재정자금에 60-70%

국민연금 적립기금은 노령인구의 증가에 따라 오는 2043년 최대치를 기록한 뒤 점차 감소, 2060년에는 완전 소진될 것으로 전망한다[머니투데이, 2008.8.18, 보건복지가족부, 2008년 국민연금 재정계산 장기재정추계결과]. 국민연금 기금규모가 2043년 2465조원으로 최대치를 기록한 뒤 2044년 최초로 5조3560원의 당년도 수지적자가 발생할 전망이다. 국민연금 적립기금은 이후부터 급감해 2060년에 소진될 것으로 예상한다. 국민연금은 국민연금법에 따라 매 5년마다 장기적인 재정 상태를 점검하고 이에 기초해 제도개선과 장기기금 운용계획 등을 새롭게 수립한다.

부록 6. 한국증시 흐름을 바꾼 사건들

다음 사건들은 지난 40년간 한국 증시의 흐름을 결정적으로 바꾸었다[대우증권, 뉴시스, 2010.9.15].

(1) 건설주 파동(1978년)

중동 건설 붐을 타고 급등세를 나타냈던 건설주가 1978년 8월부터 급락했다. 단기급등에 따른 가격 부담, 높은 밸류에이션, 거시경제 지표 악화, 상장사 급증에 따른 수급 불균형 등이 주가 급락의 원인이었다. 건설주 주가는 1974년 말부터 1978년 6월까지 3709% 급등했지만 고점 터치 후 74% 급락했다. 건설주 파동은 1970년대 강세장의 마감을 알렸다.

(2) 코스피지수 1000포인트 도달(1989년)

코스피지수는 1980년대 후반 3저 호황 덕에 사상 처음으로 네 자리 지수 대에 진입했다. 당시 강세를 주도했던 증권업종은 한국 증시 역사상 전무후무할 급등세를 나타냈다. 투자자들의 낙관론이 극에 달했지만 네 자리 지수 시대는 3일 천하로 끝나고 말았다. 지수는 1000포인트에 안착하기 위해 이후 16년(2005년)을 기다려야했다. 16년 동안 코스피 1000선은 강력한 저항선으로 작용했다.

(3) 12.12 증시 부양책(1989년)

이 대책은 한국 증시 역사상 가장 강도 높은 증시 부양책이었다. 당시 노태우 정부는 중앙은행의 발권력을 동원해서 주가를 부양했다. 그러나 인위적인 부양책의 효과는 오래 가지 않았다. 코스피지수는 일시적으로 상승한 뒤 약세로 반전했다. 이후 여러 부작용이 나타났다. 정부 지시대로 무차별 주식 매수를 단행했던 대한투신, 한국투신, 국민투신 등 3개 회사는 1990년대 약세장 속에 큰 손실을 본 뒤 부실화됐다. 또 정부를 믿고 신용으로 순매수했던 개인투자자들 역시 1990년 10월 10일 반대 매매 때 큰 피해를 입었다.

(4) 국제통화기금(IMF) 구제금융(1997년)

국제통화기금 구제금융 신청은 1960년대 이후 지속됐던 한국 경제 장기 성장 시대의 종말을 고한 사건이었다. 구제금융 직후 기업들이 줄줄이 도산했고 코스피지수는 280포인트까지 떨어졌다. 그러나 당시의 시련은 한국 기업을 강하게 단련시키는 계기였다. 대우증권은 “최근 한국 대표기업들이 누리고 있는 경쟁력은 구제금융 직후 단행한 뼈를 깎는 구조조정으로부터 비롯됐다고 해도 과언이 아니다"고 설명했다.

(5) 외국인 투자한도 완전폐지(1998년)

1998년 5월 25일 한국 정부는 외국인 투자한도를 완전 폐지했다. 한국 증시 대외 개방이 시작된 것은 1992년이었지만 외국 자본의 증시 유입이 본격화된 것은 1998년 외국인 투자한도 완전폐지 이후부터다. 투자 자유화 조치는 타 신흥 국가와 비교했을 때 대단히 급진적인 조치였다. 외국 자본 유입이 본격화되면서 미국식 주주 자본주의적 관행이 한국 증시에 이식됐다. 기업 지배구조 개선, 자사주 매입 확대 등 주주 친화적인 정책도 자리 잡기 시작했다.

(6) 코스닥 광풍(1999년)

1990년대 말 미국 IT(정보기술) 붐을 타고 코스닥 시장이 단기에 급등했다. 6개월 만에 70배 가까이 오른 새롬기술을 비롯해 급등 종목이 속출했다. 코스닥지수는 1999년 이후 2000년 3월 고점까지 299%나 급등했지만 이후 끝없는 약세장을 연출했다. 지난 9월 10일 종가 484포인트는 2000년 3월 당시 2834포인트에 비해 82% 하락한 수준이다. 코스닥의 폭락은 건설주 파동, 증권주 급락과 함께 한국 개인투자자들에게 치명적인 상처를 입힌 대표적인 주가 급락 사례다.

(7) 주식형 펀드 열풍(2005 ~ 2008년)

2000년대 중반부터 과거에 미처 경험해보지 못했던 저금리 기조가 정착되기 시작했다. 저금리 탓에 은행예금 등 확정금리부 상품의 경쟁력이 떨어졌다. 투자자들은 예금 대신 주식형 펀드에 투자했다. 2005 ~ 2008년 주식형 펀드로 유입된 자금의 규모는 105조원에 달했다. 간접 투자 문화가 정착됐다. 한국 증시 성격도 외국인에게만 의존하는 '천수답형 시장'에서 내부유동성과 해외유동성이 보완적인 역할을 하는 '균형 잡힌 시장'으로 바뀌었다.

(9) 코스피지수 2000포인트 도달(2007년)

중국 경제 고성장의 수혜를 받은 조선, 기계, 운송주 등이 급등하면서 코스피지수도 2000포인트 대에 도달했다. 지수는 1980년대 후반 이후 십 수 년 간 이어진 장기 박스권을 돌파했다. 이후 투자자들은 주식도 장기 투자의 대상이 될 수 있다는 인식을 갖게 됐다.

(10) 글로벌 위기와 주가 급락(2008년)

2008년 9월 리먼브러더스 파산 이후 세계 각국 증시가 폭락했다. 2008년 4분기 당시 주가 하락 속도는 1930년대 대공황 때 주가 급락 국면에 버금갈 정도로 빨랐다. 금융시장이 개방된 탓에 미국과 유럽 주식시장의 불안이 곧바로 아시아권에 전염됐다.

부록 7. 펀드 금융상품 개요

뮤추얼 펀드 mutual fund는 투자자들로부터 돈을 모아 펀드(일종의 페이퍼 회사 ; paper company)를 만들고 투자전문 운용자 즉, 펀드 매니저 fund manager에게 투자를 맡긴 금융상품이다. 펀드투자자의 입장에서 보면 간접투자 상품이다. 뮤추얼 펀드는 개개 펀드 자체가 하나의 주식회사 즉, 투자회사 형태를 취하고 있다. 투자자는 투자한 금액만큼 주식을 나눠 받고 주주로서 참여한다.

펀드는 자산운용회사를 정해서 펀드를 운용하고 자산운용회사는 펀드를 주식, 채권 등 유가증권에 투자 운용한 뒤 결산하고 남은 수익은 주주에게 1주당 얼마 하는 식으로 배당금을 지급한다. 투자자는 임원 선임권 등 주주로서 권리를 행사하고 펀드운용을 감시한다. 펀드 운용 결과는 월 단위로 공시한다. 뮤추얼 펀드는 개개 펀드 자체가 주식회사 형태이고 페이퍼 회사이기 때문에 흔히 기관투자자로 분류한다. 뮤추얼펀드는 운용하는 자산운용회사는 주식시장에서 기관투자자로서의 막중한 역할과 임무를 수행한다.

펀드는 폐쇄형 펀드와 개방형 펀드로 분류하는 데 이 가운데 폐쇄형 뮤추얼 펀드는 어떠한 경우에도 중도 환매할 수 없는 상품으로 투자자금은 일정 기간 (보통 1년) 동안 묶인다. 그러나 폐쇄형 뮤추얼 펀드도 증권거래소나 코스닥시장에 상장되면 투자자는 주식을 팔아서 자금을 회수 할 수 있다. 폐쇄형 뮤추얼 펀드의 투자는 최소 투자 금액에 제한이 있으나 최대 투자 금액에는 제한이 없다.

국내 뮤추얼펀드 산업의 성장은 투자제도와 투자관행 및 투자패턴 등을 모두 긍정적으로 변화시키고 있다. 뮤추얼펀드는 막강한 기관투자가로서 새로운 축을 형성해 시장을 주도함으로서 투자문화뿐만 아니라 기업 문화까지 강력한 변화를 가져오고 있다.

펀드시장이 급팽창하면서 뮤추얼펀드와 수익증권펀드 등이 보유하고 있는 지분은 중장기적으로 볼 때 기업소유와 기업경영에도 크게 영향을 미치고 있다. 주주자본주의가 빠르게 뿌리를 내려가는 분위기가 널리 확대되고 있다.

펀드투자가 확산되면서 투자와 저축 개념에 대한 인식이 전면적으로 변화하였다. 뮤추얼펀드 투자자들은 펀드에서 발생하는 수익과 손실을 감수할 수 있다는 인식으로 과거 저축 인식이 바뀌었다. 펀드 투자자들은 수익이나 손실은 전부 자기 책임이라는 사실을 인식하고 있다.

우리나라에서는 뮤추얼펀드로 유입된 자금은 통화지표 편제에서 제외되고 있다. 펀드산업 규모가 급속도로 커지면 중앙은행의 통화관리에 있어서 애로 사항으로 등장할 수 있다. 최근 투자자 성향에 맞게 다양한 상품이 나오고 있지만 비슷한 펀드 상품이 너무 많아 과당 경쟁과 출혈 광고, 과대 선전 등의 문제점이 제기되고 있다.

펀드운용 비용 가운데 운용회사에 지급하는 성과보수에 대한 문제점이 없지 않다. 미국의 경우 일반인을 상대로 판매되는 뮤추얼 펀드는 성과보수의 약정이 없다. 기관투자가와 소수 부자를 상대로 판매하는 고수익 고위험 사모 헤지펀드만이 성과보수를 약정하고 있다.

국내 뮤추얼펀드의 투자설명서는 거의 동일한 문구로 시장위험, 개별 위험 식의 추상적이고 원론적인 설명만 하고 있다. 펀드의 위험에 대한 구체적인 상세한 설명이 부족하다. 펀드 매니저 개인의 이름을 내세운 실명 뮤추얼펀드는 펀드 매니저 한 사람에게 모든 권한을 집중시키고 있어 그만큼 높은 위험을 내포하고 있다. 미국은 팀제로 운용하는 것이 일반화되어 있다. 지금까지 나와 있는 뮤추얼펀드는 회사별로 크게 특화되고 있지 못하다. 펀드의 투자자들은 주주로서 권리 행사는 가능하지만 소액투자자들이 일일이 펀드 운용에 간여하기 어렵다는 한계를 안고 있다.

뮤추얼펀드는 주식시장을 지나치게 부추겨 자본시장을 버블로 몰고 갈 가능성도 있다. 또한 쉽게 펀드를 설립할 수 있다는 점도 투자자보호와 금융권 안정 차원에서 주시해야 한다.

30대 재벌이 뮤추얼펀드의 지분을 과도하게 소유하는 경우에 대한 경제력 집중 문제가 제기된다. 이는 정책적인 사안으로 고려되어야 한다. 장세가 전반적으로 침체돼 있어도 펀드유형이 다양하면 간접투자가 불안정한 장세를 완충시킬 수 있다. 그러나 국내 펀드 시장은 아직 매우 단순하다. 펀드매니저의 부정을 감시하는 체제도 시급하다. 주가상승기에 집중적으로 펀드가 발매돼 만기 때 매물압박요인으로 작용할 가능성이 많다.

펀드 규모가 커지면서 개별 펀드매니저에게 과도하게 의존하는 것도 문제점이다. 조사 분석 기능이 뒷받침돼야 펀드가 제대로 운용될 수 있지만 대부분의 투신운용회사들은 리서치기능이 취약하다. 내부통제 시스템인 컴플라이언스 기능을 대폭 강화하고 펀드매니저 한 사람에게 의존하던 경향에서 벗어나 리서치 기능을 확충하는 것이 바람직하다.

뮤추얼 펀드의 판매회사는 증권사, 은행, 증권회사, 자산운용회사 등이 활동하고 있다. 뮤추얼펀드 투자자는 판매회사에 가서 뮤추얼 펀드에 가입하면 투자하는 것이 된다. 뮤추얼 펀드의 자산운용회사는 주식 채권 등 유가증권투자를 전문으로 하는 회사로서 자기 자본금으로 유가증권투자를 할 수 없다. 뮤추얼 펀드 투자자들은 증권사 등에서 투신사 수익증권 통장을 트고 뮤추얼 펀드에 가입하지만 실제 주식투자는 증권사 등 펀드 판매회사가 하는 것이 아니라 자산운용회사가 전담한다. 따라서 뮤추얼펀드에 투자할 사람들은 증권사 등 판매회사의 간판을 볼 것이 아니라 자산운용회사를 주의 깊게 살펴야 보아야 한다.

국내 뮤추얼 펀드는 펀드 매니저의 실명상품으로 출시되고 있다. 개개 펀드들은 개별 펀드 매니저 또는 매니저 팀에게 종목 분석, 투자종목 선정, 포트폴리오 구성 등 모든 권한을 집중 위임시킨 형태로 운영되고 있다. 미국에서는 피델리티, 일부 헤지 펀드가 펀드 매니저 실명제를 택하고 스커드, 뱅가드, 템플턴 등의 유명 뮤추얼펀드는 대부분 팀제로 운용한다. 국외 뮤추얼펀드란 외국의 펀드운용회사가 외국 유가증권 등에 투자하는 펀드로 회사형 투자신탁이다. 국외 뮤추얼펀드는 전 세계 증권시장에서 거래된 주식과 채권을 투자대상으로 삼는다.

국외 뮤추얼펀드는 언제든지 환매할 수 있는 개방형 뮤추얼펀드이다. 국외 뮤추얼펀드는 대부분 하나의 모(모)펀드 아래 여러 개의 자(子)펀드를 갖는 우산형 구조를 갖고 있다. 보통 이들 자(子)펀드간에 자유로운 전환을 허용하고 있다. 따라서 펀드 투자자들은 적극적인 수익률 관리가 가능하다. 국외 뮤추얼펀드는 선진국시장의 수익률이 한국 주식시장에 비해 높은 경우 위험분산의 전략적인 측면에서 국내 뮤추얼펀드 보다 유리할 수 있다. 특히 한국증시의 미래 전망이 불확실한 경우, 투자자들은 투자 자산의 일부를 외국의 유망주식시장에 분산 투자함으로서 투자위험을 줄일 수 있다. 또 세계 최고의 공신력과 우수한 운용실적을 가진 투자전문기관에 맡긴다는 장점도 있다.

또한 국내에서 접근하기 어려운 산업과 시장 또 세계 유명기업, 미재무부채권과 같은 전 세계적 투자대상에 투자함으로써 안정된 수익을 기대할 수도 있다. 투자안정성의 확보 차원에서도 우선 판매회사 자산운용회사 보관회사 사무수탁회사 등의 업무가 엄격히 구분, 관리된다. 국외 뮤추얼펀드는 대부분 해당국의 금융감독청과 국내 금융감독원의 이중 감독을 받는 보호 장치가 마련되고 있다. 또 투자자산이 외국에 보관되기 때문에 별개로 안정성이 보장되고 있다.

그러나 국외 뮤추얼 펀드는 외화로 표시되므로 환율 변동에 따른 손익 위험이 존재 한다. 펀드 투자 시 이를 고려해 투자해야 한다. 투자자는 환율이 적정하다고 판단되는 시점과 투자 적기를 참고해 투자 한다. 다시 말해 원화 환율이 달러 당 1700원이었을 때 투자한 환율이 1500원으로 떨어진다면 펀드운용 수익과 별도로 환차손을 보게 된다. 또한 국외 뮤추얼펀드 투자자는 외국 증시 변동에 항상 관심을 가져야 한다.

투자설명서 : 펀드 투자자들은 펀드상품에 투자하기 전 개별 펀드

의 투자설명서 내용을 살펴봄으로서 상품내용을 정확하고 상세하게 알 수 있다. 투자설명서는 자산운용회사, 판매회사(증권회사), 금융감독 당국 등에 비치되고 있다. 투자설명서에는 자산운용에 관한 기본 방침, 투자목적과 투자전략, 운용수수료와 판매수수료, 펀드 매니저의 이력, 세금관계 등이 자세히 기재되어 있다. 주식과 채권 투자의 투자비율, 파생상품 투자비중이 소개되고 있다. 펀드 매니저의 투자방침과 펀드의 재구성 방법에 대해서도 상세히 기재돼 있다. 투자자 보호에 해당된 사항인 의결권 배당, 환매청구권, 잔여재산분배 등에 관한 주주권리 방법과 손해배상에 대한 책임 문제도 소개된다. 국내 뮤추얼 펀드는 만기에 대한 규정은 없지만 정관과 사업설명서에 1년 만기를 정해야 한다. 뮤추얼펀드는 월 1회 영업보고서를 작성해 공시하는 것이 의무화되어 있다. 수익률을 매주 공시하도록 되어 있다. 국내신문은 뮤추얼펀드의 수익률을 주간 단위로 게재하고 있다.

운용 구조 : 증권투자회사 ; 뮤추얼펀드는 납입자본금 8억 원 이상, 기관구조는 이사회, 주주총회, 회계감사 구성 / 판매회사 ; 증권회사는 주식의 모집 판매, 증권투자회사와 판매대행계약체결 / 자산운용회사 ; 자산운용회사는 인베스먼트 매니저먼트 코오퍼레이션(investment management cooperation)부른다. 증권투자회사와 자산운용 위탁계약 체결, 증권시장에서 유가증권투자 / 자산보관회사 ; 증권투자회사와 보관위탁계약체결, 자산보관 및 관련 업무, 신탁회

사 및 신탁업, 겸업 금융기관(은행) / 일반사무수탁회사 ; 증권투자회사와 일반업무 대행계약, 주식의 명의 개서, 계산에 관한 업무 등 처리 / 투자자 ; 증권투자회사의 주주로 참여, 개인 및 기관투자가들은 판매전담 창구인 증권사 등에서 뮤추얼 펀드를 매입한다. 뮤추얼 펀드에 5% 이상 투자하는 개인 또는 법인은 상장 또는 등록 후 5일 이내에 지분 신고를 해야 한다.

운용비용 : 국내 뮤추얼펀드는 여러 가지 비용을 부담한다. 펀드 설정액의 일정 비율을 등록세로 내고 임원보수, 회계감사보수, 등기비용 등을 부담하며 회사에서 받은 배당금에는 배당소득세가 부과된다. 수수료는 운용수수료와 보관수수료, 판매수수료, 사무수탁수수료 등으로 구분되는데 펀드의 운용회사에 따라 수수료 체계가 다르다. 국내 펀드의 총수수료는 미국에 비해 비교적 높은 것으로 알려져 있다. 주식형 펀드 수수료는 펀드의 유형에 따라 천차만별이며 상당히 차별화되고 있다.

운용비용 구조 : 판매수수료 ; 펀드의 판매를 대행하는 판매회사에를 들면 증권사 등에 지급되는 비용 / 운용수수료 ; 펀드를 운용하는 운용회사에 지급되는 보수 / 일반관리비용 ; 매매수수료, 운용이사, 감사이사 등 임원급여에 대한 보수 등 / 펀드 설정비용 ; 펀드를 설정할 때 들어간 비용 / 보관비용 ; 은행에 보관한 비용 / 홍보비 ; 대부분 운용회사가 부담, 이 경우 펀드 투자자의 부담에서 제외됨 /

성과수수료; 일정 기준 이상 초과수익의 성과보수로서 운용수수료

펀드에 가입할 때 펀드 투자자들이 지불하는 펀드 구입비용은 크게 보수와 수수료로 나눈다. 보수는 가입기간 내내 매년 부과되는 반면 수수료는 가입 때만 부과되는 일회성 비용이다. 보수는 자산운용회사에 지급하는 운용보수, 증권사 등 판매사에 지급하는 판매보수, 은행 등 자산보관회사에 지급하는 수탁보수, 일반 업무에 대한 사무관리 보수, 펀드평가사에 지급하는 평가보수 등이다. 한국과 미국의 주식형 펀드 구매 비용은 두 배 이상 차이가 난다. 한미 주식형 펀드 구매 비용; 한국 2.49%(2006년 12월 현재) 미국 1.13%(2005년 12월 현재)[자산운용협회, 매일경제신문, 2007.3.14]. 2006년 동안 6개 시중은행이 벌어드린 수수료 수입만 6096억 원에 이르고 증권사를 포함하면 전체 금융기관의 수수료 수입이 1조원에 이를 것으로 추정한다. 현재 주식형 펀드 규모 50조원 기준(2007년 3월 14일)으로 할 때 2% 이상의 높은 고리(수수료)로 금융기관들이 장사하고 있는 셈이다.

펀드 가입자의 부담 비용 : 수수료; 한 번만 떼이는 돈/선취(판매)수수료; 펀드 가입 시점에 미리 내는 돈 / (중도)환매수수료; 계약 기간 이전에 환매할 때 내는 돈. 선취수수료를 내면 환매수수료는 없는 경우가 대부분/보수; 펀드 가입기간 중 계속 떼이는 돈/운용보수; 자산운용사에 펀드 운용대가로 내는 돈 / 판매보수; 은행 증권사 등 펀드판매사들에 내는 돈/수탁보수; 돈을 보관해 주는

대가로 수탁회사인 은행 등에 지급하는 돈. 수탁, 일반 합의/일반 사무관리 보수; 펀드 관련 사무에 지급하는 돈/기타 비용; 주식 매매 거래 비용 등 반복적으로 지출되는 비용. 수수료의 경우 후취(판매)수수료도 있으나 대부분 펀드에는 적용되지 않는다. 환매수수료를 적용받지 않을 경우 보통 선취(판매)수수료로 1%를 낸다.

펀드 투자 절차 : 은행, 증권사, 자산운용회사 등 판매회사 방문(모집기간과 최저금액 지참에 대해 주의) → 주식 청약, 청약서 작성 및 입금, 통장 개설 신청서, 실명증표, 도장 → 등록 및 상장 후 주식 매매 → 만기 시 상환 또는 재투자

펀드 가격 : 증권거래소에서는 상장 뮤추얼펀드 시초가를 상장 전날의 순자산가치를 기준으로 산출해 개시한다. 코스닥에서는 뮤추얼펀드 발매 때 공모가인 5000원을 기준가로 매매를 개시한다. 그 이후부터는 뮤추얼펀드 운용회사들이 매주 한 번씩 운용수익률을 공시한다. 공시는 모든 뮤추얼펀드가 동시에 하는 것이 아니라 운용회사마다 원하는 요일을 정해 한 번만 수익률을 공시한다. 공시된 수익률을 참고로 매수 매도 주문을 내게 되며 주문가에 따라 주가가 결정된다. 따라서 펀드운용 수익률이 낮으면 기준가보다 높은 가격에 거래될 수 있고 수익률이 높으면 미래가치에 대한 프리미엄까지 붙어 높은 가격에 거래될 수 있다.

펀드 거래 : 뮤추얼펀드를 사고팔려면 증권사, 은행, 자산운용회사에 위탁계좌를 개설해야 한다. 뮤추얼펀드에 가입했으나 중도에 환매를 원하는 사람 즉, 주식을 팔고 싶은 사람은 위탁계좌를 통해 매도 주문을 낸다. 이 때 뮤추얼펀드 가입 당시 청약한 증권사를 이용하면 곧 바로 매도 가능하지만 다른 기관의 계좌를 이용하면 주권 이전 등에 시일이 걸릴 수 있어 하루 이틀 매매가 지연될 수 있다. 반대로 뮤추얼펀드를 사고 싶으면 증권사에 위탁계좌를 통해 매수 주문을 내면 된다. 뮤추얼펀드는 존립기간이 끝나면 자동적으로 해산돼 그 동안의 이익금을 주주에게 나누어주게 된다. 뮤추얼펀드는 자본금도 주주의 동의를 얻어 분배될 수 있다. 이 때 사업연도가 종료된 후부터 주총 승인을 얻어 시장에 공시하기 전까지는 주식매매가 정지된다.

펀드 판매 : 펀드의 판매기관은 은행, 증권사, 운용사 등이다. 이 중에서 은행이 가장 넓은 판매망을 가졌다 ; 은행 82.89% /증권 16.8% /보험 0.31%. 미국의 펀드 판매 채널 ; 증권 은행 펀드슈퍼마켓 30% / 보험사 등을 통한 퇴직연금 59%/ 운용사 직접 판매 및 독립 판매대행사 11%. 국내 펀드 수수료 구조는 주식형 펀드의 경우 총 보수 2.13% 가운데 1.43%는 판매사가 떼 가고 운용사는 0.69%, 나머지는 사무수탁회사 등이 가져간다. 판매 수수료를 높이는 요인은 개인 상담과 전산투자 등 각종 관리비 및 마케팅 비용까지 포함하기 때문이다. 적립식 펀드의 경우 은행 판매가 82.89%를 차지한

다. 은행 판매 중 국민 신한 하나 우리 등 4개 은행이 절반 이상 점유하고 있다. 은행은 수수료가 싼 펀드는 취급하지 않는 것이 공공연한 비밀이다[중앙일보, 2006.12.7].

미국의 펀드 판매채널은 은행 증권사 운영자 직판 등 매우 다양하다. 미국은 한국과 달리 은행, 증권사 등을 모두 합한 판매비중은 30%에 불과하고 운영사 직판 판매와 파이낸셜 플래너를 통한 판매가 매우 활발하다는 것을 알 수 있다. 이처럼 판매경로가 다양하다 보니 수수료 경쟁이 치열하여 수수료 요율이 매년 낮아지는 추세로 수수료 비중도 1% 내외다.

국내 펀드 판매 경로는 매우 좁고 펀드 수수료 비중도 선진국에 비해 높다. 펀드 판매수수료 비중은 미국, 유럽, 일본 순으로 낮으며 한국은 가장 높다. 또한 한국의 수수료 체계는 장기투자 할수록 불리하다. 미국의 주식형 펀드는 가입 시 한꺼번에 내는 수수료는 4 ~5% 정도다. 미국 수수료는 운용 판매 보수를 모두 합친 연 2%대로 한국보다 비싸지만 장기투자 시 2년이 넘어가면 미국 수수료보다 훨씬 높아진다. 2년 이상 장기 투자하는 국내 적립식 펀드는 장기일수록 수수료 부담이 크게 올라가는 구조다. 이러한 결과는 판매망 협소에 기인한다. 따라서 판매망 다양화와 치열한 경쟁의 유도로 적정 수수료를 필요하다. 장기 거액 투자가 유리한 수수료 체계 형성과 함께 덩치 큰 은행 증권사들이 펀드 판매를 좌지우지한 결과 판매수수료를 차등 적용하는 종류의 상품이 활성화되지 못하는 환경을 바꾸는 제도 개선이 필요하다[중앙경제, 2005.8.3].

주식수요의 기반을 탄탄히 구축하기 위해 현행 펀드 판매 경로가 확대되어야 한다. 펀드 판매 경로의 확대는 주식수요의 창출에 기여한다. 최근 판매 경로는 확대되었지만 은행, 증권사가 독점 구조를 형성하고 있다. 미국에 비해 높은 판매 수수료로 투자자 부담이 크고 주식투자 활성화도 가로막고 있다.

배타적 판매권 : 당국은 펀드 상품의 독창성이 인정되면 배타적 우선 판매권을 부여하고 있다. 인정받은 펀드 신상품은 최장 1년 동안 다른 운용사의 유사 상품 출시가 금지된다[매일경제, 2007.6.23].

펀드 시세표 : 국내 신문은 펀드의 기간 수익률을 주기적으로 발표한다. 그러나 신문에서 발표한 수익률만 가지고 여러 펀드의 성과를 서로 비교하는 것은 한계를 지니고 있다. 수익률 자체가 과거 성과를 나타내고 앞으로 운용 실적에 따라 얼마든지 변동할 수 있기 때문이다. 주기적으로 발표되는 펀드 수익률은 펀드 투자자들이 참고하는 자료에 불과하다.

국내 신문은 펀드의 시세표 및 펀드의 성과를 매주 단위로 주식 부문과 공사채형 부문으로 나누어 공시하고 있다. 펀드의 성과는 합리적으로 펀드별 성과를 정확하게 비교할 수 있도록 펀드 유형별로 나누어 공시하고 있다. 예를 들면 주식형 펀드의 누적수익률은 펀드가 설정된 이후 현재까지 운용해 얻은 수익을 나타내고 있으며 펀드마다 설정일이 다르기 때문에 절대수치의 크기만으로 운용성과를 비교할 수 없다.

이러한 결점을 다소라도 해소하기 위해 누적수익률을 지수등락율과 비교하여 개별 펀드의 운용성과를 측정한다. 지수등락율은 펀드 설정일로부터 현재까지를 기간으로 잡아 별도로 계산한 후 이 지수 변화율을 해당 상품의 누적수익률과 비교해 누적수익률이 지수상승률 보다 높으면 양호한 성과를 거두고 있는 것으로 해석한다. 공사채형 펀드 수익률은 수익률을 연리로 환산하고 있고 누적수익률은 주식형과 마찬가지로 펀드 설정일로부터 현재까지의 결과를 나타내고 있다. 기준가격은 해당 펀드의 현재가치를 의미하고 주식형과 공사채형의 출발 기준가격은 1000원이며 뮤추얼펀드는 5000원이다.

펀드투자 자금의 추가 모집 : 국내펀드는 유상증자를 통해 추가로 투자자금을 모집할 수 있다. 기존의 투자자(주주)도 청약을 할 수 있지만 배정우선권은 주어지는 것은 아니다. 불특정 다수를 상대로 자금을 모집해 펀드자금을 늘리는 방식이다. 국내 뮤추얼펀드는 1년 안에 환매가 불가능한 폐쇄형이므로 기존 설정펀드의 자금 확대는 유상 증자를 통해 추가 모집한다. 유상증자 납입 기준가격은 전날 뮤추얼펀드의 순자산가치로 결정된다. 따라서 구주주는 불리한 영향을 받지 않고 신규 투자자와 같이 펀드에 참여할 수 있다. 뮤추얼펀드 증자는 자산운용회사 입장에서는 펀드 대형화로 설립비용과 시간을 절감할 수 있는 수단이 된다. 그러나 기존 펀드에 추가자금이 들어오면 포트폴리오 재편은 따르는 점이다. 뮤추얼펀드 유상증자는 주주의 동의 없이 이사회 결의만으로 가능하므로 문제점이 없지 않다. 그러나 환매가 자유로운 기존의 계약형 수익증권과 경쟁하기 위한 방편의 하나로 유상증자를 이용할 수 있다는 점이다. 투자자들은 펀드 증자에 참여 여부를 결정할 때 상장 또는 등록된 펀드의 거래소 및 코스닥시장 거래가격을 비교해 결정해야 한다. 만약 거래가격보다 유상증자 가격이 높다면 굳이 증자물량을 받지 않고 장내에서 사면된다.

펀드의 과세 : 펀드의 수익은 크게 이자와 배당 및 증권매매 양도차익으로 구성된다. 이 가운데 펀드의 주식매매 양도차익은 비과세한다. 투신사 주식형 수익증권도 주식매매 차익에 대해 비과세한다. 국내 주식형 펀드는 주식매매(양도)차익에 대해 세금을 부과하지 않는다. 국내 주식형 펀드에서 얻은 소득은 금융종합소득과세 대상에서도 제외된다. 채권형 펀드는 채권시가평가제로 바뀌면서 모든 수익(채권 양도 차익 플러스 채권 이자 소득을 포함한 모든 수익)에 대해 일정 퍼센트 %의 세금을 내야 한다. 주가지수연계증권(ELS)도 과세 대상이 된다. 수익이 일정 금액을 넘으면 금융종합과세 대상자가 된다. 부동산펀드 수익에 대해서도 세금을 내야 한다. 펀드 가운데

는 세금혜택을 주는 펀드들이 있다. 장기주택마련펀드, 연금저축펀드를 들 수 있다. 또한 낮은 세율에 분리 과세되는 펀드도 있다. 하이일드펀드, 선박펀드, 인프라펀드들이 분리과세펀드에 속한다.

펀드의 상장과 등록 : 국내 뮤추얼펀드는 폐쇄형이므로 만기 전에는 투자자금을 찾을 수 없다. 이러한 약점을 보완하기 위해 뮤추얼펀드를 증권거래소에 상장하거나 코스닥시장에 등록할 수 있다. 그러나 시장에서 형성된 뮤추얼펀드 시세는 처음 펀드 조성 때 들어온 투자원금에다 자금을 굴려 올린 운용수익을 반영한 가격인 기준가격보다 상당히 낮게 형성된다. 증시에서 형성된 실제 펀드시세는 10 ~ 21%내외로 할인돼 거래되고 있다. 이와 같이 낮게 형성된 이유는 만기까지 남아 있는 기간이 거래비용에 반영된 것과 주가 급등락 등 불확실성을 회피하는 것 그리고 유동성 제약에 따른 비용 등이 반영된데 기인한다. 따라서 펀드마다 기회비용과 투자위험을 시장에서 평가받고 있기 때문에 할인율이 상당히 차이가 나고 있다.

펀드의 청산 : 뮤추얼펀드는 만기가 도래하면 청산할 수 있다. 뮤추얼펀드 만기를 연장하는데 반대하는 투자자는 매수청구권을 행사할 수 있다. 만기도래 때 주총을 열어 만기연장을 결의하면 청산되는데 여기서 반대한 투자자는 주식매수청구권을 행사할 수 있다. 이것은 기존 펀드를 계속 유지할 수 있도록 하되 주총 결의에 반해하는 주주에게는 주주의 탈퇴의 자유를 보장하는 것을 의미한다.

청산을 앞두고 채권자에게 이의신청을 받은 뒤 청산절차를 밟는다.

펀드 정보의 획득 장소 : 펀드에 관한 최신 정보는 금융감독원 전자공시 홈페이지에서 볼 수 있다. 상장 기업뿐만 아니라 개별 펀드들에 관한 공시도 볼 수 있다. 자산운용협회 홈페이지에 들어가면 펀드에 관한 중요한 정보를 입수할 수 있다. 펀드 유형별 자금 유입 동향, 운용 실적, 펀드 가격 등락 등을 알 수 있고 펀드 판매사와 설정일, 운용 보수 등 펀드에 대한 기초 정보를 얻을 수 있다. 싼 수수료와 보수도 비교할 수 있고 개별펀드의 편입 종목을 살펴 볼 수 있다[매일경제, 2007.6.11].

저자약력

저자 **양 종 기**(梁 鍾 基)

- 연세대학교 경제학사
- 독일 자유베를린대학교 Diplom-Volkswirt
- 독일 자유베를린대학교 경제학 박사
- 서경대학교(구 국제대학) 전임교수
- E&I Center 대표

❐ 논저서와 주요 논문 및 연구보고서

- Die Crowding-Out Problematik im Rahmen der Kurz-und Langfristigen Analyse, Peter Lang, 1987(magna cum laude; 최우수 박사 논문).
- 위기가 기회다, 공저, 다산출판사, 1998년
- 기관투자가의 자산운용(공저), 국민연금연구센터, 1998년
- 한국의 자본시장과 경제발전(공저), FESKOR SYPOSIUM, 1988년
- 경제의 이해, 도서출판 ONE, 2007년
- 거시경제학, 도서출판 ONE, 2008년
- 화폐금융 국제금융, 도서출판 ONE, 2009년
- 시장경제와 경제이론, 도서출판 ONE, 2009년
- 알기 쉬운 투자론, 신론사, 2010년
- 경기 안정화와 재정지출 및 통화정책, 경상논총, 1987년
- 한국의 자본시장과 경제발전, 경상논총, 1988년
- 환율결정과 그의 변동, 투자금융, 1989년
- 토빈의 Q이론과 통화 및 공채 발행의 국민 경제적 파급 효과, 투자금융, 1989년
- 독일 지방재정과 지방의회에 대한 연구, 지원연구논문, 1992년
- 독일 연방과 주 및 게마인데(Gemeinde)의 공채관리에 관한 연구, 지원연구논문 1992년
- 스위스, 독일, 영국의 금융제도에 대한 비교 연구, 지원연구논문, 1995년
- 기관투자가의 자산운용, 지원연구 보고서, 1998년
- 독일 연방과 주 및 게마인데(Gemeinde)의 공채관리에 관한 연구, 연구보고서, 1992년
- 공채발행을 통한 재정금융정책의 효과에 대한 고찰, 한국산업 연구, 1992년
- 미국 단기금융시장에 관한 소고, 투자금융, 1994년
- 多資産市場, 實物市場, 財政政策, 서경대학교논문집, 1994년
- 스위스, 독일, 영국의 금융제도에 대한 비교 연구, 지역연구, 1996년
- 공채발행의 국민 경제적 파급 효과, 서경대학교 논문집, 1996년
- 유럽의 자산관리업과 은행 진출의 동향, 금융, 2002년
- 유럽금융의 구조적 특성과 은행대출경로, 산업경영연구, 2002년
- 최근 미국 은행산업의 변화와 추이, 금융, 2003년
- 재정정책이 경제성장에 미친 이론적인 고찰, 사회과학논문집, 2007년
- 국민행복시대는 열리 것인가?, 도서출판 ONE, 2013년
- 달러와 한국경제, 도서출판 ONE, 2013년
- 한국의 부동산경제, 도서출판 ONE, 2013년
- 한국경제와 한국주식 투자

[양종기 박사의 경제이야기_5] **한국경제와 한국주식 투자**

초판 인쇄 • 2014년 3월 12일
초판 발행 • 2014년 3월 18일
저　　자 • 양 종 기
발 행 인 • 정 성 열
발 행 처 • 도서출판 ONE
주　　소 • 서울특별시 마포구 토정로 222
등　　록 • 제313-2003-427호
전　　화 • 02-323-8536
팩　　스 • 02-323-8531

저자와의 협의하에 인지생략

ISBN 978-89-6481-198-6

정가 15,000원

- http://one-book.co.kr